도시는 왜 사라졌는가

|IXXXXXXXXXI| 도시 멸망 탐사 르포르타주 |IXXXXXXXXXI|

도시는 왜 사라졌는가

|IXXXXXXXXXXXXXXI| 애널리 뉴위츠 지음, 이재황 옮김 |IXXXXXXXXXXXXXXI|

책과함께

차례

카호키아
서기 1050-1350

폼페이
서기전 700-서기 7

FOUR
LOST
CITIES

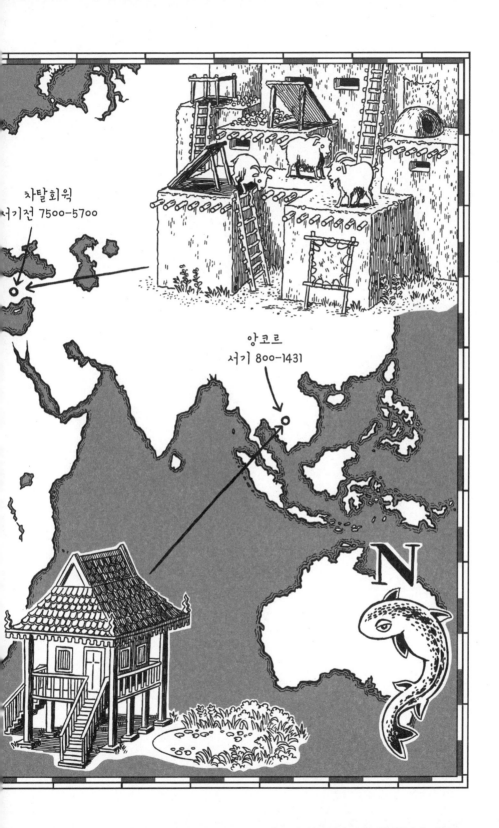

차탈회윅
서기전 7500-5700

앙코르
서기 800-1431

N

일러두기

• 이 책은 Annalee Newitz의 FOUR LOST CITIES (W. W. Norton & Company, Inc., 2021)를 완역한 것이다.
• 옮긴이가 덧붙인 해설은 ( )로 표시했다. 그 외의 모든 텍스트는 지은이가 쓴 것이다.

도시는 어떻게 사라졌나

나는 천 년 전 수리공학자들이 만든 인공 호수 한가운데에 있는 완벽한 네모꼴 섬의 허물어져 가는 유적 위에 서 있었다. 무너진 사암砂巖 성벽 위에 햇빛이 비쳤다. 캄보디아에서는 건기乾期였지만 때 아닌 폭풍우가 몰아쳐, 현지 농민들이 해마다 하는 들판 태우기로 자욱했던 매캐한 공기를 깨끗이 씻어주었다.

저 멀리 앙코르톰Angkor Thom과 앙코르와트Angkor Wat의 조각된 탑들이 보였다. 옛 크메르Khmer 제국 수도에 있는 경이로운 건축물들이다. 앙코르는 전성기에 인구가 백만 명 가까이나 돼서 한때 세계 최대의 도시였다. 내가 서 있는 곳은 그 중심지 부근이었다. 발밑에 있는 것은 11세기의 힌두교 사원 메본Mebon이 들어선 섬으로, 수리야바르만Suryavarman 1세(재위 1006~1050) 치세에 서바라이西-Baray라는 거대한 저수지 한가운데에 건설됐다.

그날 아침 저수지 남안에는 모터보트 몇 척이 떠 있었다. 메본 사원을 찾는 사람들을 몇 푼 받고 데려다주는 배들이다. 간단히 둘러볼 곳은 아니다. 네모난 서바라이는 길이가 8킬로미터로, 대략 통상적인 비행장 활주로 세 개 만큼의 길이다. 천 년 전 일꾼들이 저수지 굴착을 끝냈을 때 주위 몇 킬로미터 지역에서 육지라고는 그 한가운데 자리 잡은 메본 사원 부지뿐이었다.

메본 사원은 화려한 돌문 뒤에 또 하나의 작은 저수지를 둘러싸고 있다. 이 땅에 들어올 수 있는 선택받은 소수만이 볼 수 있는 곳. 그 한가운데에는 6미터 크기의 비슈누Vishnu 청동상이 누운 자세로 떠 있다. 거대한 머리는 네 팔 가운데 하나로 받치고 있다. 참배자들은 호수 안의 호수를 건너며 이 힌두교 신에게 경의를 표했다. 세상이 창조됐을 때 바다에서 생명체를 만들어낸 신이다.

메본 사원은 물의 영적 능력에 바쳐진 기념물이라고 할 수 있다. 그러나 이는 또한 앙코르 일꾼들의 창의력을 보여주는 증거물이기도 하다. 그들은 매년 계절적으로 내리는 빗물을 서바라이 같은 거대한 저수지에 담았고, 먼 산에서 내려오는 물길을 돌리는 수로망으로 물이 부족한 건기에 도시의 물 수요를 충족시켰다.

아른거리는 물과 사원 발굴로 나온 오래된 벽돌에 둘러싸인 채 나는 천여 년 전 저수지를 만들던 시대의 모습을 상상해보려 애썼다. 향기로운 꽃다발과 향료를 손에 든 크메르 주민과 이웃 나라 고관들을 가득 실은 떠들썩한 배. 정말 멋졌을 거야. 그렇게 생각했다. 그러나 이 장소에 대한 나의 낭만적인 환상은 짧게 끝났다.

"이렇게 망가뜨려 놨다니, 믿을 수 없어."

대미언 에번스Damian Evans가 저수지에 대한 실망감을 몸짓으로 드러내며 말했다. 에번스는 프랑스 아시아연구회 소속의 고고학자로, 지난

20년 동안의 연구를 통해 앙코르의 도시 구획에 관한 우리의 생각에 극적인 변화를 일으켰다. 연한 갈색 머리칼에 미소를 잘 짓는 오스트레일리아인. 수십 년 동안 크메르 제국의 전모를 밝히는 글들을 썼지만, 그 역시 이 제국이 멸망한 것을 잘 알고 있다.

에번스는 우리 옆의 나무판자 위에 그려진 빛바랜 지도를 가리켰다. 지금 진행 중인 메본 사원 복원의 세부를 부분적으로 보여주는 지도다. 고도를 보니 동서 방향의 네모난 서바라이는 지형을 따라 완만하게 기울어져 있음이 분명했다. 저수지의 동쪽 끝은 물이 차고 서쪽 끝은 마른 구조다. 이로 인해 저수지는 내가 상상했던 것처럼 반짝이는 네모꼴 호수로 보이지는 않았다. 오히려 들쭉날쭉한 진창 가장자리에서 끝나는 깊은 웅덩이라는 게 나을 것이다. 그러나 이는 크메르 공사 담당자들의 실력 부족 때문은 아니었다. 에번스는 이렇게 설명했다.

"그들은 평평한 표면 위에 건설할 수도 있었겠죠. 하지만 왕이 자신의 숭배 대상에 적합한 동서 방향에 충실하도록 공사 담당자들에게 주문한 겁니다."

크메르인들은 왕이 만든 저수지 같은 거대한 시설은 해와 별들이 하늘을 가로지르는 궤도를 따라 자리 잡아야 한다고 생각했다. 다시 말해서 수리야바르만 1세는 수리공학적으로 잘 처리된 시설보다는 점성술적으로 길한 징조 쪽에 더 관심을 두었다는 얘기다. 이 저수지는 오래된 무용지물이었다. 서바라이는 오랫동안 앙코르 도시 계획의 본보기가 됐고, 기후 위기의 어려운 시기에 넘쳐나는 주민들에게 물을 제대로 대주지 못했다.

'점성술'이라는 말을 '정치'로 대체한다면 에번스의 이야기는 지난 천 년 동안의 어떤 도시의 설계에도 적용할 수 있을 것이다. 도시의 지도자들은 정치적인 이유에서 멋진 시설을 만들어내는 데 자원을 쏟아 붓는다. 잘 닦인 도로, 훌륭한 하수도, 비교적 안전한 시장, 그 밖의 도시 생활에 필요한 편의 시설은 안중에도 없다. 이에 따라 도시는 경외감을 불러일으키기는 할지언정 홍수와 가뭄 같은 재난에 특별히 잘 대응하지는 못한다. 그리고 한 도시가 자연의 맹공격을 더 많이 당할수록 정치 상황은 더 복잡해진다. 그러면 부서진 제방과 집을 수리하기는 더욱 힘들어진다. 도시가 존재하는 한, 이 악순환은 도시를 괴롭힌다. 때로는 이런 순환 끝에 도시가 소생하기도 하지만, 또 때로는 이로 인해 도시가 소멸하기도 한다.

앙코르의 전성기인 10~11세기에 왕들은 수천 명의 일꾼들을 거느렸다. 이들이 도시의 궁궐, 사원, 도로, 그리고 잘못 설계된 수로를 건설한 사람들이다. 이 시설들은 대부분 크메르 왕들을 영광스럽게 하려는 의도를 가진 것이었지만, 보통의 주민들이 심지어 건기에도 농사를 잘 짓는 데 도움을 주기도 했다. 그러나 15세기 초 이 지역에 가뭄이 덮쳤다. 이어 엄청난 홍수가 나서 조잡하게 설계된 앙코르의 수리 시설을 적어도 두 번 파괴했다.[1] 도시가 결딴나기 시작하면서 부유한 사람과 가난한 사람 사이의 격차도 점점 커졌다.

수십 년이 지나자 크메르 왕실은 주거지를 앙코르에서 해안 도시 프놈펜Phnom Penh으로 옮겼다. 오늘날의 캄보디아·타이·베트남·라오스를 아우르는 동남아시아의 방대한 지역을 수백 년 동안 지배했던 왕들의 도시가 소멸하는 과정은 이때부터 시작됐다. 이 도시의 주민들은 16세기가 되면 앙코르 중심부에서 빠져나갔고, 앙코르의 사라져가는 도시 구획에 둘러싸인 작은 마을과 농경지들만이 남았다. 왕의 궁궐들은 버려졌고, 저수지들은 무성한 수풀 속의 단순한 함몰지가 됐다. 최소한도의 승려들만이 남아 크메르 제국의 사원을 지켰다.

19세기에 앙리 무오Henri Mouhot(1826~1861)라는 프랑스 탐험가가 '사라진 도시' 앙코르를 발견했다고 주장했다. 이 시기의 다른 유럽인 여행자들이 앙코르와트 사원 구내에 아직도 승려들이 살고 있다고 확인해주었지만, 무오는 인기 있는 여행기를 써서 자신이 처음으로 이 사라진 문명을 '우연히' 발견했다고 주장했다. 또한 그는 수백 년 동안 이것을 본 사람은 아무도 없으며, 고대 이집트 유적에 필적할 만한 멋진 유적들이 가득하다고 주장했다. 그것은 영원히 유지되기 십상인 신화였다. 모험담에 목말랐던 서유럽인들은 형편없이 무너진 도시의 사원과 불거진 나무뿌리로 인해 쪼개진 담장의 돌들 사진을 보고 무오의 말에 홀딱 빠졌다. 애당초 앙코르를 사라진 도시로 자리매김한 것은 미디어가 조작한 것이었다. 모든 증거는 그 반대였다.

'사라진 도시'는 서방의 판타지에 단골로 등장하는 표현이다. 발견되지 않은 엄청난 세계. 아쿠아맨Aquaman이 거대한 해마와 어울려 다닌다. 그러나 우리로 하여금 사라진 도시를 믿고 싶게 만드는 것은 단순히 현실 도피적인 이야기에 대한 애호는 아니다. 우리는 세계 대부분의 주민이 도시에 사는 시대에 살고 있고,[2] 기후 위기나 빈곤 같은 풀기 어려운 문제에 직면해 있다. 현대의 대도시는 결코 영원히 유지될 수 없고, 역사적 증거는 지난 8000년에 걸쳐 반복적으로 도시를 선택하고 버려왔음을 보여준다. 대부분의 인간이 소멸될 수밖에 없는 곳에 거주한다는 사실을 인식하는 것은 무서운 일이다. 사라진 도시라는 신화는 사람들이 자기네 문명을 파괴했다는 현실에 눈감게 만든다.

이 책은 바로 그 현실에 관한 것이다. 우리는 인류 역사에 나타났던 도시 폐기 가운데 가장 극적인 네 개의 사례를 탐구하고자 한다. 이 책에 나오는 도시들은 모두 저마다의 종말을 맞았지만, 공통된 실패 요인을 갖고 있다. 이들 도시는 모두 오랜 정치적 불안정에 기후 위기가 겹쳤다. 앙코르처럼 강력하고 인구가 밀집한 도시도 제방 붕괴와 왕실 내분이라는 더블 펀치를 이겨낼 수는 없었다. 도시민들은 이들 곤경에 처한 곳에서 미래를 기약할 수 없어 생활 근거지를 버리고 고향에 등을 돌렸다. 때로는 많은 인명 손실을 입기도 했다. 이 도시들은 아틀란티스Atlantis처럼 사라져 갑자기 수면 아래 전설의 영역으로 미끄러져 들어가지는 않았다. 그 도시들은 행방불명된 것이 아니다. 사람들이 의도적으로 버린 것이다. 여기에는 상당한 이유들이 있었다.

우리가 이 책에서 탐구할 첫 번째 도시 차탈회윅Çatalhöyük은 대략 9000년 전 신석기 시대에 건설됐다. 수십만 년 동안 유목 생활을 하던 인류는 이즈음 농경 생활에 들어갔다. 수수께끼에 싸인 그 유적은 지금 터키 중부 아나톨리아 지역의 낮은 두 구릉 아래 묻혀 있다. 대략 천 년 동안 그 인구는 5000명에서 2만 명 사이를 오르내렸던 듯하기 때문에 현대의 기준으로는 작다고 할 수 있지만, 당시에는 대도시였을 것이다. 당시 이 지역에 살던 사람들 대부분은 200명쯤이 사는 마을보다 더 큰 정착지를 본 적이 없었다. 차탈회윅은 흙과 이엉으로 건설됐는데, 다닥다닥 붙은 집들이 길게 뻗쳐 있었다. 집 내부로 들어가려면 사다리를 타고 옥상 출입구를 통해야 했다. 주민들이 글을 남기지는 않았지만 조각상과 그림, 상징적으로 장식된 두개골은 많이 남겼다.

서기전 제6천년기 중반의 어느 시기에 차탈회윅 사람들은 복잡하고 비좁은 보도步道를 버리고 떠났다. 그 이유는 여러 가지였다. 지중해 동안 지역에 가뭄이 닥쳤고, 사회 구조상 문제가 생겼으며, 아마도 도시의 구획 자체에도 문제가 있었던 듯하다. 떠난 사람들 대부분은 새로운 형태의 도시를 찾지 않았다. 대신에 그들은 마을 생활 또는 유목 생활로 돌아갔다. 그들은 단순히 차탈회윅을 거부한 것이 아니라 도시 생활 자체를 거부한 듯했다.

시간이 흐르면서 이 도시와 가로는 여러 층의 모래로 뒤덮였다. 20세기에 유럽 고고학자들이 이 도시를 '발견'할 때쯤 그 문화는 지역 사람들에게 대체로 신화로서 알려져 있었다. 터키 농민들은 구릉지 아래에 실제 도시가 묻혀 있음을 인식하고 있었다. 정교한 공예품들이 일상적으로 쟁기에 걸려 나왔고, 한 언덕 위에는 성벽 일부가 여전히 드러나 있었기 때문이다. 그러나 그곳에 살던 사람들에 대해서는 아무도 자세히 알지 못했다.

현지 사람들이 차탈회윅이 어디에 있는지 늘 알았다고 하지만, 그곳에 대한 어떤 사실들은 사라지고 없었다. 연구자들은 아직도 차탈회윅 사람들이 자기네 세계를 어떻게 생각했는지 이해하려 애쓰고 있다. 내가 그곳에 갔을 때 고고학자들은 거기 살던 사람들에게 역사 혹은 영성靈性에 대한 관념(또는 둘 모두에 대한 관념)이 있었는지를 놓고 열띤 토론을 벌이고 있었다. 그들은 왜 자기네 집 벽에 특정한 황토색 디자인을 그렸을까? 그들은 왜 자기네 문간을 황소 뿔로 장식했을까? 그들은 왜 자기네 침상 밑에 죽은 이들을 묻었을까?

떠오르는 것들은 있지만, 아무것도 확실치는 않다. 우리는 수천 년 전 그곳을 고향이라 불렀던 사람들에게 그곳이 왜 의미가 있었는지 하는 문화적 맥락을 잃어버렸다. 하지만 그 주민들은 우리가 그들의 일상생활이 어땠었는지를 복원하고, 그들의 도시 생활이 가치 있기보다는 힘들게 했던 문제들에 관해 알아보는 데 충분할 정도의 자취를 남겨놓았다.

우리가 탐구할 다음 도시는 잊힌 곳이 아니다. 그 정확한 위치가 한동안 오리무중이긴 했지만 말이다. 햇살 좋은 지중해 연안의 로마 시대 관광지 폼페이Pompeii는 서기 79년 베수비오Vesuvio산 분출 뒤 화산재 속에 깊숙이 묻혔다. 목격자들과 역사가들이 이 도시의 끔찍한 파멸을 기록했지만, 18세기 이후에야 체계적으로 발굴되기 시작했다.

폼페이가 버려진 이유는 아주 간단한 듯하다. 섭씨 250도의 화쇄암火碎巖 폭풍이 마을을 덮쳐 모두를 쓸어내 버린 것이다. 그러나 그것으로 충분치는 않다. 폼페이는 과거에도 자연재해를 겪었다. 베수비오 분출 십여 년 전 지진이 발생해 엄청난 피해를 당했지만 딛고 일어섰다. 폼페이에 사는 사람들은 그곳이 위험하다는 사실을 알고 있었다. 실제로 화산이 분출하던 날 아침에 주민의 절반 이상이 대피했다. 그들은 치명적인 폭발 몇 시간 전 산에서 연기가 나고 진동이 시작될 때 도망쳤다.

이 도시의 종말에 관한 흔한 기록은 로마인들이 미신과 두려움 때문에 파묻힌 도시를 꺼려, 한때 살던 곳에서 금세 발길을 끊었다고 주장한다. 사실과 너무도 동떨어진 이야기다.

폼페이의 종말 이전에 고대사에서 가장 큰 축에 속하는 구호 활동이 이루어졌다. 티투스Titus(재위 79~81) 황제는 화산 분출 이후 두 차례 폼페이를 방문해 피해 상황을 살폈다. 한때 푸르렀던 풍광은 두껍고 뜨거운 재에 파묻혀 유독 가스를 뿜어내고 있었다. 폼페이는 되살릴 수 없었다. 티투스와 그의 후계자가 되는 동생 도미티아누스Domitianus(재위 81~96)는 팽창하는 제국의 부를 쏟아 고향을 잃은 사람들의 생활을 재건하는 데 썼다. 생존자들에게 돈을 나눠주었고, 그들이 살 집을 짓는 일꾼들의 급료를 지불했다.

고고학자들은 최근 제국이 난민들을 나폴리Napoli 같은 인근 해안 마을들로 이주시키고 그들을 수용하기 위해 시역市域을 넓히고 도로를 늘렸다는 새로운 증거를 찾아냈다. 많은 귀족들이 폭발로 죽으면서 재산을 남겼기 때문에 정부는 해방 노예들이 주인의 재산을 물려받도록 허락했다. 이 해방 자유민들은 독자적으로 풍족한 생활을 누렸다. 폼페이는 사라졌지만 로마의 도시 생활은 여전히 번성했다.

서기 79년 폼페이를 뒤덮은 재 덕분에 우리는 로마인들이 보존하려고 그렇게 애썼던 사해동포주의 문화를 있는 그대로의 모습으로 볼 수 있다. 폼페이 소멸로 이어지는 시기는 제국의 격변기였다. 여성·노예·이민자들이 권리를 얻고 정치권력의 안방까지 밀고 들어왔다. 새로운 형태의 다민족 대중문화가 대두했고, 우리는 폼페이의 거리에서 그 전개 상황을 추적할 수 있다. 서민들은 낙서를 휘갈기고, 타베르나taberna(매점)에서 술을 마셨으며, 대중목욕탕과 이 도시의 악명 높은 사창가에서 사람들과 어울렸다. 이것이 이후 수천 년 동안 줄곧 서방 세계 도시 생활에 영향을 미쳤다. 폼페이의 종말은 한 도시의 소멸이 그 도시를 떠받치고 있던 문화의 붕괴를 동반하지는 않는다는 증거다.

1500년 뒤, 앙코르는 폼페이가 단 하루에 겪은 재난을 아주 천천히 당했다. 이 도시는 한 번의 화산 분출 대신 백 년 동안 이어진 기후 위기의 연타連打를 맞았다. 걸린 시간은 달랐지만 결과는 비슷했다. 에번스가 서바라이에서 이야기했던 홍수 같은 환경 재난으로 인해 이 도시는 주민들 대다수가 살 수 없는 곳이 됐다. 하지만 최후의 일격은 자연과는 전혀 관계가 없는 것이었다. 앙코르의 왕들은 더 이상 일꾼 부대를 동원해 도시의 생명선인 수로망을 재정비할 수 없었다. 아마도 앙코르의 도시 계획에서 가장 유지하기 어려웠던 것은 저수지 시설이 아니라 강제노동에 의존한 엄격한 사회적 위계였던 듯하다.

한편 아메리카 대륙에서는 또 다른 거대 중세 도시가 확대됐다가 축소됐고, 운명의 역전은 그 풍광에 영원히 새겨졌다. 카호키아Cahokia는 유럽인들이 오기 전에 북아메리카에서 가장 큰 도시였다. 미시시피 강변 저지의 작은 마을이 성장해 3만 명이 넘는 팽창하는 대도시가 됐다. 그 영역은 강 양쪽에 걸쳐 있었다. 카호키아인들은 흙으로 쌓은 높다란 피라미드와 다락 통로를 건설했다. 오늘날 미주리주 세인트루이스St. Louis와 일리노이주 이스트세인트루이스East St. Louis · 콜린스빌Collinsville이 들어선 곳이다.

집과 농경지가 펼쳐진 사이사이에 제례 시설들이 있었고, 여기서 축제가 열려 남부 전역의 사람들을 끌어들였다. 900년에서 1300년 사이에 카호키아는 위스콘신에서 루이지애나에 이르는 미시시피강 유역의 도시와 마을들을 묶어준 사회 운동이자 영적 운동이었던 '미시시피' 문화의 중심지였다.

나는 두 차례의 여름을 카호키아 발굴 현장에서 보냈는데, 고고학자들은 이곳에서 '수도사 둔덕Monks Mound'〔수도사들이 농작물을 가꾸며 살던 곳이어서 이런 이름이 붙었다〕이라는 별칭으로 불린 카호키아 최대의 의례용 피라미드 부근의 번화한 주택 지구 일부를 찾아냈다. '수도사둔덕'은 사람들이 부근 취토장取土場에서 판 흙을 순전히 바구니로 날라다 쌓은 것인데, 높이가 30미터고 바닥 면적은 이집트 기자Giza의 대大피라미드와 맞먹는다. 그러나 고고학자 새라 베어스Sarah Baires와 멜리사 발터스Melissa Baltus의 관심사는 피라미드 위에서 누가 살았는지가 아니었다. 그들은 카호키아에서 보통 사람들이 어떻게 살았는지가 알고 싶었다.

손과 무릎은 진흙투성이가 되고 발목은 날벌레에 물리며 목은 햇볕에 탄 채 나는 발터스가 '의도적 폐기'라 부른 것에 직접 맞닥뜨렸다. 카호키아인들은 한 시설을 다 사용하면 하나의 의식으로 그 운명을 봉인한다. 벽을 삼았던 나무 기둥들을 뽑아내 장작용으로 치워두는 것이다. 그러고는 빈 말뚝 구멍에 조심스럽게 채색 점토를 채워 넣는다. 때로는 깨진 항아리 조각이나 이전에 집에서 사용하던 도구들을 넣기도 한다. 베어스와 발터스는 한 건물의 바닥에서 커다란 말뚝 구멍을 발견했다. 거기에는 선홍색 적철광赤鐵鑛 층이 섞여 있었다. 카호키아인들은 때로 건물 잔해에 불을 질러 가재도구를 함께 태웠다. 불이 사그라지면 거주자들은 버려진 장소를 흙 한 층으로 '봉인'하고 그 위에 새 시설을 지었다.

때로 이런 의도적 폐기 의식은 주거 구역 전체로 확대되기도 했다. 이스트세인트루이스를 발굴하던 고고학자들은 수십 개의 집 모형이 일시에 불탄 현장을 발견했다. 벽들은 불길에 휩싸이고 옥수수, 도예품, 아름답게 만들어진 화살촉 등 봉헌물들도 불에 탔다. 아마도 카호키아인들은 주변의 모든 건조물들에도 정해진 수명이 있다고 보고 언제나 전체 도시가 일시에 폐쇄되는 것으로 생각했던 듯하다. 그것이 사실이라면 카호키아는 종말을 염두에 두고 설계됐으며, 둔덕을 엄청난 높이로 쌓아 올릴 때에 이미 그 운명은 봉인됐던 듯하다.

사람들이 도시에 종말이 있을 것을 알았다면 그들은 왜 그렇게 많은 노력을 들여 그것을 건설한 것일까? 7년 전 이 책을 쓰기 위한 연구를 시작했을 때만 해도 그런 질문은 생각해본 적도 없었다. 나는 차탈회윅과 카호키아에 매료됐지만 내 작업은 현대 도시들을 벗어나지 못했고, 카사블랑카Casablanca·새스커툰Saskatoon·도쿄·이스탄불의 거리에서 인류의 미래를 감지하려고 애썼다. 나는 미래의 도시들이 어떻게 해서 영속될 것인가에 대해 쓰고자 했다. 적절하게 설계한다는 전제하에서 말이다. 그런데 어떤 일로 인해 과거를 탐구하고 싶어졌다.

나는 연구차 한 주 동안 코펜하겐에 갔다가 돌아와, 의절한 아버지(언제나 성난 외톨이였다)가 자살했음을 알게 됐다. 아버지와는 몇 년 동안 거의 말을 한 적이 없었다. 내가 덴마크에서 과학자 및 공학자들과 도시의 미래에 관해 이야기하고 있을 때 아버지는 장문의 유서를 쓰고 있었다. 자신이 아끼던 꽃밭을 어떻게 보살펴야 하는지에 대한 지침에서 방향을 틀어 자신의 땅 끄트머리에 재배하던 미국삼나무를 보존하려고 시 당국과 싸우다가 진 데 대한 분노로 끝낸 유서였다.

검시관과 통화하면서 나는 망연자실했다. 나는 아버지가 불행하다는 것을 알았지만, 나아질 것이라고 생각했다. 우리가 언젠가는 정상적인 관계로 돌아가기를 바랐다. 죽음은 다 나름대로의 이유로 힘들다. 그러나 자살로 인한 비통함은 한 가지 고통스런 질문에 온통 휩싸이게 한다. 아버지는 왜 죽음을 선택했을까? 다른 선택지가 얼마든지 있는데.

나는 아버지의 글들과 대여섯 편의 미발표 소설, 이메일 등을 살펴보며 무엇이 그를 내게서 멀어지게 하고 이 세상을 완전히 떠나게 했는지를 설명해주는 것이 혹시 있는지 찾아보았다. 수십 가지 대답이 있었고, 어쩌면 그 어느 것도 답이 아닐 수 있었다. 나는 아버지가 왜 그 약을 먹었는지를 스스로에게 물었지만 결국 견딜 수가 없었다.

나는 완전히 다른 일에 몰두하고자 애쓰면서, 차탈회윅을 발굴할 때 그곳을 찾았다. 나는 먼 과거로의 여행이 당면한 내 슬픔에서 벗어나는 데 도움이 되리라고 생각했다. 그곳에 도착해보니 주변에 있는 사람은 모두 죽음의 방법을 연구하는 게 일의 전부이고 무덤에서 옛사람들의 생활에 관해 배운 사람들임을 알게 됐다. 그것은 나 같은 기분의 사람들에게 끔찍할 것이라고 생각할 수도 있지만, 그게 바로 내게 필요했던 것이었다.

고고학자들을 보면서 나는 마침내 아버지가 왜 자살했는지 더 이상 묻지 않을 수 있게 됐다. 나는 더욱 힘든 문제를 파고들었다. 그는 어떻게 살았을까? 그가 내게 가르쳐준 것에서 어떤 위안을 얻을 수 있고, 그의 선택에서 무엇을 배울 수 있을까? 이런 질문들에 대답하는 것이 치유로 가는 첫걸음이었다.

그것은 이 책을 쓰도록 이끈 불씨이기도 했다. 나는 모든 도시의 죽음은, 우리가 언제나 그 종말을 개별적으로 보기 때문에 미스터리로 느껴진다는 사실을 깨달았다. 우리는 극적인 소멸의 순간에만 집중하고, 그 오랜 생존의 역사를 잊는다. 사람들이 도시를 유지하는 방법에 관해 수많은 결정을 내리면서 보낸 수백 년의 세월을. 우리가 사람들이 도시인으로서 살았던 특별한 방식을 이해해야만 그들이 왜 자기네 도시를 죽게 만드는 선택을 했는지 이해할 수 있을 것이라고 나는 생각한다.

그것은 두루뭉술하게 근본적인 질문을 던진다는 얘기다. 왜 우리 조상들은 탁 트인 대지의 자유를 버리고 냄새 나며 갑갑한 토끼장을, 인간의 배설물과 끝없는 정치적 드라마로 가득 찬 곳을 선택했을까? 그들은 어떤 식의 직관과 다른 결정에 이끌려 정착하고 농사짓게 됐을까? 농사를 망치는 경우가 흔해 굶주리게 될 수 있는데도 말이다. 어떻게 해서 수많은 사람들이 가까이 모여 함께 사는 데 의견을 맞추어 낯선 사람들이 즐길 수 있는 공공장소와 자원을 함께 건설했을까?

그 해답을 찾기 위해 나는 이 책에 나오는 버려진 도시들의 유적을 찾아다녔다. 그리고 그들이 살았던 이야기에 푹 빠져 몇 년 동안 연구했다. 그들 문화의 복합성을 단지 일부라도 풀어내고자 애썼다. 사람들이 왜 떠나갔는지를 이해하기 위해 나는 그들이 왜 왔는지, 그리고 머무르기 위해 얼마나 열심히 노력했는지를 알아야 했다. 나는 그들이 스스로 건설한 고향을 버렸을 때 그들이 무엇을 잃었는지를 확인하고 싶었다.

차탈회윅, 폼페이, 앙코르, 카호키아의 역사는 사뭇 다르다. 그러나 모두 수백 년에 걸친 끊임없는 변화를 거쳤다. 도시의 배치는 시민이 달라지면서 변했다. 가깝고 먼 여러 곳에서 이 도시들로 이주민이 몰려들었다. 맛있는 음식이나 전문화된 일거리에서부터 여흥과 정치권력을 얻을 수 있는 기회에 이르기까지 온갖 것이 그들을 끌어당겼다. 이 이주민들 가운데 가장 중요한 것이 노동계급이었다. 이들이 도시 주민의 3분의 2를 넘는 경우도 있었다. 지도자들은 둔덕과 저택에서 통치했다. 그러나 진정으로 도시를 유지한 것은 농사를 짓고 가게를 운영하고 도로를 건설한 보통의 노동자들이었다.

공업혁명 이전에 가장 가치 있는 경제적·정치적 힘은 인간의 노동으로부터 나왔다. 그러나 그 노동은 여러 형태를 띠었다. 때로 그것은 가내 노동이었다. 한 가족 안의 일부 사람들이 집을 건사하고 가축을 기르며 요리를 하는 일을 담당했다. 도시가 커지면서 상층 계급은 사람들을 계약 하인 같은 여러 가지 방식으로 노예화하거나 그들을 농노農奴로 전환시킴으로써 노동력을 조직화했다. 도시를 만드는 것은 여러모로 노동력을 조직화하는 일이었다. 강제하기도 하고 유인하기도 했다. 보통은 두 가지를 병행했다. 그리고 도시가 정치적으로, 환경적으로 휘청거릴 때는 노동자들이 누구보다도 더 압박을 받았다. 그들은 남아서 뒤처리를 하든지 다른 어느 곳에 가서 새출발을 하든지 선택을 해야 했다.

《도시는 왜 사라졌는가》는 인류 과거의 비극에 관한 이야기고, 그것은 죽음에 관한 이야기다. 그러나 그것은 또한 상실로부터 회복하는 일에 관한 이야기이기도 하다. 우리가 있었던 곳과 우리를 그리로 데리고 간 결정에 대해 밝은 눈으로 바라봄으로써 말이다. 오늘날 우리는 세계의 여러 도시에서 우리 조상 도시인들이 직면했던 것과 똑같은 문제에 직면하고 있다. 정치가 부패 때문에 좀먹고 기후 재난이 다가오는 상황이다. 지금 인류 대부분이 도시에 살고 있기 때문에 위험성은 더욱 크다.

도시 생활의 운명은 인류의 운명에 매여 있다. 우리가 21세기에 과거의 실패를 되풀이한다면 우리 지구 전체의 모습을 바꾸어놓을 어떤 유해한 도시 생활이 확산할 위험성이 있다. 좋지 않은 방식으로 말이다. 도시들은 이미 수질 오염, 식량 부족, 대규모 유행병, 노숙인 문제를 막기 위해 골머리를 앓고 있다. 우리는 대도시에서 살 수 없는 미래를 향해 돌진하고 있다. 그러나 대안들은 더욱 좋지 않다.

도시의 시대가 이런 식으로 끝나서는 안 된다. 차탈회윅·폼페이·앙코르·카호키아는 사라지기 전에 번성하는 문명의 중심지였다. 그들의 어두운 미래는 결코 미리 정해진 것은 아니었다. 이 책에서 이야기하는 오래전의 역사가 도시와 그를 둘러싼 자연환경의 소생에 무엇이 필요한지를 보여줄 수 있기를 바란다. 결국 우리는 우리의 잘못으로부터 가장 좋은 방법을 배운다.

1부

차탈회윅

출입구

서둔덕

카타
삽

계절적 습지(서기전 7000년)
코냐 평원(오늘날)

300m

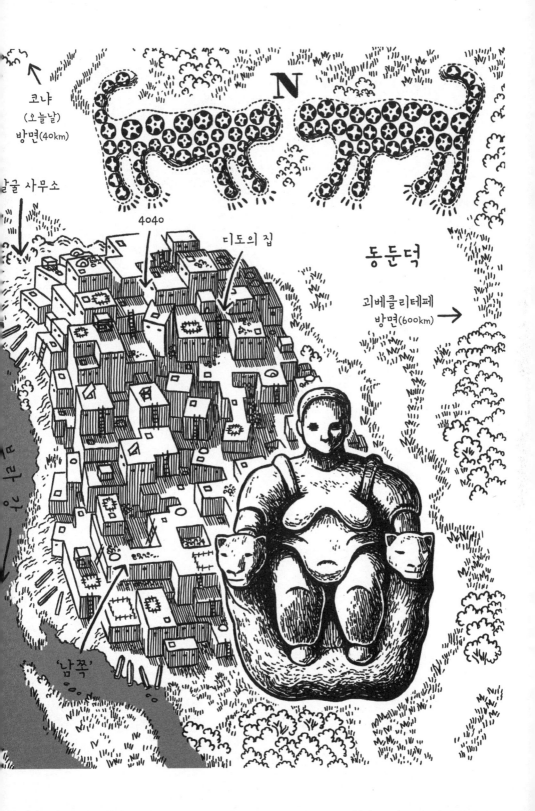

코냐
(오늘날)
방면(40km)

발굴 사무소

4040

디도의 집

동둔덕

괴베클리테페
방면(600km)

'남쪽'

1장
정주 생활의 충격

나는 터키 중부에 있는 인구 200만의 붐비는 대도시 코냐Konya에서 에어컨 달린 버스에 뛰어올라 세계에서 가장 오래된 축에 속하는 도시로 향했다. 맑고 더운 그날 아침에 우리는 신선한 달걀에서부터 애플 컴퓨터까지 모든 것을 파는 가게들을 지나 도시에서 나와 길을 달렸다. 빛나는 고층 아파트를 지나 들판에 들어섰지만 우리는 문명을 등진 것은 아니었다. 길옆에는 작은 바다위badawī(베두인Bedouin)의 천막들이 있었고, 매 구역마다 새집들이 올라가고 있는 작은 마을들도 구불구불 지났다. 버스는 45분 뒤에 자갈이 깔린 작은 주차장에 멈췄다. 일산日傘을 친 피크닉 탁자가 가득 들어찬 쾌적한 마당 둘레에는 목조 오두막들과 낮고 긴 건물들이 있었다. 휴양 시설이거나, 아니면 작은 학교 같았다.

　하지만 그것은 사실 먼 과거로 가는 입구였다. 피크닉 탁자로부터 수백 미터 떨어진 곳에 차탈회윅이 있었다. 도시들이 생기기 전에 건설된 도시다. 그 대부분은 거대한 동東둔덕 밑에 묻혀 있었다. 바람으로 평탄해진 낮은 고원이다. 13헥타르에 이르는 동둔덕을 위에서 보면 눈물방울처럼 보일 것이다. 그 윤곽은 9000년 된 한 도시 유적을 덮은 흙 담요 같다. 이곳의 주민들은 오랫동안 집 위에 집을 지어, 흙벽돌로 만든 건물 층이 언덕을 이루었다. 동둔덕 너머에 조금 나중에 만들어진 서西둔덕이 있다. 대략 8500년 전에 형성된 조금 작은 주거 구역이다.

이 도시가 생긴 지 얼마 되지 않았을 때 강들은 이런 언덕 도시들 주위를 흘렀고, 농경지는 인근 코냐 평원 여기저기에 흩어져 있었다. 오늘날 이 지역은 건조하고 누렇게 말라가는 풀들로 군데군데 덮여 있다. 나는 덥고 탁한 공기를 들이마셨다. 여기가 모든 것이 시작된 곳이다. 내가 아는 세상은 이런 곳에서 태어났다. 밀집한 아파트, 공장형 축산 농장, 컴퓨터, 수많은 사람들로 북적거리는 도시들.

일부 고고학자들은 차탈회윅을 '대형 유적지mega-site'라 부른다. 여러 개의 작은 정착지들이 합쳐진 커다란 마을이라는 것이다. 이 도시는 중앙의 어떤 계획이나 지침 없이 유기적으로 자라나 합쳐진 듯하다. 차탈회윅의 건축은 이후 이 지역에 나타나는 어떤 것과도 다르다. 집들은 마치 벌집의 밀방蜜房과도 같이 이웃집과 다닥다닥 붙어 있다. 집 사이를 가르는 골목이 거의 없다. 도시의 가로망은 지상에 비해 적어도 한 층 이상 높았고, 보도는 옥상을 가로질러 나 있었다. 출입구가 천장을 뚫고 만들어졌다. 거주자들은 지붕 위에서 많은 시간을 보냈다. 음식을 만들거나 연장을 만들고, 때로는 빛 가리개 아래서 한뎃잠을 잤다. 주민들이 도시로 올라가거나 집으로 내려가는 데는 간단한 나무 사다리가 사용됐다.

차탈회윅에서 맨 처음 건설이 시작됐을 때 이곳에 살러 온 사람들 대부분은 유목민 생활을 청산한 지 한두 세대인 사람들이었다. 한 장소에 영구히 정착한다는 생각은 당시로서는 혁명적인 것이었다. 차탈회윅 이전에도 작은 마을들이 있기는 했지만, 인류의 거의 대부분은 작은 무리를 지어 떠돌아다녔다. 구석기 시대의 조상들이 수십만 년 동안 해오던 대로였다.

얼마 안 되는 사람과 동물들만 접촉하던 자연의 세계를 떠나 좁은 공간에 쑤셔 넣어지고 이웃의 다른 좁은 공간에 사는 수백 명의 사람들과 더불어 사는 정주 생활을 받아들인다고 생각해보자. 이전의 유목생활 방식밖에 모르는 부모와 조부모 세대가 기묘하게 복잡한 도시 생활에 대한 준비를 시켜줄 수는 없었을 것이다. 차탈회윅 사람들이 함께 살아가는 최선의 방법을 짜내기 위해 좌충우돌하고 그 과정에서 여러 가지 치명적인 잘못도 저질렀으리라는 것은 놀라운 일이 아니다.

이때가 아마도 인류 역사상 처음으로 "누구 자손이냐?"라는 물음만큼이나 "고향이 어디냐?"라는 물음이 중요해진 시기였을 것이다. 늘 이동하는 유목민은 "고향이 어디냐?"라는 물음에는 대답하기가 어렵다. 중요한 것은 어떤 종족 소속이냐다. 기독교 성서를 비롯한 서방의 많은 고대 문서들이 아버지, 할아버지, 증조할아버지 등 끝없는 명단을 주워섬기며 자기네의 주요 인물들을 소개하는 이유가 그것이다. 한 사람은 말 그대로 그 조상들을 모두 합쳐놓은 것이다. 그러나 평생을 한 도시에서 산다면 그곳은 한 개인의 자아의식에서 가족 유산에 비해 더 중요해질 수 있다.

차탈회윅의 수많은 옥상 출입구 가운데 하나로 들어간 사람들은 인류 사회의 새로운 국면으로 들어간 것이다. 그들은 사람의 정체성이 고정된 장소에 따라 결정되는 낯선 미래로 들어갔다. 그 땅은 그들의 것이었고, 그들은 그 땅의 일부였다. 그것은 여러 세대를 거치면서 영향을 미치는, 서서히 나타나는 충격이었을 것이다. 생존은 이제 기후가 농사에 적합한지의 여부에 달려 있었고, 죽음은 가뭄과 홍수로 인해 어느 해에든 닥칠 수 있었다. 이 고대 도시 이야기에서 밝혀지게 되겠지만, 정주 생활은 매우 어려워서 인류는 도시 생활을 영원히 포기하는 결정을 내릴 뻔했다. 그러나 그러지 않았다. 그리고 수천 년 뒤 내가 이곳에 온 이유도 그것 때문이다. 도대체 우리 조상들이 무슨 일을 하고 있었는지를 알아내려고.

인디애나 존스의 맞수

나는 다시 차탈회윅 발굴소로 관심을 돌렸다. 버스가 그곳에 내려주었다. 지난 25년 이상 수백 명의 고고학자들이 작업했던 곳이었다. 그들 모두는 이 고대 도시의 비밀을 밝혀내기 위해 지칠 줄 모르고 일했다. 마침 수십 명의 고고학자들이 차탈회윅의 역사와 종교에 관한 학술회의를 여는 때에 도착해 나도 거기에 참여할 수 있었다.

우리 가운데 일부는 동둔덕 꼭대기로 걸어 올라갔다. 고고학자들이 언덕 북쪽의 표면을 벗겨내 차탈회윅의 도시 구획이 드러나 있었다. 그저 '4040'으로 알려진 이 극적인 발굴은 대략 현대 도시 한 블록 정도의 규모다. 4040은 나무와 불투명한 흰색 플라스틱으로 만든 항공기 격납고처럼 동둔덕 위에 둥글게 드리워진 거대한 가리개 구조물로 보호되고 있었다. 안으로 들어가려 하자 강렬한 햇빛이 새어들어 기분

좋게 비췄고 공기도 시원했다. 내 앞에는 황갈색 흙벽돌로 만든 수백 개의 방들이 서로 연결된 상태로 펼쳐져 있었다.

그 공간에서 십여 명의 고고학자들이 일하고 있었는데, 벽 옆에 구부정하게 서서 필기판에 메모를 하거나 사진기로 그날 아침 찾아낸 것들을 촬영하고 있었다. 모래주머니가 곳곳에 쌓여 무너진 벽의 잔해를 떠받치고 있었다.

우리 작은 무리는 한 집의 바닥이었던 듯한 곳의 1미터쯤 위에 서서 9000년 된 누군가의 거실을 내려다보았다. 두터운 진흙 벽 위에 무더기로 붙어 있는 회반죽 층이 보였다. 백 년 된 내 집 나무 문틀에서 긁어낸 서로 다른 여섯 층의 파스텔색이 생각났다. 몇몇 곳에서는 밝은 회반죽 패치에 거주자가 이리저리 칠해 놓았던 적황색 디자인을 아직도 볼 수 있었다. 하나는 다이아몬드 모양의 반복적인 나선형 무늬였다. 다른 것은 구불구불한 선들 사이를 흐르는 작은 사각형들이 물결을 이루고 있었다. 그린 사람이 강을 떠올려주고 싶었던 듯하다. 이 디자인들은 모두 추상적이지만 정교해 운동감을 전달하고 있었다. 그린 사람은 요란한 생기로 한결같은 정착 생활에서 변화를 느끼고자 했던 듯하다.

발굴 지역 곳곳에는 바닥에 파놓은 작은 타원형 구덩이들이 보였다. 유골들이 무덤에서 치워졌음이 분명했다. 차탈회윅 사람들은 시신을 가까이, 자기네의 침상으로 쓰이는 흙으로 쌓은 기단 바로 아래에 묻었다. 시신은 태아 자세로 묻었기 때문에 무덤의 모양은 둥그런 저장용기 같았다. 서방 세계에서 익숙한 길쭉한 관과는 달랐다. 어떤 침상 기단에는 이런 무덤이 여러 개 있는 경우도 있었고, 대여섯 개가 있는 경우까지 있었다. 나중에 듣기로 한 무덤에는 두개골이 그득했지만 뼈대는 하나뿐이었다고 한다.

우리를 안내한 이는 스탠퍼드대학 고고학 교수인 이언 호더Ian Hodder 였다. 부드러운 목소리를 지닌 런던내기로, 1993년 이래 차탈회웍 발굴을 이끈 사람이다. 호더는 기본적으로 할리우드 영화에 나오는 인디애나 존스Indiana Jones의 맞수라고 할 만한 인물이다. 그는 정황고고학情況考古學, contextual archaeology[1]이라 불리는 영향력 있는 학파의 선구자로 유명하다. 이들은 옛 유물을 전리품이 아니라 고대 문화를 이해하기 위한 열쇠로 본다.

인디애나 존스가 만약 정황고고학자였다면 그는 〈레이더스: 잃어버린 성궤를 찾아서Raiders of the Lost Ark〉에 나오는 황금 우상을 버려두고, 부비트랩을 설치한 그런 믿을 수 없는 무덤을 만든 사람들의 신앙체계와 그것이 어떻게 조화되는지를 이해하려 애썼을 것이다. 호더는 차탈회웍에서 귀중한 보물을 발견했을 때(그는 이 외에도 여러 가지 발견에 관여했다) 그것이 이 고대 도시의 사회적 관계에 대해 무엇을 말해주는지를 알아내고자 했다.

호더는 처진 캔버스 모자를 벗고 어느 집 바닥에 판 깊고 네모반듯한 참호로 기어 들어갔다. 구덩이의 한쪽에는 고고학자들이 '프로필'이라고 부르는 것이 있었다. 이곳에서 집 위에 집이 지어진 수백 년 동안의 모습을 보여주는 모든 층의 단면 모습이다. 맨 아래 층이 가장 오래된 층이고, 하나씩 위로 올라가면서 차례로 더 새로운 층이다. 고고학자들이 '보다 최근의' 것을 이야기할 때 헷갈려서 종종 '위쪽의' 것이라고 하는 이유다.

이 분석 기법에 해당하는 또 다른 단어가 '층위학層位學'으로, 지층을 역사적 맥락에서 연구하는 것이다. 호더는 '프로필'의 위쪽 층들을 가리켰다. 옅은 갈색 흙 사이에 검은 물질이 끼여 완만한 물결무늬를 이루고 있었다. 그 위에는 검은 층이 있었고, 맨 위는 부서진 뼈처럼 보이는 것이 여기저기 있는 또 다른 층이 덮고 있었다. 그것은 복잡한 샌드위치케이크처럼 보였다. 다만 높이가 3미터나 되고 흙으로 만들어졌을 뿐이다. 우리는 이 도시의 집들에 수백 년 동안에 무슨 일이 일어났는지를 보고 있다고 호더는 설명했다.

갈색 흙으로 된 층은 차탈회윅 사람들이 바닥을 꼼꼼하게 처리했기 때문에 만들어졌다. 때로 회반죽을 덧입히기도 했다. 검은 층은 재灰였다. 집이 버려졌던 기간을 나타낸다. 버려진 집은 흔히 가재도구를 태우는 의례를 통해 상징적으로 '봉인'을 하기 때문에 까맣게 탄 물질의 층이 분명하게 남는다. 때로 이런 집은 이후 쓰레기 구덩이가 돼서 이웃들이 자기네 화덕의 재나 다른 쓰레기들을 던져 넣었다.

마침내 새로운 가정이 집을 새로 짓게 된다. 재 위에 흙과 회반죽을 두툼하게 쌓고 옛 건물 구조 그대로 다시 건설한다. 호더는 차탈회윅의 집짓기를 '반복적'이라고 묘사했다. 거주자들은 건축 양식을 바꾼다는 생각을 중요시하지 않았다는 얘기다. 한번은 호더와 그 동료들이 네 번 다시 지어진 집을 발굴했다. 거주자들은 대대로 정확히 같은 장소에 솥을 걸었고, 같은 장소에 시신을 묻었다.

호더는 그가 보여준 집의 위쪽 층들에서 재 사이에 끼인 흙 층 세 개를 찾아냈다. 폐기와 재건축의 단계들을 분명하게 보여주는 것이다. 아래쪽 층들에서는 좀 모호해졌지만, 적어도 끼워 넣은 흙의 층을 여덟 개 더 알아볼 수 있었다. 호더는 이것이 이전의 여러 집들이거나, 집의 수는 좀 적더라도 사용하면서 많은 부분을 뜯어고친 집들이었을 것이라고 추정했다. 어느 쪽이든 우리는 오늘날의 도시에도 여전히 존재하고 있는 도시 현상의 초기 형태를 목격한 것이다. 차탈회윅 사람들은 옛집을 바탕으로 새집을 만들었다. 내가 백 년 묵은 집에서 외벽을 새로 바르고 벽 일부를 새로 세우고 거기에 페인트칠을 새로 하는 식으로 새집을 만드는 것과 똑같다.

호더는 4040 주거지를 떠나 둔덕 위를 가로질러 서남쪽으로 우리를 데리고 갔다. '남쪽'이라 불리는 더 먼저 발굴된 곳이다. 도중에 있는 작은 발굴지들을 덮고 있는 캔버스 천의 천막 몇 개를 지나면서 나는, 도시의 지붕들 위로 마을을 가로질러 난 길을 함께 걷고 있는 차탈회윅 주민들을 상상했다. 현재 광범위한 발굴이 이루어지고 있기는 하지만, 도시 자체의 불과 5퍼센트만이 모습을 드러냈다. 우리 발밑에는 천여 년 동안 다른 집 위에 지어진 수천 채의 집이 있고, 거기에 있는 보물들은 아직 보지 못하고 있다.

'남쪽' 발굴지는 숨이 막힐 듯했다. 강철과 섬유유리 구조물 덮개 아래에서 고고학자들이 아래로 적어도 10미터는 파 내려가, 더 많은 옛 도시 가로망의 층들을 찾아냈다. 나는 나무 관망대에 서서 뚜렷한 층위를 바라보았다. 멀리 아래쪽에 이 도시의 가장 초기 부분이 보였다. 사람들이 더 이상 유목 생활을 추구하지 않고 연중 내내 이곳에 정착하기로 처음 결정한 때다. 그때는 이곳에 늪이 많고 초목이 무성했다. 그 정착민들 가운데 누구도 도시가 어떻게 될 것인지에 대한 개념이 전혀 없는 상태에서 건물을 짓기 시작했다. 그들은 닥치는 대로 주거지에 점점 더 많은 건축물들을 계속 추가해 흙으로 된 땅은 흙으로 된 집들로 변했고, 흙으로 된 집들은 흙으로 된 옥상 도로와 주거 단지와 점토 공예품이 됐다. 우리는 이 도시의 1500여 년의 역사를 한눈에 볼 수 있었다.

호더는 발굴지 가장 깊숙한 부분의 강철봉 조각에 매달린 깃발 하나를 가리켰다. 그는 아리송하게 살짝 미소를 지으며 말했다.

"저기가 유제품이 나온 곳입니다."

그는 차탈회윅 사람들이 낙농 제품으로 요리를 했다는 첫 증거로 과학자들이 발견한 층을 보여주고 있었다. 점토 항아리 안의 잔류물은 염소젖으로(그리고 아마도 치즈 역시) 맛을 더해 수프를 만들었음을 알려주었다. 마리아 사냐Maria Saña, 카를로스 토르네로Carlos Tornero, 미겔 몰리스트Miguel Molist 등 세 연구자는 신석기 시대의 양 사육을 연구했는데, 여러 세대 동안 가족 단위로 소규모 양 사육이 이루어져 우유와 고기를 생산한 증거를 발견했다.[2]

그러나 유제품 요리는 인류의 식단에 아주 맛있는 음식 하나를 추가한 것으로 그치지 않는다. 낙농 식품의 등장은 인류의 삶의 방식을 바꾸었고, 그것은 다시 동물의 삶과 인간 정착지 주변의 땅까지도 바꾸었다. 유제품이 발견된 곳에서 우리는 인류가 자연 안에서의 자신의 위치 찾기를 멈추고 자연을 스스로에게 맞추어 변화시키기 시작했다는 흔적을 볼 수 있었다.

인류의 순화馴化

1936년, 오스트레일리아 고고학자 V. 고든 차일드Vere Gordon Childe는 《인간의 적응Man Makes Himself》이라는 책을 출간했다. 인류의 도시 생활이 어떻게 발전했는지를 다룬 그의 초기 저작들 가운데 하나다. 인류 문명은 경제 혁명의 와중에 변화한다는 마르크스주의 관념에 영향을 받은 차일드는 '신석기 혁명Neolithic Revolution'이라는 말을 만들어내 차탈회윅 거주 시기에 나타난 발전의 전모를 묘사했다. 그는 공업 혁명Industrial Revolution의 고대판古代版을 상상하고, 모든 사회는 불가피하게 농경을 택하고 상징적 의사소통을 발전시키며 장거리 교역을 하고 고밀도 정착지를 건설하는 집중적이고 급속한 변화 국면을 지난다고 주장했다. 그는 이런 일련의 신석기 시대 방식이 재빨리 서아시아를 휩쓸고 거기서 전 세계로 퍼져나가 이후 도시 생활의 씨를 뿌렸다고 설명했다.

수십 년 동안 인류학에서는 신석기 혁명에 대해, 떠돌던 유목민 무리가 세금을 내는 도시민으로 변화한 갑작스런 문화적 단절이라고 가르쳤다. 많은 학자들은 이런 생각을 신봉해왔지만, 오늘날 고고학자들은 차탈회윅 같은 신석기 사회들로부터 새로운 자료들을 확보해 상황을 훨씬 복잡하게 만들었다. 우리는 유목민 생활에서 도시 대중사회로의 전환이 매우 점진적이어서 수천 년에 걸쳐 단속적斷續的으로 이루어졌다고 배웠다. 또한 그것은 서아시아에서 시작돼 세계로 퍼져나간 것도 아니다. 우리가 '신석기적'이라고 부르는 일련의 방식은 동남아시아에서부터 아메리카 대륙에 이르기까지 여러 곳에서 독자적으로 대두했다. 신석기의 기술과 생활 방식이 우리 문명의 진로를 변화시켰다는 데는 의문의 여지가 없다. 그리고 이런 전환에는 때로 삐걱거림도 있었을 것이다. 특히 개인들이 옛 방식을 버리는 데서 그랬을 것이다.

그러나 공업 혁명은 차탈회윅에서 볼 수 있는 사회적 변화에 적절한 비유가 되지는 못한다. 20세기 초에는 전기·전화·자동차의 광범위한 도입이 한 세대 만에 이루어졌다. 그러나 1만여 년 전 신석기 시대에는 농경을 개발하는 데 수십 세대가 걸렸고, 낙농을 도입하는 데는 또 수십 세대가 더 걸렸다. 그래도 속도가 느리기는 했지만 신석기 시대 사람들은 자기네 주위의 세계에 있는 모든 것을 변화시킬 수 있었다. 그 먼 후손들이 화석연료와 탄소 배출 엔진으로 바꾸었듯이 말이다.

차탈회윅이 건설될 무렵에 인류는 독자적으로 분명한 생태발자국EF 〔인간이 삶을 영위하는 데 필요한 자원의 생산과 폐기에 드는 비용을 토지로 환산한 지수〕을 남기고 있었다. 인류가 사육 또는 재배한 염소, 양, 개, 과일나무, 몇 종류의 밀, 보리, 기타 세계 여러 지역의 다른 많은 작물들로 가득 찬 것이다.[3] 이들과 함께 우리는 생각지도 않았던 생명체들을 끌어들였다. 쥐, 까마귀, 바구미, 그 밖의 해충 같은 것들이다. 거기에다, 정착지 아주 가까운 곳에 있으면서 사람에게서 사람으로, 또는 동물에게서 사람으로 쉽게 옮겨 다니며 전염병을 일으키는 미생물들도 있다. 인간 생태계는 우리의 음식, 쓰레기, 몸, 주거지가 끌어들인 바람직한 생명체와 바람직하지 않은 생명체들로 이루어진 복잡한 거미줄이다.

인류는 우리 주거 생태계로 들어오는 모든 생명체를 변화시켰다. 우리는 식물을 재배하면서 식용 가능한 부분이 더 빨리 익고 더 많은 사람이 먹을 수 있도록 했다. 이에 따라 밀은 낟알이 더 굵어지고, 과일은 떨어지는 것을 찾아냈다. 개, 양, 염소, 돼지 같은 가축 역시 수천 년 동안 사육하는 과정에서 변화했다. 아마도 가장 분명한 변화는 유형성숙幼形成熟, neoteny〔동물이 성적으로 완전히 성숙된 개체이면서 비생식기관은 미성숙한 모습이 남는 현상〕이라 불리는 것일 듯하다. 더 아이 같은 모습으로 되어가는 현상이다. 가축은 더 작아지고, 늘어진 귀와 짧은 주둥이 등 부드러운 얼굴 모습으로 변하는 경향이 있다. 더욱 극적인 변화도 있다. 사육 돼지는 늑골이 한 쌍 더 있다. 인간도 이런 과정에서 예외는 아니다. 우리 역시 스스로를 길들인다.

여러 세대 정착 생활을 하고 수많은 부드럽고 조리된 음식을 먹은 결과는 우리 몸에 흔적을 남겼다. 유형성숙으로 인해 인간의 얼굴은 더 연약해지고 체모는 줄었다. 턱은 더 짧아지고 더 둥글어져 우리가 말할 때 새로운 음을 낼 수 있게 됐다.[4] 구체적으로 말하자면 영어의 'v'나 'f' 발음 같은 것이다. 윗니가 아랫입술을 누를 때 나는 이 음은 구강 구조상 아래턱이 위턱 뒤에서 맞물릴 때만 가능하다. 그리고 이러한 배열은 신선한 곡물로 만든 음식과 스튜 같은 것들을 먹은 덕분이었던 듯하다. 농사를 지었기 때문에 그것이 가능했다.

새로운 종류의 음식들은 또한 인류의 대부분에게 유전자 수준에서 유형성숙을 일으키게 했다. 인간의 아기들은 모두 원유原乳에 들어 있는 당糖의 일종인 젖당을 소화할 수 있는 능력을 갖추고 태어난다. 신석기 시대 이전에는 나이가 들면서 젖당 과민증이 생겼다. 우유 한 잔을 마시거나 치즈를 먹으면 심한 복통을 일으켰다. 그러나 우유 제품이 서방에서 인류의 식단에 들어오자 젖당에 대한 성인의 내성이 생기는 유전적 돌연변이가 주민들 사이에서 급속하게 퍼졌다. 이는 극적이고 광범위한 유전적 변화였고, 전적으로 우리가 정착 생활로 이동한 덕분에 일어난 일이었다. 도시의 인공 생태계에서 변화하지 않은 생명체는 없었다. 호모사피엔스도 예외는 아니었다.

이러한 변화는 차탈회윅 사람들에게도 분명했을 것이다. 그들은 야생 동물과 길들여진 동물의 차이를 잘 알고 있었다. 이 도시의 음식을 연구한 터키 코츠Koç대학 고고학 교수인 라나 외즈발Rana Özbal은 차탈회윅 사람들이 길들인 작물과 고기로 만든 음식을 더 좋아했다고 내게 말했다. 저장 용기, 취사도구, 쓰레기장의 화학적 잔류물에 대한 외즈발 교수의 분석을 통해 우리는 사람들이 우유, 곡물, 양, 염소 같은 음식물을 먹었음을 알 수 있다. 오록스 같은 야생 동물들은 일반적으로 공개 축제 같은 특별한 경우에만 먹었다. 길들이기는 자체 강화 과정인 듯이 보인다. 인간은 길들인 것으로 만든 음식을 먹고 그것이 우리 몸을 변화시키며, 우리 몸은 시간이 지나면서 그런 음식에 더욱 적합하게 되고, 그에 따라 그런 음식들에 더욱 끌리게 된다.

이와 함께 길들이기는 인간의 생태 이상의 것을 변화시켰다. 그것은 또한 매우 새로운 종류의 상징 구조와 연결돼 있었다. 호더는 족제비와 여우의 이, 곰의 발톱, 멧돼지 턱을 발견한 이야기를 했다. 차탈회윅에 있는 여러 집의 회벽에 의도적으로 넣은 것이었다. 때로 사람들은 오록스의 머리에 회반죽을 두껍게 바르고 뿔은 그대로 둔 채 그것을 문 옆에 걸어놓았다. 많은 집에서는 내부에 이 회반죽 바른 머리들을 기둥 위에 마주 쌓아놓아 뿔로 만든 흉곽 같은 환상을 불러일으켰다. 야생 동물들은 그림에서도 주연으로 등장한다. 표범, 오록스, 새 같은 것들이다. 스탠퍼드대학 고고학 교수인 린 메스켈Lynn Meskell은 차탈회윅에서 가장 흔한 소小조각상은 인간이 아니라 동물이라고 알려주었다.[5] 차탈회윅에서 발견된 수백 점의 소조각상 가운데 극히 일부만이 사람이나 인간의 신체 일부를 묘사하고 있다.

길들이기에 관심이 있는 사회에서, 그들이 필사적으로 도망치려 했던 야생 세계에 그렇게 매혹된 이유는 뭘까? 도시에 사는 인간들은 비록 길들여졌을지라도 대부분 벽이 없이 어느 순간에라도 포식자 또는 먹이가 될 수 있는 동물들에 둘러싸여 살던 유목민들과 단지 종이 한 장 차이일 뿐이었다. 호더는 야생 동물이 여전히 도시민들에게 영적 경외감의 원천이었고 사람들은 힘을 불러오기 위해 그 이미지를 사용

했을 것으로 추측한다.[6]

호더가 좋아하는 벽화 가운데 표범 두 마리가 정면으로 마주 서 있는 모습을 그린 것이 있다. 그들의 사나운 얼굴은 서로에게서 돌려 무자비하게 관찰자를 응시하고 있다. 또 다른 벽화에서는 커다란 독수리가 사람의 머리를 채어 급히 달아나는 듯한 모습을 보이고 있다. 사냥 장면들은 작은 막대로 표현된 인간이 극적으로 크게 그린 황소와 멧돼지 옆에 보잘것없는 모습으로 그려지고 있다. 야생 동물은 차탈회윅 사람들의 상상 속에서(때로는 글자 그대로) 크게 다가왔다.

인간은 언제나 야생의 상대들과 관계가 나쁜 것으로만 그려진 것은 아니다. 차탈회윅 미술가들이 즐겨 그린 주제는 반인반수半人半獸였다. 사람과 동물의 혼합이다. 한 그림에서는 독수리가 인간의 발을 하고 있다. 인간이 황소를 사냥하거나 놀릴 때 표범의 반점을 그리고 있는 것으로 묘사되는 경우도 많다. 고고학자들은 인간의 무덤에 족제비나 다른 포식자의 배설물을 일부러 집어넣은 것을 발견했다. 위험한 동물이 배설한 '오물'과 무덤의 오물을 묶으려 한 듯하다. 아마도 이는 인간이 상징적인 힘을 주장하는 한 가지 방법이었던 듯하다. 자기네가 표범처럼 빠르고, 독수리처럼 위험하며, 족제비처럼 비열하다고 뻐기는 것이다.

호더는 야생 동물이 과거의 강력한 조상 같은 인물처럼 취급되고, 그것들과 관련을 가지면 현재의 사람들에게 권위가 부여되는 것으로 보았으리라고 주장한다. 다시 말해서 반인반수는 정치적 가식假飾의 초기 형태였으리라는 것이다. 사람보다 조금 낫다고 주장함으로써 다른 사람에 대해 권위를 주장하는 방법이었다.

그러나 벽 속의 야생 동물은 아마도 도시인들에게 조상들이 침낭이나 천막, 오록스의 공격을 견뎌낼 수 없는 엉성한 구조물에서 잠을 자던 시절을 상기시키려는 것이었을 듯하다. 이런 관점에서 본다면 야생 동물의 형상화는 인간의 나약함을 상기시켜주는 것이다. 우리의 벽은 지금 포식자를 막아내기에 충분할 만큼 강력하지만 한때는 취약했다. 황야는 바로 그들 건너편에 숨어 있었다. 고난을 극복해내야 했다. 네덜란드 RAAP 고고학 자문단의 마르크 페르후번Marc Verhoeven은 차탈회윅의 벽들을 '숨기기와 드러내기'의 장이라고 해석했다. 길들여지지 않은 세계가 초대돼 벽에 도배됐다는 것이다.

결국 길들임이란 자연을 배제한다는 의미가 아니다. 오히려 그것은 여과 과정에 가깝다. 어떤 생명체는 받아들이고 다른 것은 차단한다. 길들여진 동물·식물·사람은 집 안에 들어와 살지만 야성은 벽에 갇힌 상태다. 차탈회윅의 도시 디자인은 길들여진 생활에 불편하게 적응하고 있는 사회를 반영한다. 그 사람들은 자기네의 야생의 과거에 매달려 있다. 그것이 그들에게 힘을 주기 때문이다. 그러나 그들은 그것이 억제되기를 원했다. 조금 거리를 두고서 말이다.

이 고대 도시 사람들이 조금 거리를 두길 원했던 것이 또 있었다. 바로 이웃들이다. 그런 면에서 이스탄불의 환한 고층 건물에 살고 있는 사람들은 신석기 시대 선구자들과 공통점이 많은 듯하다. 차탈회윅 사람들은 일상적으로 다닥다닥 붙어 있어, 그들 자신과 매일 맞닥뜨리는 사람들 사이에 고작 60센티미터의 흙벽돌만을 두고서 사생활을 유지하기 위해 발버둥 쳤다.

인류학자 피터 윌슨Peter J. Wilson은 《인류의 순화The Domestication of the Human Species》에서 차탈회윅 같은 도시들이 나오면서 사생활 개념이 싹트기 시작했다고 썼다.[7] 인류는 유목민 시절에 혼자 있는 시간이 별로 없었다. 공간은 남들과 공유하는 것이었고, 집은 간이식이어서 집단에서 실질적으로 분리되기보다는 형식적인 차단막이었다. 그렇지만 집단을 떠나 독자적으로 움직이고자 하는 사람들은 절대적인 사생활을 누릴 수 있었다. 만약 두 집단이 해결할 수 없는 분쟁에 휘말리면 붙어서 복닥거릴 필요가 없었다. 그저 갈라서서 각자 제 갈 길을 가면 되는 것이다.

차탈회윅은 이런 사회 구조를 완전히 뒤바꾸었다. 사람들은 집 안에 들어가 스스로를 완벽하게 숨길 수 있었다. 무슨 일을 하든 이웃의 눈에서 모두 가려주었다. 그러나 사람들이 많은 소유물을 갖게 되는 영구 정착지에서는 집단을 떠나는 것이 매우 어려워졌다. 그 결과 누군가의 집으로 들어가는 출입구는 사회적이고 신비한 힘이 충만한 경계선이 됐다. 누군가가 어떤 집으로 들어가기를 청하는 것은 주인의 "사적인 영역 일부를 이웃에게 드러내도록"[8] 주인에게 요구하는 것이라고 윌슨은 썼다.

도시 사회에는 닫힌 문과 숨겨진 방이 수두룩하다. 그것이 사람들에게 남들과 상호작용하는 새로운 방법을 제공한다. 자신의 극히 일부만을 드러내는 것이다. 역설적으로 그것이, 사람들이 무리로부터 떨어져 혼자 있기를 꿈꾸는 도시를 만들어냈다. 다시 말해서 사생활 개념이 탄생했고, 그와 함께 공공 개념도 만들어졌다.

차탈회윅의 '남쪽' 발굴 현장에서 나는 도시의 층위를 자세히 살펴보았다. 벽 위에 쌓은 벽과 바닥 위에 만든 바닥 등 모든 것이 시간적으로 과거로 이끌어가는 거대한 층위를 보여주었다. 나는 이 도시가 단순히 물리적 구조물만은 아니었음을 알아차렸다. 주민들은 집과 함께 자기네의 정체성에 새로운 층위를 만들고 있었다. 집 안에서 그들은 아무도 모르는 일을 할 수 있었다. 틀림없이 소리는 벽 사이로 새어 나가고 소문의 연결망은 침묵을 깨뜨리지만, 이곳 사람들은 남들과 함께 있는 동안에도 사람들로부터 떨어져 있을 수 있다는 신기한 심리적 인식을 갖게 됐다.

문을 열고 밖으로 나가는 것은 외출용 가면을 뒤집어쓰는 것이었다. 집 안에서 받아들여지는 것과는 전혀 다른 것일 행동양식과 함께 말이다. 남들과 함께하는 공간은 지상에 있었다. 옥상 보도다. 반면에 사적인 세계는 아래 땅속 층에 있었다. 그리고 이 모든 것의 아래는 매장된 조상들과 의례儀禮적인 기억들의 영역이었다. 공적 및 사적 영역을 넘어선 공간이다. 요컨대 집은 사회적 관계를 생각하는 방식이었다.

사람들은 어느 곳에서 오래 살면 살수록 그곳이 더욱 자신의 존재 일부가 된다. 이것이 바로 '나는 뉴욕 사람'이라거나 '나는 대평원 출신'이라는 말을 하게 되는 감정을 고무하게 만드는 초기 단계라고 할 수 있을 것이다. 이런 말은 자아를 특정 지역과 연결시켜 생각한 이후라야 의미가 있다. 호더 같은 고고학자들은 이런 사고방식을 '물리적 연루material entanglement'라고 부른다. 우리의 정체성이 우리 주변의 물리적 대상에 묶이게 되는 것이다. 그 대상은 의례용 무기나 우리가 사랑하는 사람이 준 선물에서부터 우리가 태어난 산에 이르기까지 어느 것이나 가능하다.

차탈회윅에서 집은 가장 분명한 물리적 연루의 장소다. 영적이고 실용적인 이유에서다. 벽은 야생의 마법이 가득하고, 바닥은 강렬한 역사를 담고 있으며, 저장고에는 아무도 농경지와 가축 등 안전한 가정 영역을 벗어나는 모험을 하지 않더라도 온 가족을 먹일 수 있는 식량이 있다.

인간은 우리가 상시적으로 집에서 살기 시작하기 훨씬 이전에 집을 지을 기술적 능력을 지니고 있었다. 따라서 새로운 사고방식을 가지게 된 것이 기술적 혁신 때문은 아니었던 듯하다. 실제로는 거꾸로였을 것이다. 사회가 점차 복잡해지면서 우리에게는 스스로에 대해 생각해 볼 수 있는 보다 영구적인 대상이 필요했다.

땅에 대한 권리 주장

베를린자유대학FUB 고고학 교수인 마리온 벤츠Marion Benz는 평생 이 문제에 매달렸다. 벤츠는 정착 생활이 현대의 인류 문명들에까지도 여전히 영향을 미치는 문화적 충격을 초래했다고 내게 말했다. 이에 대처하기 위해, 아니면 아마도 이를 표현하기 위해 사람들은 보통의 땅뙈기를 환상적인 풍광으로 바꿔주는 기념비적 구조물들을 건설했다. 거대한 돌기둥, 피라미드, 지구라트, 심지어 현대의 초고층 건물들은 인류를 특별한 특정 장소와 연결시키려는 똑같은 충동을 표현한다.

벤츠는 지금의 한 공동체 건설 방식에서 다음 방식으로 넘어가는 인류 문명의 임계점에서 기념비적 건조물이 분출하고 있다고 주장했다. 이런 패턴은 차탈회윅이 도시가 되기 수천 년 전의 초기 신석기 시대 건조물에서 사례 일부를 찾아볼 수 있다. 대략 1만 2000년 전, 오늘날 괴베클리테페Göbekli Tepe로 알려진 한 고원 꼭대기에 반유목민들이 믿을 수 없는 건조물을 만들었다. 차탈회윅 동쪽 약 300킬로미터에 있는 이 유적지에는 200여 개의 T자형 돌기둥이 있다. 높이가 5.5미터에 이르는 것도 있다. 약간 스톤헨지Stonehenge〔영국 남부의 환상열석環狀列

石 유적] 느낌이 나지만, 훨씬 정교하다. 이 기둥들에는 야생 동물을 표현한 돋을새김과 조각들이 많다. 그 가운데 상당수는 위험하거나 악독한 동물이다.

주기적인 주거의 흔적(대개 축제와 야영장의 폐기물이다)은 이곳이 서방에 건설된 최초의 인간 정착지 가운데 하나였음을 시사한다. 그러나 차탈회윅에서 그랬던 것처럼 연중 계속해서 산 사람은 없었다. 그곳에 가려면 산으로 난 좁은 길을 통해야 한다. 그리고 아마도 돌기둥 군집지 부근에서 야영했을 것이다. 부근에서 채석된 돌기둥들은 포개진 몇 겹의 둥근 담 안에 서 있다. 그 옆에 구불구불한 길이 있어 가장 큰 두 개의 돌기둥과 여러 개의 벤치가 있는 중심 부분으로 연결된다. 구조물에는 아마도 지붕이 있어 어두운 미로가 형성됐을 것이다. 기둥의 동물 그림이 횃불 빛에 어른거려 꿈틀거리는 그림자 속에서 살아 있는 것처럼 보였을 것이다. 고고학자들은 이 유적지에서 조각되고 칠해진 인간 두개골을 발견했다. 두개골에는 작은 구멍들이 뚫려 있었다. 가죽 끈으로 꿰어 돌들에 걸쳐놓기 위한 것이었다.[9]

시각적으로 인상적이고 잊을 수 없는 괴베클리테페는 사람들이 수천 년 동안 다시 찾아와 인상적인 석조 건조물을 추가하고 의식과 축제를 갖던 곳이었다. 2000년대에 이곳의 발굴을 이끌었던 고고학자 클라우스 슈미트Klaus Schmidt는 이것이 죽은 자에 대한 숭배를 표현하는 초기 형태의 신전이라고 보았다.[10] 그러나 벤츠에게는 이 구조물의 정확한 목적보다는 그것이 인류가 처음 영구 정착으로 옮겨가는 시기에 영속적이고 인상적인 형태로 세워졌다는 사실이 더 중요했다. 이는 인류가 땅에 대한 권리를 주장해 인간 공동체를 특정 민족 집단이 아니라 특정 장소와 연결시킨 한 방법이었다고 벤츠는 말했다.[11]

그러나 그것은 또한 사회적 위기를 넘기기 위한 대응 방식이기도 했다. 사람들이 유목민 무리를 떠나 농경 사회를 형성하면서 그 인구 규모가 커졌다. 갑자기 사회는 얼굴을 익혀 알 수 있는 사람들로 이루어진 대가족이 아니었다. 200명의 마을 또는 수천 명이 사는 도시는 심지어 이웃조차도 낯선 사람일 수 있었다. 사람들이 집단의 일원이라고 느끼려면 개인적인 관계를 넘어선 무언가가 필요했다. 벤츠는 내게 이렇게 말했다.

"사람들의 동참을 이끌어내고 끊임없이 그들의 집단 정체성을 상기시키려면 거대한 기념비적 예술품이 필요했습니다."

사람들은 서로를 상대와 동일시하는 것에서 특정한 공통의 장소와 동일시하는 것으로 넘어갔다고 할 수 있다. 상징적 장소가 유목 부족을 대체한 것이다. 문자적으로나 정서적으로나 마찬가지였다.

괴베클리테페가 만들어지고 2000년 뒤 사람들이 차탈회윅에 정착할 무렵, 사람들이 자기네와 장소의 관계를 바라보는 방식에 극적인 변화가 일어났다. 이 2000년 사이에 정착 사회는 서아시아 곳곳으로 퍼져나갔고, 농경 생활의 충격은 사라졌다. 벤츠는 이런 변화의 흔적을, 이 기간 동안 예술에서 동물이 어떻게 표현됐는가를 추적함으로써 설명했다.

괴베클리테페나 비슷한 시대의 유적지들에서는 일부 인간의 모습이 나오지만, 이들은 "많은 야생 동물에 둘러싸여" 있다. 예술가들은 인간과 야생 동물이 서로 동등한 세계를 보여준다. 괴베클리테페에서는 때로 동물이 인간의 모습을 압도하는 것처럼 보이는 경우도 있다. T자형의 일부 돌에는 팔이 있고 하반신에 간이 치마가 새겨져 있지만 얼굴은 없다. 대신 상체에는 동물과 추상적인 디자인이 뒤덮여 있다. 그러나 차탈회윅에서는 동물들이 무기를 든 인간의 모습들에 둘러싸여 있는 벽화들이 있다. 벤츠는 이렇게 설명한다.

"사냥꾼의 무리가 보입니다. … 그리고 그들은 힘을 합쳐 야생 동물을 죽일 수 있었습니다."

벤츠는 이 변화에서 "거대한 개념상의 변화"를 읽어낸다. 괴베클리테페 사람들은 황야에서 새로운 사회를 강화하려고 애쓴 반면, 차탈회윅 사람들은 수천 개에 달하는 "자신감 있는 기성 사회"의 일부였다.

괴베클리테페의 거대한 야생 동물 조각품과 색칠한 두개골의 공개 전시는 차탈회윅의 사람들 집 내부에 작은 규모로 존재한다. 차탈회윅에서 이것들은 화덕 및 집과 관련된 사적이고 가정적인 물건이 됐다. 이는 차탈회윅 사람들이 더 이상 어떤 단일 장소와의 일체감을 형성할 긴급한 필요가 없어졌다는 징표일 수 있다. 이 도시의 사람들은 자기네의 물리적 환경과 너무 긴밀하게 얽혀 있어 인간의 손으로 만들어지지 않은 땅을 밟지 않고 몇 블록을 걸어갈 수도 있었다.

차탈회윅에서는 인간이 자기네 환경을 바꿀 수 있고 유목 세계에서 볼 수 있었던 그 어느 것보다 훨씬 나은 구조 속에서 번성하리라는 데 의문을 품은 사람은 없었을 것이다. 벤츠는 이것이 차탈회윅의 건축이 '반反거대'인 이유를 설명해준다고 추측했다. 커다란 집이나 우뚝 솟은 돌기둥은 없다. 대신에 그저 경외감을 불러일으키는 도시 자체의 확산이 있을 뿐이다. 서로 연결된 수천 개의 집이 있고, 그들 주위의 길들여진 들판이 세대가 갈수록 커져가고 있는 것이다. 차탈회윅은 그 자체가 이행의 장소였다. 미래의 도시 생활로 가는 입구이면서 동시에 과거의 야생 유목 생활의 기념물이기도 했다.

추상성의 증대

차탈회윅의 연륜이 쌓이면서 주민들은 도시 안의 믿을 수 있는 사람들
(같은 믿음이나 같은 기술을 가지고 있는 타인들이다)과 친교를 맺으면서 대
중사회에 적응했다. 이 도시는 인구가 수천 명이나 돼서 매우 컸기 때
문에 이러한 친교망에는 낯선 사람이 포함될 수밖에 없었고, 이에 따
라 사람들은 자신과 자신이 속한 집단을 드러내는 빠르고 쉬운 방법을
찾아야 했다.

그런 이유로 차탈회윅과 인근 정착지들에 사는 사람들은 고고학자
들이 도장이라 부른 작고 장식이 있는 점토 신표信標를 가지고 다니기
시작했다. 이 신표는 통상적으로 대략 명함 크기 정도였으며, 한쪽 면
에 돋을새김의 그림이 있었다. 이것을 펜던트로 걸고 다니기도 했고
거래하기도 했음이 확인됐다. 어떤 경우에는 실제 도장으로 쓰여 물감
에 찍어 직물에 사용하거나 부드러운 점토에 찍어 무늬를 만들어냈다.

초기의 도장들은 이제 우리에게 친숙한 신석기 시대 형상들투성이
였다. 독수리, 표범, 오록스, 뱀 등 야생 동물들이다. 그 밖에 집도 있
었다. 단순한 삼각형 지붕의 집, 때로는 이층집도 있었다.

이 일대의 도장에 관해 연구한 터키 오르타도우Orta Doğu공과대학 고
고학 교수 치으뎀 아타쿠만Çiğdem Atakuman은 이 신표가 휴대용 집 같
은 것이라고 봤다. 상징을 통해 어떤 사람을 어떤 장소나 집단과 연결
시키는 것이다. 특정 집안이나 특정 마을 출신의 사람들은 모두 같은
상징이 들어 있는 도장을 지니고 다녔을 것이다. 성년식에는 새로 성
년이 되는 사람들에게 특정한 도장을 주어 성년 진입을 표시했을 것이
다. 도장은 어떤 농민 집단이나 주술사 집단, 또는 다른 어떤 집단 소

속임을 보여줄 수 있었다. 우리는 그것이 사용된 방식을 속속들이 알지는 못한다. 그러나 이 도장은 이 지역 곳곳의 정착지에서 나타나고, 그 가운데 일부는 만들어진 곳으로부터 수백 킬로미터 떨어진 곳에서 발견됐다. 이들은 정주 생활의 상징체계를 다시 길 위에 올려놓았다.

수백 년이 지나는 사이에 도장의 디자인은 더욱 추상적이 됐다. 아타쿠만은 특히 남근 형상화의 진화를 지적했다. 발기한 남근은 차탈회윅과 괴베클리테페, 그리고 수많은 다른 신석기 시대 유적지에서 발견되는 야생 동물 형상화에서 반복되는 주제다. 차탈회윅의 동물을 사냥하는 사람들을 그린 벽화에서는 황소와 돼지들이 종종 발기된 상태다. 괴베클릭테페에서는 신체가 생략된 채 발기한 남근의 모습이 바위에 새겨졌고, 사람인 듯이 보이는 형체에 붙여진 것들도 있다. 차탈회윅에서 발견된 소조각상 가운데 일부는 신체가 생략된 발기한 남근으로 보이며, 그런 모습은 도장에도 나타난다.

이러한 남근상들은 고고학자들 사이에서 많은 논쟁을 불러일으켰다. 이것이 남성의 지배력을 나타낸 것일까? 생식력일까? 흥분과 폭력일까? 다른 도시들의 남근 형상화를 탐구할 때 살피겠지만, 남근이 언제나 남성기인 것은 아니다. 그것은 여러 가지 대상을 상징한다. 그 가운데 상당수는 성性이나 성별과는 무관하다. 그리고 도장에 그려진 남근의 형상화가 사라지는 것은 새로운 국면으로 들어가고 있는 사회에 살던 사람들의 이야기를 전해준다.

도장에 그려진 남근은 결국 보다 추상적으로 변했다고 아타쿠만은 설명했다. 초기의 도장은 두 개의 타원형 고환 위에 올려진 분명한 남근의 모습을 그렸으나, 수십 년이 지나면서 도장에 그려진 것은 원 위의 뾰족한 구경球莖 모양이 됐고, 이후 수백 년 뒤에는 단순한 삼각형이 됐다. 남근에서 변한 삼각형은 집의 추상적인 표현에도 반영됐다.

인류학자 재닛 카스텐Janet Carsten은 초기 도시 거주자들이 인간의 신체와 집 사이의 영적인 연결을 끌어내,[12] 신체의 일부가 결국 집의 일부로 변하는 것이 상징적으로 타당성이 있다고 말했다. 그러나 그것은 사람들이 왜 갈수록 추상적인 상징을 만들어냈는지를 설명하지는 못한다.[13] 아타쿠만은 사람들이 너무 자주 상징으로 의사소통을 해서 간략형을 개발했다는 징표라고 주장했다. 그들은 더 이상 그것이 나타내는 대상처럼 보이지 않는 그림에서도 그 의미를 알아차릴 수 있었다는 것이다.

차탈회윅 사람들이 문자를 만들어 썼다는 증거는 없다. 그러나 그들의 도장을 보면 그것이 바로 코앞에 있었음을 알 수 있다. 문자 사용은 신석기 시대 남근 도장에서 볼 수 있는 추상화 과정의 연장선상에 있다. 사람들은 추상화의 층위를 통해 자신이 어느 시기에 속하는지 이야기하고 있었다. 삼각형을 사용한 사람들은 그 모양이 본래 남근에서 유래한 것임을 인식조차 하지 못했을지 모른다. 대신에 그것은 단순히 집의 지붕으로서, 특정 지역과의 연관을 상징하는 것이었다. 아니면 더 큰 특수한 상징체계의 일부로 들어가 사람들에게 소지자의 정체성을 말해주는 것이었다. 그것은 고향을 말해줄 수도 있고, 직업을 이야기할 수도 있으며, 아니면 성년이 된 사람임을 알려줄 수도 있었다.

차탈회윅의 인구가 수백 명에서 수천 명으로 증가함에 따라 주민들은 순치馴致보다 훨씬 더한 것에 익숙해져야 했다. 그들은 인류 문화의 거품 속에서 살았다. 사람들의 친족관계, 기술, 신념체계가 매우 복잡하고 다양한 세상이다. 신석기 시대 초기에 사람들은 자신의 정체성을 특정 지역에 사는 가정 출신으로 규정했을 것이다. 그러나 차탈회욱 주민은 어떤 동물로 표상되는 경외하는 공통의 조상으로부터 이어져 내려왔을 수 있다. 그들은 때로 집에서 혈연관계가 없는 사람들과 함께 살았을 수 있다. 또 그들은 대부분의 시간을 석기石器를 만드는 데 투입하고, 음식을 만들기 위한 식량은 다른 사람들이 들에서 가져왔을 수 있다. 정체성은 바뀔 수 있고 공유할 수 있었다. 도시인들이 자신을 설명하고 스스로의 충성심을 보여주기 위해 도장을 갖고 다녔다는 것이 이상할 까닭은 없다.

시간이 지나자 차탈회윅의 인공 환경에서 더욱 복잡한 상징 유형이 나타나기 시작했다. 내가 이 유적지에 갔을 때 뉴욕주립대학(버펄로) 인류학 교수인 피터 비흘Peter Biehl은 집을 반복적으로 다시 짓는 행위가 역사 개념 창조를 향한 첫걸음이라고 주장했다. 아마도 차탈회윅 사람들은 기억을 넘어서 역사적 사고로 진입한 첫 문명들 가운데 하나일 것이라고 그는 말했다. 또한 역사는 한 사람의 일생을 넘어 지속되는 '기억의 외재화外在化'라고 말했다. 아마도 장소를 강하게 의식하는 사람들은 그런 식의 인식체계를 개발할 준비가 돼 있었을 것이다.

하버드대학 인류학 교수 오페르 바르요세프Ofer Bar-Yosef는 비흘이 분명히 우주론의 탄생을 이야기한 것일 수 있는데, 자신 역시 그보다 수천 년 전인 후기 구석기 시대의 상징으로 가득한 동굴 생활에서 그것이 나타났음을 발견했다고 지적했다. 차탈회윅 사람들은 자기네의 옛 도시를 뼈와 연결시켜 세계 속의 자기네의 영적 장소를 표시하려 했을 것이다. 신석기 시대에는 아마도 역사와 우주론을 구분할 수 없었을 것이라고 바르요세프는 지적했다. 둘 다 어떤 보다 큰 맥락에서 인간의 관계를 설명하는 추상적 개념이다. 우리는 신석기 시대 도시 문화에 대해, 과거와 영적 영역 사이, 또는 마법과 과학 사이의 구분이 별로 없는 것으로 상정해야 한다.

호더는 도시가 집 안을 "더욱 증가한 실용적이고 상징적인 중요성"으로 가득 채우는 많은 사람들의 작은 행동으로 시작되고 끝난다고 생각한다. 차탈회윅의 도시 생활은 왕이나 군벌軍閥이 세운 어떤 거창한 계획에 따른 것이 아니었다. 오히려 그것은 사람들이 공예품과 도구와 상징들(도시가 여러 가지 문제점이 있음에도 불구하고 여전히 그곳을 매력적으로 만드는 요소다)을 만들어내는 장소인 집들이 끝없이 뻗어나가면서 등장했다. 호더는 이렇게 썼다.

작은 행동들이 커다란 결과를 가져오는 것은 일상생활의 분산된 과정을 통해서다.[14]

그의 이야기는 우리가 오늘날 알고 있는, 경외심을 불러일으키는 도시가 하찮은 가정생활의 표현으로부터 시작됐다는 것이다. 도시의 사회적 관계 역시 가정생활에서 나온 것이다. 공동체, 역사, 우리와 야생의 과거와의 영적 연결에 대한 새로운 관념 역시 마찬가지다.

2장

여신들에 관한 진실

서기전 제8천년기 중반의 어느 시기에 한 차탈회윅 여성이 자기 집 문을 들어선 뒤 쓰러졌다. 여성은 왼쪽으로 세게 넘어져 갈비뼈 몇 개가 부러졌다. 여성은 나은 뒤에도 가슴이 아팠을 것이다. 남은 생애 동안 물건을 들어 올리고 나르고 일하는 데 주로 오른쪽을 썼기 때문이다. 나이가 들자 그런 반복적인 작업이 뼈에 흔적을 남겼다. 쓰러질 때 남긴 흔적만큼이나 뚜렷했다. 오른쪽 고관절이 심하게 마모되고 발목과 발가락 관절에도 혹사의 흔적이 남았다.

수천 년 동안 누구도 보지 못했던 그 유골을 캘리포니아대학(버클리) 고고학 교수 루스 트링엄Ruth Tringham이 발굴했다. 건조한 여름의 열기 속에서 빈 안와眼窩와 벌어진 턱에 솔질해 모래를 털어내던 트링엄은 갑자기 헨리 퍼셀Henry Purcell의 오페라 〈디도와 아이네아스Dido and Aeneas〉에 나오는 디도의 노래 한 구절이 생각났다.

나를 기억하고 내 죽음은 잊어주오.

트링엄은 자기가 발견한 여성에게 '디도'라는 이름을 붙였다. 트링엄은 이후 7년 동안 여름이면 디도의 집을 발굴하면서, 자신보다 대략 350세대 먼저 살았던 한 여성에 대해 알려고 노력했다.

샌프란시스코의 온화한 어느 오후, 나는 포르투갈 페이스트리와 맛있는 커피로 유명한 한 카페에서 트링엄을 만났다. 트링엄은 캘리포니아에서 웬만큼 살았지만 잉글랜드와 스코틀랜드에서 살았던 어린 시절의 영국식 억양이 여전히 약간 남아 있었다. 차림새는 스포티했다. 동유럽이나 터키의 오지에서 구덩이를 팔 태세가 돼 있는 듯했다. 트링엄은 평생 이들 지역에서 많은 시간을 보내며 옛사람들을 하나하나 알고자 애썼다.

트링엄이 디도를 발견했을 때 이 고대 여성은 '4040호 발굴의 북부 지역 3동棟 출토 8115번 유골'로 불렸다. 트링엄의 목표는 무명의 이 숫자 명칭을 풍성하고 개인적인 무언가로 바꾸는 것이었다. 트링엄은 미소를 지으며 내게 말했다.

"나는 발굴할 때 개개 가정의 생활을 보고자 노력합니다. 역사는 처음부터 큰 흐름으로 내려온 것이 아니기 때문이죠. 아래부터 보아 올라가야 합니다. 역동적인 역사를 보기 위해서는 작은 이야기들과 작은 증거 조각들을 연결해야 합니다."

트링엄은 신석기 시대 사람들을 되살리기 위해 동영상을 만들고 추론적인 이야기를 쓴다. 발굴 과정과 뼈다귀를 인간으로 되돌려놓는 해석 행위를 모두 기록한다. 호더와 마찬가지로 트링엄도 자신이 발견한 것의 맥락에 흥미를 느꼈다. 트링엄은 디도가 집안일을 하면서 매일매

일의 생활에서 무엇을 느끼고 무슨 냄새를 맡고 무엇을 보았는지 알고 싶었다. 차탈회윅에서 한 집에 초점을 맞추면 전체 도시에 관해서도 많은 것을 밝혀낼 수 있다. 신석기 시대의 최첨단 기술들은 대체로 가정생활에 초점이 맞추어져 있기 때문이다. 벽돌로 집짓기, 음식 만들기, 도구 제작, 예술 등 모든 것이. 트링엄은 디도 같은 여성의 삶을 상상해보면 무엇이 사람들을 차탈회윅으로 끌어들였는지에 대한(그리고 그들이 왜 떠났는지에 대한) 통찰력을 얻을 수 있다고 생각한다.

신석기 시대의 눈으로 보면 도시가 어떻게 보였을까? 충적 평야에 자리 잡고 먼 산들을 배경으로 한 차탈회윅의 흙벽돌 스카이라인은 서기전 7000년대 중반, 굽이쳐 흐르는 강으로 나뉜 두 개의 낮은 언덕 꼭대기를 지배하고 있었다. 수백 개의 옥상에서 향긋한 아지랑이처럼 연기가 피어올라 담장들을 둘러싸고 있는 작은 뙈기의 농경지 위를 떠돌았다.

한 집이 오랫동안 빈 채로 있으면 이웃들은 그곳을 쓰레기 더미로 만들었다. 깨진 항아리, 뜯어먹은 동물 뼈, 재, 배설물을 가득 채웠다. 그러고는 흙으로 봉했다. 디도의 집 주변의 도시 풍광을 재현하려면 곳곳에 수리 중인 무너진 집들이 있고 악취 나는 쓰레기 구덩이가 노출돼 있는 모습을 그려야 한다. 고고학자 카밀라 파브웝스카Kamilla Pawłowska는 조금 절제해서 이렇게 썼다.

우리가 좀 나쁜 냄새라고 생각하는 것이 신석기 시대 차탈회윅을 지배하고 있었던 듯하다.[1]

그러나 신석기 시대 사람들에게 이 냄새는 특별한 게 아니었을 것이다. 이 장면에서 가장 놀라운 부분은 사람이었을 것이다. 수천 명의 사람들(대부분의 사람이 일생 동안 보는 숫자보다 훨씬 많은 수다)이, 끝이 없어 보이는 한 마을에 함께 살고 있었다. 그것은 위험한 설정이었다. 이웃 사이에서 치명적인 균열이, 그 담의 연질 벽돌에서와 마찬가지로 쉽게 발생할 수 있었다.

디도는 햇볕에 말린 점토와 나무 기둥으로 만들어진 집에 살았다. 내부의 벽은 흰 칠을 했고, 붉은 오커ochre로 추상적인 디자인을 그렸다. 디도가 태어났을 때 그 집은 이미 적어도 40년은 된 것이었고, 도시 자체는 대략 600년의 역사를 지니고 있었다. 오늘날 뉴욕이나 이스탄불에 사는 여성들이 그러하듯이, 디도는 때로 자신 이전에 그곳에서 아이들을 길렀던 여러 세대의 사람들에 대해 생각했을 것이다.

그러나 대부분의 나날들은 보다 일상적인 일에 관심을 가지고 살았을 것이다. 아침에 화덕을 살피고 사다리를 기어 올라가 천정에 난 문을 연 뒤, 순전히 인간의 손으로 만든 환경으로 나갔다. 디도는 음식과 물을 가져오기 위해 옥상 작업장, 염소 우리, 그늘막, 야외에서 음식을 만들기 위한 작은 화로 사이를 오갔다. 사람들은 계절에 따라 지붕 위에서 생활했기 때문에 디도는 침구와 식기를 다른 곳으로 치웠다가 저녁에 다시 꺼내 사용했을 것이다.

마침내 디도는 또 다른 사다리를 내려가 도시에서 나온 뒤 완만한 비탈을 내려가 아래를 흐르는 강으로 갔다. 도중에 늪지가 많은 지역의 곳곳에 있는 작은 농경지들을 지났다. 아마도 양 떼를 보살피는 사람들과 새 흙(음식 만드는 냄비와 벽돌을 만드는 재료다)을 파는 사람들도 보았을 것이다.[2]

디도는 물, 곡물, 양젖, 과일, 견과 따위를 등에 지고 집으로 돌아와 아침에 자신이 올라갔던 사다리들을 불편하게 기어 오르내려야 했다. 트링엄은 디도가 그때 떨어졌을 것으로 추측했다. 고통스런 우두둑 소리와 함께 화덕 옆에, 왼쪽을 아래로 해서 떨어진 것이다. 그러나 그것은 가능한 해석 가운데 하나일 뿐이라고 트링엄은 경고했다. 트링엄은 짧은 가상의 이야기에서 디도가 딸의 생일을 맞아 "달빛 아래서 열렬하게 축하"하다가 지붕에서 아래 바닥으로 떨어졌다는 상상을 했다.[3] 어떻든 디도는 뼈가 부러졌지만 죽지 않았고, 40대 중반까지 살았다. 신석기 시대 기준으로 매우 오래 산 것이었다.

트링엄은 디도가 산 집의 모습을 검토해 디도의 생애 주요 사건들을 재구성했다. 대부분의 현대 도시 주민들에게는 당혹스러울 내용이다. 디도의 침대와 방바닥 아래에는 시신들이 묻혀 있다. 그러나 이는 고대에 벌어진 은밀한 살해 현장의 흔적은 아니다. 4040에서 타원형의 무덤구덩이를 보면서 내가 생각했듯이 디도의 시대 사람들은 유골을 어떤 금기나 불결한 것으로 대하지 않았다. 그들은 자기네가 사랑하던 사람들의 시신을 집 바로 아래에 매장했다.

디도의 집에는 영아嬰兒 두 명과 유아幼兒 한 명이 방의 남쪽 구석 화덕 근처에 함께 묻혀 있었다. 북쪽 구석에는 세 명의 성인과 한 명의 아이가, 올려 쌓은 두 개의 침상용 기단 아래 묻혀 있었다. 기단은 흰 칠이 돼 있었고, 한때 모피와 융단이 포개져 있었다. 곁방에서도 다른 시신 몇 구가 발견됐다. 디도는 기단 아래에 마지막으로 묻힌 사람들 가운데 하나였다. 이상하게도 보통 아이들의 무덤에서나 볼 수 있는 갈대로 짠 바구니와 함께 매장됐다. 뼈에서는 오랫동안 노동을 한 흔적이 나타났고, 흉강胸腔의 시커먼 잔류물은 환기가 잘 되지 않는 방의 화덕 앞에서 음식을 만들면서 생긴 흑폐증黑肺症이 있었음을 시사한다.

성인 남자 하나가 나중에 디도가 묻힌 기단 옆 기단 아래 묻혔고, 맨 마지막으로 어린 아이 하나가 디도가 묻힌 기단에 묻혔다.

이 유해들을 근거로 트링엄은 디도에게 아주 어려서 죽은 아이가 여럿 있었고, 청년기까지 살았던 아들과 딸이 하나씩 있었다고 추정한다. 나이 든 남자는 디도 자녀들의 아버지였던 듯하고, 마지막에 묻힌 아이는 손주 또는 다른 친척이었을 것이다. 디도는 여러 자녀들이 먼저 죽는 것을 볼 만큼 오래 살았기 때문에 디도의 삶에는 우울한 분위기가 드리워졌던 듯하다.

디도는 다른 이웃들과 마찬가지로 인간의 유골들과 많은 교감을 나눴다. 일상적으로 유골을 파냈다가 몇 년 뒤 다시 묻었다. '2차 매장'이라는 것이다. 차탈회윅 가정의 벽감壁龕은 인간 두개골 진열장으로 사용됐다. 두개골들은 회반죽을 바르고 칠을 해서 고이 보존했고, 오랫동안 잊었던 조상들이나 존경하는 어른들의 얼굴을 재현했다. 이 두개골들의 마모 상태를 분석한 과학자들은 사람들이 이를 이 집 저 집 돌려 보존했고, 아마도 다른 두개골과 교환했을 것으로 보았다. 그들은 이 두개골들을 수십 년 뒤 그들의 친족이 아닌 사람들의 유해와 함께 다시 묻었다.[4]

따라서 디도의 집에 있던 시신에 대해 고찰할 때는 이런 문화적 맥락에 관해 생각해야 한다. 어떤 유골은 직계 가족의 것이 아닐 수 있다. 게다가 디도의 집은 자신이 죽은 뒤 얼마 되지 않아 버려졌기 때문에 유족들은 다른 곳에 집을 지었을 것이다. 우리가 아는 한 디도는 긍지 높은 가계의 가모장家母長이었다. 그 자손들은 여러 세대를 이어가며 디도가 그랬듯이 같은 경작지를 가꾸고 가축을 길렀다.

트링엄과 그 동료들은 바닥에 의례 때 사용한 기념물들도 묻혀 있음을 발견했다. 어느 시기에 디도와 그 가족은 침상용 기단 부근에 구멍을 파고 멧돼지 턱뼈 두 개와 서로 다른 양 세 마리의 목뼈(모두 요리해 먹었던 흔적을 분명하게 남기고 있었다)를 집어넣었다. 조가비 목걸이와 새의 부리도 넣었다. 이는 쓰레기가 아니었다. 이 유적지를 잘 알고 있는 고고학자들에게 이 수집품들은 많은 사람들을 위한 잔치의 소중한 잔여물로 보였다.[5] 일부는 의식용 장신구였다. 이것들은 아마도 이 집에 살던 누군가를 위한 축하 행사에서 나온 것이었던 듯하다. 탄생이나 중요한 전환점을 표시하는 행사였다. 또 다른 어느 시기에는 누군가가 바닥에 적록赤鹿의 뼈를 묻고 한쪽 벽에는 그슬린 사슴뿔을 끼워 넣었다. 이 도시의 다른 많은 사람들과 마찬가지로 디도는 회반죽을 바른 오록스의 두개골 두 개와 진홍색으로 칠한 오록스 코뼈와 뿔을 가지고 있었다.

트링엄은 이 집을 발굴하는 동안 동료들과 함께 토우土偶 141점을 찾아냈다. 고고학자들이 통상 한 집에서 찾아내는 것보다 훨씬 많았다. 대부분은 동물상이었다. 그러나 풍만한 여성상도 일부 있었다. 얼굴 모습은 닳아서 알아볼 수 없었으며, 팔꿈치는 양옆으로 펴고 손으로 가슴을 모아 쥐었다. 때로 여신이나 다산多産의 상징으로 불리는 이 점토 여성상들은 차탈회윅 전역에서 천 년의 역사 전 기간 동안의 것들이 튀어나온다. 비슷한 여성 소상들이 이 지역 다른 유적지들에서도 발견돼, 이것이 차탈회윅이라는 도시 너머 먼 곳에까지 퍼져 있던 신앙체계의 일부였음을 시사한다. 이들은 차탈회윅의 가장 대표적인 상징물이다. 또한 이곳에 관한 가장 널리 퍼진 유사과학적 신화 가운데 하나의 바탕을 이룬 것이기도 하다.

때로 벗은 여성은 벗은 여성이 아니다

모든 것은 1960년대 초로 거슬러 올라가 영국 고고학자 제임스 멜라트 James Mellaart가 유럽인 최초로 차탈회윅 발굴 허가를 얻으면서 시작됐다. 당시 이곳은 현지 사람들에게 두 개의 그림 같은 언덕으로 알려져 있었고, 그 꼭대기는 풀이 덮였지만 희미하게나마 고대 도시 성벽의 각진 상층부를 드러내고 있었다.[6] 멜라트는 팀을 이끌고 이곳에 도착해 항아리와 기타 인공물들이 쟁기에 걸려 나왔다는 현지 농부들의 말을 들었다. 신석기 시대에 만들었을 법한 것들이었다.

멜라트는 흥분한 상태에서 어떤 일이 벌어질지 확신하지 못한 채 1961년 동쪽 둔덕을 깊이 파 들어갔다. 한때 디도의 집이 있던 곳에서 남쪽으로 대략 200미터쯤 되는 곳이었다. 그는 다른 여러 인공물들과 함께 여성 소조각상 몇 개를 발견했다. 그는 그 가운데 특히 한 조각상에 깊은 인상을 받았다. 의자에 앉아 표범 두 마리의 머리에 손을 얹고 있는 모습이었다. 그는 여성이 옥좌에 앉아 있는 것이고, 여성의 두 발목 사이에 있는 추상화된 돌기는 갓 태어난 아기라고 판단했다. 발굴을 더 해보니 이 조각상은 그가 신전이라고 부른 공들여 장식한 방에서 나온 것이었다. 멜라트는 이 빈약한 증거를 바탕으로 해서 차탈회윅 사람들이 다산의 여신을 숭배하는 모계사회였다고 발표했다.

이런 그릇된 해석은 단순히 한 사람의 지나친 상상의 산물이 아니었다. 멜라트는 아마도 빅토리아 시대 말기의 인류학자 제임스 조지 프레이저James George Frazer에게서 영향을 받았을 것이다. 《황금가지The Golden Bough》를 쓴 프레이저는 기독교 이전 사회들이 어머니 여신을 숭배했을 것이라고 시사했다. 로버트 그레이브스Robert Graves는 1940

년대에 프레이저의 저작을 바탕으로 《하얀 여신The White Goddess》이라는 널리 읽힌 책을 썼다. 여기서 그는 유럽과 서아시아의 신화는 모두 탄생·사랑·죽음을 관장하는 한 여신을 믿는 원시 숭배로부터 나왔다고 주장했다. 그레이브스의 책은 인류학자들과 일반 대중을 흥분시켰다. 그 결과로 멜라트 세대 사람들은 고대 문명을 여신 숭배라는 시각으로 보게 돼 있었다. 그의 해석에 의문을 제기한 학자는 별로 없었다. 한편 유명한 도시사학자들인 루이스 멈퍼드Lewis Mumford와 제인 제이컵스Jane Jacobs는 재빨리 멜라트의 발상을 수용해 결국 인류가 여성 권력을 거부하기 이전 시기에 번성했던 문명의 유적을 발견해냈다.

멜라트는 프레이저와 그레이브스의 여성 숭배에 관한 주장에서 한참 더 나아갔다. 차탈회윅은 여성이 남성을 지배한 고대 모계사회였다는 것이다. 그리고 이 주장은 멜라트의 성性에 관한 생각과 맞물려 있었다. 그가 발견한 이 인상적인 나신裸身들에서 무언가 이상하게 생각되는 부분이 있었다. 이들 가운데 누구도 성기性器를 가지고 있지 않은 듯했다. 대신에 그 신체는 굵고 튼튼했으며, 옆에 사나운 동물들이 있었다. 그들은 부드럽고 에로틱한 《플레이보이Playboy》(멜라트도 아마 1950~60년대에 보았을 듯한 유명한 '신사들의 잡지'다) 나체 사진 모델과는 정반대였다. 멜라트는 남성이 지배하는 사회라면 자신이 발견한 것과 같은 여성 조각상은 결코 만들지 않을 것이라고 판단했다. "남성의 충동과 욕망"[7]을 충족시키지 않는 것이기 때문이다. 모계사회만이 성性과 무관한 벌거벗은 여성상을 만들 수 있다고 그는 결론지었다.

대체로 근거가 없는 멜라트의 가설은 그가 발견한 것이 미국 잡지 《고고학Archaeology》에 실리면서 급속히 퍼져나갔다. 몇 페이지에 걸쳐 사진도 잔뜩 실렸다. 《데일리 텔리그래프Daily Telegraph》와 《일러스트레이티드 런던 뉴스Illustrated London News》도 그가 발견한 것을 열심히 보도했다. 이전에 알지 못했던 아나톨리아의 유적지가 대중의 큰 관심사로 떠올랐다. 극적인 '사라진 도시' 사진도 도움을 주었다. 그 도시의 주민들은 너무도 이상해서 여성이 남성을 지배했다!

그 이후 멜라트의 근거 없는 여신 숭배 주장이 수십 년 동안 고집스럽게 유지됐다. 그것은 흔히 사람들이 차탈회윅에 대해 알고 있는 유일한 내용이었다. 터키 중부의 사라진 여신 숭배 문명이라는 관념은 뉴에이지New Age(20세기 말엽에 나타난 새로운 가치를 추구하는 영적인 운동 및 사회 활동) 신앙과 유튜브의 영성靈性 동영상으로 이어지기까지 했다.

오늘날 고고학계에서는 멜라트의 생각이 매우 회의적으로 받아들여지고 있다. 그가 차탈회윅을 고고학적 자료가 풍부한 곳으로 밝혀낸 것은 많은 상찬을 받아 마땅하지만, 그 문화에 대한 그의 해석은 1980년대 이래 연구자들이 발견한 수많은 증거들로 반박됐다.

차탈회윅이 여신을 숭배하는 모계사회가 아니었다면 그 여성 조각상들을 어떻게 해석해야 할까? 차탈회윅 일대에서 출토된 소조각상을 연구한 스탠퍼드대학 고고학 교수 린 메스켈은, 멜라트와 그 시대 사람들이 이를 잘못 해석한 이유 가운데 하나는 그들이 이 유적지를 전체적으로 바라봄으로써 얻을 수 있는 맥락을 지니지 못했기 때문이라고 보았다. 25년에 걸친 지속적인 발굴에서 얻은 자료들 덕분에 이 여성 조각상들은 보다 복잡한 이야기를 전해주고 있음이 밝혀졌다.

무엇보다도 여성이나 인간의 모습은 대체로 동물이나 신체 일부를 묘사한 조각상에 비해 수가 적다. 예를 들어 고고학자 캐롤린 나카무라Carolyn Nakamura는 디도의 집에서 작은 조각상 141점을 찾아냈는데, 이 가운데 54점이 동물의 모습이고 불과 5점만이 완전한 인간의 모습이다.[8] 또 다른 23점은 손 같은 인간 신체의 일부를 표현했다. 이 도시의 다른 집들에서도 비슷한 비율을 보였고, 동물이 모든 유형의 인간에 비해 훨씬 자주 등장하는 주제였다. 어떤 유형의 상징이 이 사회를 지배하고 있다면 그것은 여성보다는 표범일 가능성이 더 높았다.

멜라트가 여성 소조각상의 중요성에 대해 잘못 생각한 또 하나는 그것이 일상생활에서 어떻게 사용됐는지 하는 문제다. 현지의 흙으로 재빨리 찍어내고 햇볕에 말리거나 살짝 불에 구운 이 조각상은 분명히 선반에 얹어두고 공경하거나 숭배하는 것이 아니었다.[9] 이 조각상들은 자주 사용해 닳고 떨어져 나간 부분이 있어 주머니나 가방에 넣어 가지고 다녔던 것으로 보인다. 고고학자들은 보통 쓰레기 더미나 두 건물의 담장 사이에 끼여 있는 것을 찾아냈다. 때로 바닥에 묻혀 있는 경우도 있다. 디도의 집에 있던 기억을 상기시키기 위한 뼈나 조가비와 상당히 비슷하다. 사람들이 자기네 조상들의 두개골을 모시듯이 벽의 진열대에 정중히 모시지 않고 밖으로 던져버리는 식으로 심상하게 숭배 대상을 다룬다는 것은 생각하기 힘들다.

메스켈은 이렇게 말한다.

(이 소조각상들은) 어떤 분리된 '종교' 공간에서 사용되지는 않았던 듯하다. … 오히려 현실 속에서, 그리고 일상생활의 의례나 유통에 쓰였을 것이다.[10]

디도 시대 사람들은 우리가 알고 있는 것 같은 종교 관념은 가지고 있지 않았던 듯하고, 따라서 '다산의 여신'을 숭배하지는 않았을 것이다. 대신에 디도는 우리가 애니미즘에서 보는 것 같은 작고 일상적인 영적 행위를 했을 것이다. 소수의 강력한 신을 믿기보다는 신령은 모든 사물에 깃들어 있다고 보는 것이다.

조각상 자체는 숭배의 대상이 아니었을 것이다. 그러나 그것을 만드는 행위는 마법적인 의식일 수 있다. 디도는 인도引導와 행운을 바라면서 자신이 밀을 수확하는 들판 부근의 흙으로 재빨리 하나를 만들었을 것이다. 그것이 마르면 디도는 이를 의식에서 사용할 수 있었고, 그러면 영적 능력이 빠져나간다. 그런 뒤에 디도는 그 조각상을 어제의 음식 쓰레기와 함께 지붕 밖으로 던져버린다. 차탈회윅 사람들이 여성 조각상을 이런 식으로 사용했다면 사람들이 왜 그렇게 자주 그것을 던져버렸는지 분명해진다. 그것을 가지고 있는 것보다 만드는 것이 더 중요했던 것이다.

또 다른 가능성은 이 조각상들이 존경받는 마을 어른들을 표현했다는 것이다. 디도가 죽을 무렵의 나이에 도달한 여성들이다. 메스켈은 다른 조각상과 정확히 닮은 것은 전혀 없으며, 대부분은 가슴과 배가 처져 있어 다산보다는 나이를 시사하고 있다고 지적한다. 아마도 디도와 그 이웃들이 이 조각상들을 만들 때 그들은 어떤 추상적인 마법의 힘보다는 특정한 여성 조상의 힘을 청하고 있었을 것이다. 디도네 사회의 어떤 활동이나 사건은 강력한 여성의 힘을 요구했을 것이다.

하지만 이런 것이 모계사회를 시사하지는 않는다. 우리는 존경을 받았고 손에서 손으로 전해진 차탈회윅의 회반죽 바른 인간 두개골이 남녀별로 볼 때 거의 비슷한 숫자임을 알고 있다.[11] 남녀 어느 한쪽이 다른 쪽에 대해 우위에 있었던 것 같지는 않다. 적어도 두개골이 보존된 방식을 생각해보면 그렇다.

초기 사회들의 젠더에 관한 연구로 대변혁을 일으킨 캘리포니아대학(버클리) 고고학 교수 로즈메리 조이스Rosemary Joyce는 여성 조각상이 집단으로서의 여성을 표상한 것으로 확신할 수 없다고 주장한다. 조이스는 이렇게 썼다.

> 매우 상세하게 묘사돼 오늘날 우리가 "이것은 여성의 모습이다"라고 말할 수 있는 조각상조차도 본래 특정 인물(살았든 죽었든)의 모습으로, 또는 추상적 개념을 의인화한 것(자유를 여성으로 표현하는 것 같은)이라고, 또는 심지어 우리가 오늘날 현대의 정체성에서 매우 중요한 성별 특성에 따라 이미지를 나눌 때 간과하는 어떤 특징에 의해 통합된 특정 부류의 사람들(어른이나 젊은이 같은)을 표현한 것으로 볼 수 있을 것이다.[12]

조이스는 우리가 성별에 대한 현대적 이해를 고대의 사람들에게 투사하기 십상이라고 지적한다. 언제나 남녀 어느 한쪽이 다른 쪽을 지배하는 것으로 보고자 한다는 것이다. 멜라트가 한 것이 바로 그것이었다. 대신에 우리는 차탈회윅 사람들이 다른 범주를 사용해 그들의 교류 영역을 나누었을 가능성도 열어놓아야 한다. 젊은이와 노인, 농부와 연장 제작자, 야생의 것과 길들인 것, 인간과 다른 동물 같은 식으로 말이다.

가내 기술

차탈회윅의 여성들이 실생활에서 했던 일은 전혀 매혹적이지 않았다. 인류학자들은 이 도시에서 나온 물적 증거에 근거하고 다른 전통 사회들과의 비교를 통해 여성들이 농사와 집안일을 맡았으며 남성은 사냥과 도구 제작을 맡았다고 본다. 분명히 이 두 영역의 일은 서로 넘나드는 경우가 많았을 것이고, 어떤 사람들은 주어진 역할을 거부하기도 했을 것이다. 분명한 것은 어느 쪽 일이든 모두 쉽지 않았다는 것이다.

웬디 매슈스Wendy Matthews는 디도의 집 바닥의 회반죽 미세층을 연구하면서 바닥에 쌓인 먼지의 양을 측정하여 전형적인 청소 방법을 파악할 수 있었다.[13] 매슈스는 디도의 집과 이 도시의 다른 집들에서 거주자가 집을 깨끗이 청소하고 화덕에서 정기적으로 재를 긁어냈으며 거의 매달 흰 새 회반죽으로 벽과 마루를 발랐음을 발견했다. 어떤 집에서는 회칠하는 것이 각 층위에 정교한 오커 벽화를 베껴 그리는 일이기도 했다. 차탈회윅 사람들은 새로 회반죽 바르는 일을 너무 자주 했기 때문에 고고학자들은 내벽에 최대 100겹의 칠을 한 것까지 발견했다.[14] 이런 철저한 청소는 유일한 굴뚝이 천정에 난 문을 통한 것이었기 때문에 필요했을 것이다. 디도는 배설물과 나무를 연료로 해서 불을 땠기 때문에 벽은 아마도 시커멓게 그을었을 것이다. 게다가 디도에게 흑폐증까지 안겼다.

그러나 이런 모든 관리는 그저 〈곤도 마리에와 청소하기Tidying Up with Marie Kondo〉〔일본의 정리 전문가 곤도 마리에近藤麻理惠가 미국의 가정을 방문해 집 안 정리를 도와준다는 내용의 넷플릭스 프로그램〕의 신석기 시대판이 아니었다. 그것은 또한 비좁은 곳에서 특정한 공간을 지정하는 방법이기도 했다.

차탈회윅 주민들은 바닥에 사용하기 위해 적어도 두 가지의 서로 다른 회반죽을 만들었다. 밝은 흰색의 석회를 중심으로 한 혼합물은 침상과 매장 기단이 있는 집의 북쪽 부분에 발랐고, 적갈색 혼합물은 화덕이 있고 연장 만들기나 직조 등 집안일을 하는 공간인 남쪽 부분에 발랐다. 이런 남-북을 구분하는 패턴은 이 도시 모든 곳에서 수백 년 동안 반복적으로 나타나, 일부 고고학자들은 주민들이 집 안을 '더러운' 구역과 '깨끗한' 구역으로 나누었다고 추측했다. 더러운 구역은 연기와 재와 쓰레기를 만들어내는 화덕을 위한 것이고, 깨끗한 구역은 침상용 기단과 성인의 매장을 위한 것이었다.

가내 노동은 기술과 공학을 조합한 것이었다. 집 안에서 쓰는 모든 것은 손으로 만들어야 했다. 바닥 전체는 갈대로 짠 부드러운 자리를 깔았다. 그 자리의 복잡한 무늬는 회칠한 바닥에 선명한 자국을 남겨 수천 년 뒤의 고고학자들도 볼 수 있었다. 차탈회윅의 가정에서 발견된 쥐의 뼈 숫자를 통해 이런 해로운 동물 때문에 골치를 썩였음을 알 수 있다. 디도의 가족들은 갈대 가마니를 짜서 굶주린 설치 동물들이 곡식을 먹지 못하게 했을 것이다.

그들은 또한 그물과 옷을 만들었다. 먼저 가죽이나 식물 재료로 천을 만들고 뼈를 깎아 바늘을 만들어 그것을 꿰맸다. 양의 갈비뼈는 주걱이 돼서 냄비를 만들기 위한 진흙을 매끄럽게 만드는 데 사용됐다. 그들의 작업장은 옥상에 있었고, 거기서 칼과 화살촉(부싯돌이나 흑요석으로 만드는 것이었다)을 제작했다. 그들은 낚싯바늘을 깎았고, 사냥하고 채집한 것들을 조리하기 위해 벽돌로 막은 돌화덕도 설치했다. 그리고 아울러 벽돌도 만들었다. 이 가족이 가내 제작하는 모든 것들을 위해서는 광범위한 분야의 전문가가 돼야 했을 것이다.

도구는 만들기가 매우 어려웠기 때문에 디도의 가족은 재활용도 많이 했다. 이 도시 전역에서 고고학자들은 많은 부분을 수선한 칼과 도끼들을 발견했다. 날은 여러 번 갈았다. 디도의 집에서 뼈로 만든 여러 도구들은 잘라낸 뒤에 여러 차례 모양을 바꾸고 용도를 바꾸었다. 그리고 물론 이 가족은 끊임없이 집을 수리할 필요가 있었고, 솥은 말할 것도 없었다. 그들은 흙으로 만든 솥을 적어도 두 번 다시 설치했다. 그러면서 그것을 다른 장소로 옮겼다. 동물의 배설물조차 연료로 재활용됐다. 차탈회윅은 거의 전적으로 오늘날 우리가 지속 가능하다고 말하는 재료들로 만들어졌다. 사실 이 도시는 늪이 많은 지역에 건설됐다. 벽돌을 만들거나 회반죽 생산에 이상적인(그리고 그날 무슨 마법을 걸 필요가 있든 빠르게 작은 조각상을 만드는 데 이상적인), 부드러운 흙이 많은 곳이다.

아마도 차탈회윅에서 개발된 흙을 이용한 기술의 최고 형태는 요리에 이용한 부분일 것이다. 이 도시가 건설됐을 때 사람들은 수프와 스튜를 가열된 점토 덩이와 한 바구니에 넣어 조리했다. 이는 품이 많이 드는 과정이었다. 요리사는 계속해서 식은 점토 덩이를 꺼내고 화덕불에서 갓 꺼낸 뜨끈뜨끈한 덩이로 갈아줘야 했다. 그러나 디도의 가족이 이 도시에 살 무렵에는 기술자들이 얇고 강한 냄비를 만드는 데 이상적인 강화 점토를 개발했다. 이제 조리는 간단해졌다. 냄비를 불 위에 올리고 끓이면 됐다. 더 이상 가열용 흙덩이와 씨름하지 않아도 됐다. 라나 외즈발은 내게 이렇게 말했다.

"조리 기술이 변화하면, 그건 갑자기 자동차가 생긴 거나 마찬가지예요. 사회적 관계가 바뀝니다. 더 적은 사람들이 조리 과정에 매달려도 됩니다. 뜨거운 덩이를 옮기는 것은 품이 많이 들죠. 쉬운 일이 아니에요. 불 위에 냄비를 올려놓을 수 있다면 조리가 되는 동안 다른 일을 할 수 있어요."

이 혁신은 낮 동안에 보다 창조적인 일을 할 시간을 벌어주었다. 벽화를 그린다든지 뼈 목걸이에 조각을 한다든지 하는 따위의 일이다. 그것은 또 사람들에게 서로 다른 일로 특화할 수 있는 기회를 제공했다. 예를 들어 회반죽을 여러 가지 다른 방식으로 만들어보는 것 같은 일이다.

첨단 기술을 사용한 이런 냄비 덕분에 디도의 가족 모두가 다른 일을 좀 더 할 수 있다면 보다 정교한 방식의 기술도 개발될 수 있다. 한 사람은 여유가 생겨 이틀이 걸리는 산에 갈 수 있어 가장 가까운 채석장에서 흑요석을 채취해 올 수 있을 것이다. 흑요석은 신석기 시대에 사치품에 가까웠다. 강하고 절단면이 날카로웠으며 빛을 반사해 귀하게 여겨졌다. 흑요석을 더 많이 얻는다는 것은 석기 제작 원료가 더 많아진다는 것이다. 노련한 제작자는 조심스럽게 돌을 다른 돌로 쳐서 날이 이루어질 때까지 조각들을 떼어내 칼을 만든다.

농부들도 자기네 농사 기술을 완성하기 위해 시간이 필요했다. 차탈회위크의 두 둔덕은 늪지대에 솟아오른 것이었고, 그 사이를 흐르는 강은 계절적으로 흘러넘쳤다. 여름의 우기 동안 도시는 곳곳에 웅덩이가 있는 진흙탕 풍광 속의 섬처럼 보였을 것이다. 이에 따라 도시의 농부들은 도시에서 좀 떨어진 침수되지 않는 땅에 작물을 심어야 했다. 외즈발은 이 도시 사람들이 뛰어난 농부였음은 의심의 여지가 없다고 말했다. 밀 등 여러 곡물을 재배했다는 증거가 저장고에서 많이 나왔고, 냄비에서는 동물 젖 잔류물이 발견됐다.

그러나 그들이 어디서 땅을 갈고 가축을 키웠는지는 속단할 수 없다고 외즈발은 인정했다. 외즈발과 다른 연구자들은 인근 산록을 가능성이 있는 곳으로 지목하는데, 걸어가기에는 도시에서 좀 먼 곳이다. 농부들은 아마도 연중 일정 기간을 집에서 떠나 작물을 가꾸었을 것이다. 아마도 얼마씩 교대로 나가 일했을 것이다. 양과 염소를 기르는 사람들 역시 도시에서 먼 곳을 떠돌았을 것이다.

농사는 많은 사람이 함께 모이면 무엇을 할 수 있는지를 보여주는 또 다른 사례다. 디도의 가족은 몇 명을 빼내 더 많은 시간 동안 작물을 재배하고 동물을 기를 수 있었다. 괜찮은 요업 기술 덕분에 집에도 일손이 충분했기 때문이다. 농사는 도시를 지탱하게 했고, 도시는 농사를 가능하게 했다. 이런 상호 관계에서 도시 생활이 탄생한 것이다. 디도는 농사를 도시 생활의 일부로 간주했을 것이다. 그 반대가 아니었다. 도시 생활은 농경과 거의 비슷한 시기에 등장했다.[15] 농사는 기본적으로 유목민들이 했던 식물성 먹을거리 채집의 전문적 접근법이었다.

도시 생활에는 품이 많이 들고 대부분의 사람들이 익숙했던 것과는 상당히 달랐음에도 불구하고 신석기 시대 사람들이 차탈회윅으로 모여든 이유 가운데 하나는 전문화의 편익일 것이다. 마을 사람들은 전문 기술자로 가득 찬 사회라는 생각에 이끌렸을 것이다. 숙련된 벽돌공은 더 오래가는 벽돌을 만들 것이다. 염소 돌보기에 전념한다면 더 큰 염소로 기를 수 있을 것이다. 누군가 동물 소조각상을 만드는 일에 모든 시간을 쏟는다면 정교하고 독창적인 표범 상을 만들 수 있을 것이다.

유명한 석기 제작자가 되겠다는 꿈을 안고 도시로 온 유목민 출신은 아마도 없었을 것이다. 그러나 도시화는 각자의 집에 복잡한 연장들과 함께, 100명이 사는 마을에서는 얻기 어려울 정도의 먹을 것이 그득한 저장고를 의미했다. 차탈회윅이 커지자 풍요에 대한 기대가 새로운 이주자들을 끌어들였을 것이다. 사람이 더 모이면 더 높은 품질의 물건을 공유하고 교환할 수 있었다.

차탈회윅에는 물건을 파는 사람들이 많았지만 어떤 형태의 원原자본주의 사회는 아니었다. 주민들은 분명히 여러 가지 값나가는 물건들을 교환했지만, 도시의 상대적인 풍요가 일부를 위해 다른 사람들을 희생시키는 잉여 상품 생산으로 이어지지는 않았다. 차탈회윅 정착자들은 아직 돈을 발명하지는 않았고, 어떤 가족들이 다른 가족들보다 월등히 많은 재산을 소유했다는 증거도 없다. 대부분의 집은 대략 디도의 방 크기와 비슷한 방이 한두 개 있었다. 차탈회윅 사람들은 자기네가 필요한 것보다 더 많은 소유물을 축적할 공간을 가지고 있지 않았다. 그들은 그저 생존하기에 충분한 정도만 쌓아놓았다. '풍요'는 극심한 기아를 막기에 충분한 식량과 비교적 안정적인 주거지를 가지고 있는 것을 의미했다. 차탈회윅에서는 부자가 될 기회가 없었다. 적어도 오늘날 우리가 이해하는 방식으로 말이다.

안정감 외에 이 도시는 또한 문화적 풍성함도 제공했다. 우리가 고고학적 기록을 통해 간접적으로만 측정할 수 있는 어떤 형태의 부富다. 우리는 차탈회윅 곳곳에 온통 벽화가 있다는 사실에서 그 정도를 가늠할 수 있다. 모든 집은 그림과 조각상과 수제 가구로 그득하다. 그러나 우리는 또한 수천 명의 사람들이 매일 서로 부딪치며 생활하는 도시가 터 잡고 있는 규모 자체로부터 문화적 복잡성을 추정할 수 있다. 유목민 집단에서 소조각상을 잘 만든 누군가는 자신에 필적할 만한 재주를 가진 사람을 만날 수 없었을 것이다. 그러나 차탈회윅에서는 몇 사람 만날 수 있고, 특징을 비교하고 이야기를 나누며 함께 작업해 보다 발전된 기술을 개발할 수 있다. 요컨대 도시는 사람들이 가족을 넘어서는 애착을 형성할 수 있게 해준다. 도시 거주자들에게는 집안 식구뿐만 아니라 같은 관심을 가지고 있는 사람들과 사귈 수 있는 기회가 있다.

오늘날 사람들은 대체로 가족 주변에서 형성된 작은 공동체에는 존재하지 않는 하위문화나 집단에 친밀감을 느끼기 때문에 도시에 이끌린다. 차탈회윅도 비슷한 이유로 새로운 주민들을 끌어들였을 것이다. 이언 호더는 한편으로 사람들이 가족을 넘어선 유대를 기념했다는 흔적을 보여주는 기묘한 관습을 이야기한다. 디도의 많은 이웃들은 그가 '역사관歷史館'이라 부른 집을 지었다. 여기에는 벽에 보통의 경우보다 많은 회칠한 황소 머리, 그림, 뼈가 있다. 그리고 이 집은 수백 년에 걸쳐 여러 차례 정확히 같은 크기로 꼼꼼하게 재건축됐다.[16] 사람들은 심지어 이전 집의 바닥에 묻은 유골을 파내고 다시 묻고 했는데, 고고학자들은 때로 한 역사관의 바닥에서 수십 구의 유골을 발굴하기도 했다. 박물관이나 도서관처럼 역사관은 차탈회윅 사람들이 공유된 문화적 기억을 유지하는 저장고였다.

그러나 이들은 또한 사람들이 길가에서 만나 함께 흑요석 기술을 개발한 뒤에, 아니면 강가에 나가 벽돌을 만들기 좋은 흙을 고른 뒤에 형성한 것과 같은 집단의 물리적 구현체이기도 했다. 역사관은 아마도 석기 만들기나 보다 정신적인 어떤 것 같은 공통의 관심 및 도시 자체와의 연결에서 생겨났을 것이다. 도시에 처음 온 사람들, 특히 친족이 없는 경우라면 이런 사회 집단이 도시에 머물 수 있게 해주었을 것이다. 이런 것들이 아마도 도시가 계속 성장하는 데도 도움을 주었을 것이다. 사람들은 차탈회윅이 오늘날 심리학자들이 '비혈연 가족chosen family'이라 부르는 것과 비슷한 공동체를 위한 곳이라는 소문을 듣고 그곳으로 이주했을 것이다.[17]

역사관은 또한 알지 못하거나 그곳에 없는 사람들을 아우를 수 있는 공동체에 대한 추상적 관념을 나타냈다. 새로 온 사람, 마을의 다른 지역에서 온 낯선 사람, 죽은 사람 등을 말이다. 역사관과 관계를 맺고 있는 개인들은 조상으로서 자신의 생물학적 친족을 거론할 필요가 없다. 그들은 역사관 벽의 두개골을 보고 스스로를 그 후손의 일원이라고 생각할 수 있다. 이는 유목민 사회에서 공동체라는 것이 모두의 얼굴을 아는 것을 바탕으로 한다고 생각했을 사람들에게는 철학적인 도약이었다. 역사관은 여러 세대를 살며 과거와 현재의 도시 주민을 연결해주고 그들의 정체성을 차탈회윅이라는 특정한 장소와 묶어주는 시신과 같은 것이었다.

그러나 브루클린Brooklyn에 사는 사람들이 스스로를 '뉴욕 사람'이라고 부르듯이 차탈회윅 사람들이 스스로를 '차탈회윅 사람'이라고 생각했던 것 같지는 않다. 트링엄은 이 도시가 마을들의 느슨한 연결체로 움직였던 것으로 보고 있다. 각 마을은 독자적인 소사회를 이루고 있었다. 이 부락들은 디도에게 먼 과거로 생각됐을 것으로부터 이어져 내려온 것이었다. 몇 개의 마을이 합쳐져 도시를 형성한 시절이다. 차탈회윅이 형성되기 이전에 코냐 평원에는 여러 개의 마을들이 흩어져 있었는데, 그것이 갑자기 사라져버렸다고 호더는 말했다. 그 주민들이 하나의 거대한 마을로 이동된 듯이 말이다.

마을을 가로질러 가는 사람들은 서로 다른 단지團地처럼 형성된 주택군群을 지났을 것이다. 아마도 그 단지들은 공지空地로 분리돼 있었을 것이다. 또한 그 주민들은 다른 언어를 사용하고 다른 종류의 음식을 먹었을 것이다. 그러나 그들은 함께하는 장소가 있고, 디도 같은 누군가가 자기 가족과는 매우 다른 것처럼 보이는 사람들과 만나 사귈 수 있었을 것이다.

분명히 우리는 디도가 무엇을 믿고 무엇을 느꼈는지 확실히 알 수 없다. 그러나 우리는 디도가 다양한 재료를 가지고 그렇게 이질적인 기술을 이용해 만든 물건들로 가득 찬 집에 살았다는 것은 알고 있다. 그리고 그것은 어느 정도 전문성을 가진 다양한 사회의 결과일 수밖에 없음도 안다. 우리는 또한 디도 주변에서 일상적으로 볼 수 있었던 상징적인 미술품과 디자인이 추상적인 관계에 대한 믿음을 반영하고 있음도 알고 있다.

동시에 우리는 차탈회윅 바깥에는 도시인이 거의 없던 시대에 도시 생활이 얼마나 이상했을지를 인식해야 한다. 틀림없이 이는 디도와 그 이웃들에게 희미한 당혹감을 안겼을 것이다. 특히 그들이 이전에 없었던 공동체를 만들어가고 있었기 때문이다. 갈등이 생겨도 그들에게는 이웃들 사이의 싸움이나 적대감을 해소하기 위해 원용할 전례가 거의 없었다. 도시가 종말에 가까워졌을 때, 수직手織 위의 얼룩처럼 차탈회윅 공동체의 사회 문제가 확산됐다. 도시 주민들은 여러 가지 재난을 겪고서도 살아남았지만, 나중에 드러나게 되듯이 결국 그들이 견뎌내지 못한 마지막 난관은 서로에게 대처하는 문제였다.

3장
역사 속 역사

나는 2018년 초 이언 호더를 다시 만났다. 그가 25년에 걸친 차탈회
읙 발굴의 지휘봉을 막 내려놓은 때였다. 그는 스탠퍼드의 햇살 좋은
자신의 사무실 책상 앞에 앉아 그 기간 동안 자신이 무엇을 배웠는지
를 이야기했다. 각 층위에 상징성이 매우 풍부하다는 사실 외에 그에
게 가장 크게 다가왔던 것은 이 유적지가 '역사 속의 역사'를 표현하는
방식이었다. 차탈회읙은 끊임없이 변화했고, 9000년 전 이 도시를 건
설했던 사람들은 그로부터 천 년 뒤 도시를 버린 사람들과는 판이하게
달랐다.

"우리는 지금 상당히 많은 변화를 인식할 수 있습니다."

그렇게 말한 호더의 이어진 이야기는 대략 다음과 같은 것이었다.

차탈회읙 '고전기'라 부를 만한 시기가 있다. 대략 서기전 6500년 무렵,
이 지역 전체에 사람들이 밀집해 살던 시기다. 그 층위를 발굴하면 어느

곳이나 집들이 밀집해 있음을 발견한다. 이 시기는 위기 국면이기도 했다. 매우 평등주의적인 사회에 무리가 닥쳤다. 무언가 극적인 일이 일어났고, 많은 건물들이 불타고 버려졌음을 볼 수 있다. 그 위기 이후 500년 동안 의례화된 소각이 계속 나타났다.

이 '의례화된 소각'은 폭력이나 파괴 행위는 아니다. 그것은 호더가 차탈회윅 집의 바닥에 있는 재의 층위에서 내게 보여준 주택 폐기 의례의 일환이었다. 사람들은 어떤 집을 떠나기로 결정하면 흔히 그 집터를 의례용의 흙으로 된 층으로 '봉인'한 뒤 나머지 가재도구들은 약간의 제물과 함께 불태웠다.

호더는 차탈회윅이 서기전 6500년 '위기' 이후 너무도 서서히 버려졌기 때문에 디도 같은 개개 주민들의 일생 동안에는 그 변화를 거의 인식할 수 없었다고 강조했다. 사람들은 수백 년에 걸쳐 동둔덕을 떠났고, 이어 서둔덕을 떠났다. 그러나 사람들이 서둔덕을 버리면서 차탈회윅 주변의 빈 땅들은 새로운 공동체들로 활기를 띠었다고 그는 말했다. 그는 이렇게 설명했다.

"코냐 평원에는 유적지들이 널려 있습니다. 마치 차탈회윅이 평원의 다른 정착지들로 퍼져나간 듯한 모습입니다. 서둔덕도 그 하나일 뿐이고요. 인구 폭발이라고 할 수 있죠."

그는 차탈회윅 탈출이 어떤 새로운 종류의 자유를 의미했을 것으로 생각한다. 사람들이 둔덕에서의 "폐쇄되고 통제된 체제"에서 탈출한 것이다. 또 다른 가능성은 사람들이 식성 변화에 맞추기 위해 이동했다는 것이다. 코냐 평원의 사람들은 보다 집약적인 형태의 곡물 재배와 양 사육으로 변화했다. 따라서 아마도 정착지 주변에 더 많은 공간이 필요했을 것이다. 그러나 아무도 차탈회윅을 '버리지' 않았다. 이 옛 도시가 완전히 비었을 때조차도 사람들은 여전히 그곳을 묘지로 이용했다. 호더는 이렇게 말했다.

"어떤 면에서 이곳은 전혀 버려진 것이 아니었습니다. 동로마 시대와 이슬람 시대 초(11세기)까지도 무덤이 많이 만들어졌으니까요. 사람들은 이곳을 기억했고, 이용했습니다."

영국 뉴캐슬대학 고고학 교수인 소피 무어Sophie Moore는 최근, 차탈회윅의 묘지가 300년 전까지도 계속 사용됐다는 증거를 발견했다.[1]

호더는 오늘날 고고학자들의 공통된 생각을 되풀이한다. '사라진 도시'나 '문명 붕괴' 같은 용어는 이런 경우에 사용하기에 적절치 않다는 것이다.[2] 오히려 이 도시가 변화를 겪었다고 말하는 것이 보다 정확하다. 사실 차탈회윅이 한 종류의 문화적 변용으로부터 다른 종류로 변화하는 과정에 있지 않은 적은 없었다. 그것이 도시들을 연구하는 데 어려운 부분이다. 도시들은 오랜 시간 같은 모습으로 남아 있다가 갑자기 사라져 아무것도 남지 않는 정적인 존재가 아니다. 도시는 어떤 시기에라도 여러 사회 집단의 복합체다. 그 집단들은 도시 생활을 서로 다른 방식으로 볼 것이다. 그리고 그 사회 집단들 역시 시간이 지나면서 변화하며, 그들의 세계관을 반영해 도시의 물리적·상징적 구조를 변화시킨다. 더 이상 함께 살기를 바라지 않는 순간까지 말이다.

그러나 차탈회윅에서 그 일이 일어난 순간에조차도 도시를 '잃어버린' 사람은 아무도 없었다. 코냐 평원에서 옛 조상들의 뼈로 만들어진 이 도시는 새 조상들의 뼈를 계속해서 받아들였다. 이 장소는 사람들이 그곳을 떠나고 오랜 시간이 지난 뒤에도 여전히 특별한 곳으로 남았다.

서기전 6000년 무렵, 차탈회윅에는 이미 천여 년 동안 사람들이 계속 살아왔고 아무도 충동적으로 그곳을 떠나지 않았다. 일부 예외는 있지만 도시들은 보통, 호더가 본래 사람들이 모여 살았던 방식이라고 설명한 바로 그 방식으로 버려졌다. 도시는 수많은 작은 행동들의 결과로 비워졌다. 그 하나하나는 모두 어려운 선택이었다.

현대 세계에서 이주는 사람들이 경험하는 생활 변화 가운데 가장 힘든 것이라고 심리학자들은 말한다. 고립감·상실감·우울감을 초래한다.[3] 신석기 시대 사람들이 오늘날의 우리들처럼 '이주'할 때 소파를 트럭에 싣고 부동산 시세 전망에 대해 걱정한 것은 분명히 아니지만, 이주라는 행동은 마찬가지의 심리적 비용을 필요로 했을 것이다. 그리고 운송 측면에서는 훨씬 힘들었을 것이다. 이주는 옮길 수 있는 것을 가지고 가고, 몰고 갈 수 있는 가축을 데리고 가는 것이다. 새로운 장소에 도착하면 새집을 짓고 그 지역에서 구할 수 있는 음식물과 수원지를 찾아야 한다. 이 모든 과정을 혼자서 하기란 거의 불가능했을 것이다. 신석기 시대에 한 가족의 살림을 꾸리는 것은 품이 많이 들고 농사와 요리부터 천짜기와 주택 건설에 이르기까지 다양한 기술이 필요했기 때문이다.

이 모든 것을 하면서 새로운 문화에 적응해야 한다고 생각해보라. 2011년, 미국 대통령 직속 이민대책반은 새로운 언어와 문화 규범을 배우는 것에서부터 편견에 맞서고 자원 이용방법 미숙을 극복하는 일에 이르기까지, 이주민들이 공통으로 직면하는 여러 가지 어려움들을 정리했다.[4] 우리는 이주에서 수천 년 동안 변하지 않은 여러 부분들을 쉽게 잊곤 한다. 차탈회윅을 떠나 다른 곳으로 간 많은 사람들은 언어와 문화 장벽을 극복했을 것이다. 또한 새 이웃들로부터 농토를 얻는 과정에서 생길 수 있는 문제들도 마찬가지다. 그리고 그런 어려움이 닥칠 것이 분명했음에도 불구하고 점점 더 많은 사람들이 도시를 떠나기 시작했다.

8200년 전의 기상 사건

디도가 자신의 집 바닥에 묻히고 수백 년 뒤에 차탈회윅은 인간 거주의 마지막 국면에 접어들었다. 도시는 천여 년 동안 같은 자리를 지키고 있었고, 순치라는 인위적인 거품은 안팎으로 변화하고 있었다. 구도시 지역의 옛 건축물과 쓰레기로 이루어진 둔덕은 계속 높아져 새로운 기록에 도달했다. 서기전 6000년 직전에 사람들은 디도와 그 가족이 살았던 동둔덕에서 서서히 빠져나와 강 건너에 작은 정착지를 건설하기 시작했다. 고고학자들이 서둔덕이라 부르는 이 새 정착지는 약 300년 동안 번성한 마을을 이루었다. 동둔덕의 집들은 서서히 허물어져 갔고, 아무도 그곳에 가서 권리 주장을 하지 않았다.

　루스 트링엄은 사람들이 왜 서둔덕과 그 너머로 옮겨갔는지 묻자 농담으로 받았다. 아마도 사람들이 물과 식료품을 가지고 그렇게 높은 둔덕을 올라가는 게 지겨워서 좀 더 낮고 좀 더 쉽게 갈 수 있는 곳에 정착지를 만들었을 것이라고. 그러나 동둔덕의 매력이 떨어지는 어떤 일이 일어났다는 것은 농담을 넘어서 일말의 진실이 담겨 있다. 많은 연구자들은 서둔덕으로 서서히 이주한 것이 서기전 6200년 무렵에 시작된 급격한 기후 변화 시기와 대략 일치한다는 사실에 주목했다.[5] 이 시기에 지구는 로렌시아Laurentia 빙상이 캐나다와 미국 북부를 뒤덮었던 빙하기를 벗어나고 있었다.

광대한 코냐 평원의 강들은 흐름이 바뀌고 말라붙었다는 증거가 있다. 날씨가 점차 서늘해지면서 적어도 한 번의 가뭄 시기가 있었다. 그리고 기온이 올라가면서 로렌시아 빙상은 녹기 시작했고, 얼기 직전의 물로 이루어진 아가시Agassiz호와 오지브와Ojibwa호로 알려진 두 개의 호수가 만들어졌다. 이 두 호수는 점점 커져 오늘날 캐나다의 온타리오주와 퀘벡주가 있는 넓은 지역을 뒤덮었으며, 물러나는 빙하로 인해 만들어진 천연 제방 안에 갇혔다. 그러나 빙하는 오래 유지되지 못했다. 마침내 로렌시아 빙상이 붕괴되자 아가시호와 오지브와호는 급속하게 쪼그라들고 엄청난 양의 민물을 바다로 내보냈다.

전 세계에서 수집된 증거들을 보면 해수면은 적어도 30센티미터 상승했고, 일부 지역에서는 4미터까지 올라갔다. 더욱 중요한 사실은 민물이 대양의 '열염순환熱鹽循環, thermohaline circulation'〔해수면 수백 미터 아래에서 해수의 밀도 차에 의해 해류가 대양을 순환하는 현상〕을 방해했다는 것이다. 열염순환은 바닷물과 민물의 복잡한 상호작용에 의해 '대양의 컨베이어벨트'라고도 부르는 방식으로 해류가 형성되는 것을 말한다. 열염순환이 교란되면 난류가 지구를 순환하지 못해 대양의 대부분에서 추운 상태가 이어진다. 이것은 날씨에도 영향을 미친다. 차탈회윅 부근에서는 기온이 평균 섭씨 4도 정도로 떨어지고 강우량 역시 줄었던 듯하다. 따뜻하고 눅눅한 도시 환경에서 사는 데 익숙했던 사람들에게 보다 쌀쌀하고 건조한 기후로 눈에 띄는 변화가 있었던 듯하다. 지구의 평균 기온은 거의 400년 동안 다시 회복되지 않았다.

기상학자들이 아주 무미건조하게 '8200년 전 사건8.2K event'(8200년 전에 일어났기 때문에 이렇게 부르는 것이다)으로 부르는 이 기후 변화는 과학자들이 너무도 많이 기록했기 때문에 기후 변화가 어떻게 일어나는지에 대한 본보기 역할을 하고 있다.

2003년 미국 국방부는 기후 변화가 안보에 미치는 위험성에 관한 연구를 발주했는데, 연구자들은 빙하의 융해가 환경과 인간 사회에 어떤 영향을 미치는지에 대한 사례로서 '8200년 전 사건'을 제시했다.[6] 오늘날 우리가 보고 있는 급속한 빙하 융해[7]로 아가시 및 오지브와호에서 흘러나온 양만큼의 민물을 바다로 쏟아낸다면 아시아·북아메리카·북유럽의 온도는 화씨 5도 이상 떨어질 것이다. 반면 오스트레일리아·남아메리카·남아프리카 등지의 온도는 화씨 4도 올라간다. 가뭄이 닥쳐 유럽과 북아메리카의 농사에 해를 입히고, 겨울 폭풍우가 특히 태평양 지역에서 심해진다. 이어 기근·산불·홍수가 나타날 것이다.

이런 여건들은 현대 세계에서도 치명적인데, 쌀쌀하고 건조한 날씨가 사람들을 정들었던 고향 차탈회윅에서 몰아냈는지에 대해서는 분명한 의견 일치를 보이지 않고 있다. 오페르 바르요세프는 5만 년 전까지로 거슬러 올라가 고대의 인간 이주에 기후가 어떤 영향을 미쳤는지를 연구했다. 그는 빙하 융해가 동둔덕 거주를 불가능하게 했으리라고 생각하는 과학자 가운데 한 사람이다. 그는 날씨가 추워져 기근이 모든 마을로 확산됐고, 이 지역에서 200년 동안 사람들이 살 수 없었다고 보고 있다.[8] 그가 연구한 지중해 동안 지역의 몇 개 마을은 '8200년 전 사건' 동안에 완전히 버려졌다가 날씨가 다시 따뜻해지고 나서야 재건됐다. 그는 차탈회윅에서도 비슷한 일이 일어났을 것으로 본다. 바르요세프는 동둔덕으로부터 떠나간 것이 사람들이 이 지역을 수백 년 동안 버렸던 증거이며, 그들이 돌아온 뒤에는 서둔덕을 건설했다고 주장한다.

다른 학자들은 이에 동의하지 않는다. 영국의 레딩Reading대학 고고학 교수 파스칼 플로어Pascal Flohr와 그 동료들은 '8200년 전 사건'이 전 세계에 미친 영향을 추적했는데, 이 기후 변화 동안 차탈회위이 버려졌다는 증거를 찾지 못했다.[9] 사실 그들은 이 경우를 도시 주민들이 완전히 이주하는 대신 머물러 살며 도시 구조를 변화시킨 신석기 회복력의 성공 사례로 생각하고 있다. 플로어의 견해는 이 시기의 고기 저장 용기에 대한 한 화학 분석으로 뒷받침되고 있다.[10] 이 연구에서는 사람들이 소보다 더 강인한 염소를 많이 먹는 쪽으로 옮겨간 것으로 나타났다. 동물 뼈에 칼자국이 많이 난 것은 그들이 고기를 알뜰하게 긁어 먹었음을 나타내고, 동물 지방의 분자 분석 결과 이 동물들은 가뭄을 탄 초목을 먹은 것으로 드러났다.

도시 주민들과 사육 동물들이 어려움을 겪기는 했겠지만 환경 변화의 고난 속에서도 적어도 일부는 떠나지 않았던 듯하다고 플로어는 썼다. 사람들은 서둔덕이 만들어지던 시기에도 동둔덕에 계속 살았으며,[11] '8200년 전 사건' 시기에 사회적 변화들이 일어나기는 했지만 그것이 원인은 아니었다는 증거들이 있다.

이 도시의 소멸에 기후 변화가 얼마나 영향을 미쳤는지에 대해서는 확실히 말할 수 없지만, 도시 존재의 후반기에 차탈회위에 분명한 문화적 변화가 있었다는 데 대해서는 논쟁의 어느 쪽에 속하든 모두 인정하고 있다. 미술적 표현이 변화했고, 건축과 식재료, 주민 규모도 달라졌다. 사람들은 한 둔덕에서 다른 둔덕으로 옮겨가거나 완전히 이 지역을 떠났다. 그들은 도시와 마을들 사이를 더 많이 돌아다녔다. 부자와 가난한 자 사이의 구분이 서서히 분명해졌다. 이것이 마침내 사람들을 자기네 도시에서 떠나도록 만든 원인이었을 가능성이 있다.

계층 문제

차탈회윅 도시 구조의 가장 특이한 부분 가운데 하나는 집들이 모두 비슷비슷하다는 것이다. 현대의 도시를 거닌다면 어디든 온갖 형태와 크기의 집들을 만날 것으로 예상할 수 있다. 작은 원룸이 밀집한 아파트도 있고, 높이 솟은 고급 주택도 있고, 더러운 창이 인도 바로 위에 나 있는 반지하 방들도 있다. 화려한 회사 빌딩, 커다란 교회, 인상적인 관청 건물, 저마다 형태가 다른 가게들도 있다. 오늘날의 도시는 풍광 속에 아로새겨진 사회적·경제적 불평등의 전시장이다.

그러나 차탈회윅에서는 수백 년 동안 모든 사람이 대체로 같은 모양과 크기의 집에서 살았다. 모든 사람은 디도처럼 화덕과 침상이 있는 큰방을 갖고 있었다. 옆에는 작은 곁방들이 있어 주로 식품을 저장하는 데 사용했다. 일부 역사관은 다른 집들보다 더 공들여 장식했다. 회반죽을 바른 황소 머리를 잔뜩 쌓아놓거나, 바닥에 여러 개의 두개골을 늘어놓거나, 벽에 사냥과 행사를 묘사한 추억의 그림들을 붙여놓았다. 그러나 좀 더 좋다는 이런 곳들도 이웃의 집들보다 더 크지는 않았다. 더욱 중요한 점은 주거지 용도로 쓰이지 않는 건물은 없었다는 것이다. 특별히 만들어진 신전도 없고 시장도 없었던 것으로 보인다. 아무리 공들였다 하더라도 모든 방은 화덕과 침상이 들어가 있었다.

호더가 말했듯이 차탈회윅의 도시 설계에는 엄격한 평등성이 내재돼 있었다. 그는 이를 "과도하게 평등주의적"이라고 표현했으며, 개인이 너무 많은 재산을 갖는 데 대한 금기가 있었을 것이라고 주장했다. 여기에는 왕이나 두목이 없었다. 차탈회윅 사람들은 현명한 장로 집단에게 지도를 의탁했으며, 아니면 지역 지도자들을 선임했다. 그러나 이 지도자들은 자기네 권위를 요란스럽게 과시하지는 않았다. 이것이 차탈회윅은 도시라기보다는 거대한 마을에 가깝다고 고고학자들이 말하는 여러 가지 이유 가운데 하나다. 이곳은 마을처럼 대체로 같은 크기의 집들이 모인 곳이었다. 분명한 권력 중심이 없었다. 트링엄이 주장했듯이 이곳은 아마도 그저 여러 개의 마을이 이웃해서 만들어졌기 때문에 그렇게 보였을 것이다.

그것이 서기전 6000년 무렵에 변화했다. 서둔덕에 한창 사람이 많을 때 지어진 집들은 동둔덕에 있는 디도의 집보다 훨씬 컸다. 화덕이 있는 단칸방 주거는 큰 방 여러 개와 담을 두른 뜰이 있는 이층집으로 바뀌었다. 사람들은 인구밀도가 높지 않지만 식품 저장을 위한 공간을 더 크게 짓는 공동체에 살았다. 더 이상 사람들이 시신을 바닥에 묻은 흔적을 발견할 수 없고, 벽에 뼈나 황소 두개골을 놓아두지 않았다. 용기用器들은 더욱 정교하고 장식이 많아졌다. 사람들이 손님에게 멋진 요리를 내놓는다는 생각에 이끌렸던 듯하다. 이와 동시에 먼 지역에서 나는 가재도구들도 더 많았다. 먼 곳에서 나는 재료로 만든 것도 있고, 다른 정착지 사람들이 만든 것도 있었다.

서둔덕의 사람들은 여전히 집 안 가꾸기에 열심인 사람들처럼 보이지만, 그들의 미술과 상징은 더 이상 자기네 집 구조와 연결된 것이 아니었다. 그 대신 그것은 벽에서 해방돼, 두개골이 한때 그랬던 것처럼 이리저리 거래될 수 있었다. 사람들은 여전히 자원을 많이 가지고 있었지만, 모두가 그곳에서 생산된 것은 아니었다.

더 큰 집과 거래가 생겨난 서둔덕에서의 이러한 변화는 사회 계층이 형성되고 있었다는 징표일 것이다. 이층집과 많은 비축을 가진 사람들이 있었고, 반면에 다른 사람들은 여전히 단칸방 주거지(그것이 한때 동둔덕의 표준이었다)만 가지고 있었다. 미국 노터데임Notre Dame대학 고고학 교수인 이안 카위트Ian Kuijt는 이런 건축상의 변화가 이 도시에 오래 잠복해 있던 갈등을 드러내고 있다고 보고 있다.[12] 차탈회윅 같은 곳의 사람들은 공동체와 영성에 관한 자기네 관념을 부분적으로 유목민 조상들로부터 물려받았다고 그는 설명한다.

유목 생활은 집단에 속한 모든 사람들이 생존에 필요한 자원을 공유할 필요가 있기 때문에, 이런 집단들은 매우 균일한 사회 구조를 강화하는 관습과 의식을 발전시켰다. 누군가가 자원을 너무 많이 비축하기 시작한다면 그것은 전체 집단에게는 나쁜 일이기 때문에 사람들은 서로서로 사회적 차이를 요란스럽게 과시하지 못하도록 강하게 견제한다. 이것이 차탈회윅의 집들이 외견상 그렇게 비슷했던 이유 가운데 하나일 것이다. 사람들마다 닫힌 문 안의 사적인 영역에서는 식료품이나 상징적 물건들을 비축한 양이 분명히 매우 달랐는데도 말이다.

평등에 대한 사회적 압력은 이웃의 삶이 내 삶과 연결돼 있는 작은 공동체에서는 잘 먹힐 수 있다. 그러나 수천 명이 함께 산다면 평등은 유지하기가 더 어렵다. 도시 주민들은 자신들의 이익을 대변해줄 대표 또는 초기 단계 정치가를, 또는 자기네(예컨대 흑요석 도구 제작자)의 특수한 요구 사항을 이해할 수 있는 동업자 조합 지도자를 원할 것이다. 낯선 사람들로 가득한 도시에서 모든 사람과 개인적인 관계를 맺기는 어렵다. 차탈회윅에 사는 사람들은 두 계열의 관습 추종자들로 나뉘었다. 하나는 차이와 계층을 반대하는 과거의 공동체주의적 관습이고, 다른 하나는 그런 것들이 불가피하다고 보는 도시적 관습이다.

카위트는 큰 충돌이 전통적 평등주의가 엄격한 순종처럼 느껴지기 시작할 때 일어났을 것이라고 본다. 긴장이 매우 높아졌을 때 사람들은 동둔덕을 떠나기 시작했을 것이다. 그 도시 계획은 어느 누구도 이웃과 많이 다르지 않아야 한다는 관념을 장려하기 위해 특별히 만든 것이었다. 서둔덕 사람들은 간격을 더 많이 두고 집을 지었다. 바닥 설계도 다양했다. 사람들이 공개적으로 자기들 개성을 드러내는 사회였음을 시사한다.

하지만 건축 혁명은 사람들을 그곳에 묶어두기에 충분치 않았다. 서둔덕에 사람이 산 흔적이 나타나고 대략 300년 뒤에 그곳에는 더 이상 사는 사람이 거의 없었다. 동둔덕도 마찬가지였다. 그리고 서기전 5500년이 되면 차탈회윅은 완전히 비게 된다. 카위트는 이 도시의 소멸이 더 광범위한 "신석기 시대 실험의 실패" 때문이라고 보고, 그것은 서기전 제6천년기 동안 지중해 동안에서 널리 일어났던 신석기 거대 마을 폐기 가운데 하나였다고 주장한다. 그것은 히브리대학 고고학 교수 요세프 가르핑켈Yosef Garfinkel이 말한 대로 "공공 영역의 실패"였을 것이다. 사람들은 자기네 사회를 조직하는 새로운 방식에 동의할 수 없었고, 이것이 점점 더 사라져가는 전통을 대변하는 장소에 대한 애착을 약화시켰다.

그러나 차탈회윅은 천 년 이상 유지됐다. 그것은 결국 카위트가 말한 "신석기 시대의 막다른 골목"이었을 테지만, 이야기는 그보다 더 복잡했다. 호더와 카위트는 이 도시의 초기 구획이 평등주의를 시사한다고 주장하지만, 로즈메리 조이스는 동의하지 않는다. 조이스는 이 도시의 서민들이 '균일한' 사회 구조를 향유했다는 데 확신을 가지지 못하고 있다. 나는 좀 더 자세한 이야기를 듣기 위해 조이스의 캘리포니아대학(버클리) 사무실을 찾았다.

조이스는 한 의자에 쌓아둔 책 더미를 치우고 나를 앉힌 뒤 곧바로 본론으로 들어가 내가 무엇을 알고 있는지 이것저것 물었다. 조이스는 차탈회윅의 집들이 모두 기본적으로 같아 보인다는 데 매우 회의적이었다. 트링엄이 디도의 집을 발굴함으로써 단일한 종류의 '이상적인' 차탈회윅 집은 없다는 사실이 분명해졌다는 생각이었다.

나는 트링엄을 처음 만났을 때 나눴던 대화와 트링엄이 발굴 스케치에서 디도의 집 방들의 윤곽을 어떻게 그렸는지를 떠올렸다. 디도는 호더가 말한 차탈회윅의 균일한 사회 구조 단계의 한창때를 살았지만, 디도 가족이 저장 이외의 용도로 방들을 더 만들었다는 분명한 증거가 있었다. 화덕이 놓인 곳에서 떨어져 작은 방 두 개가 있었는데, 침실이나 작업실이었던 것으로 보였다. 트링엄은 화덕이 있는 디도의 큰방과 이들 곁방 사이의 출입문이 이 집의 사용 후반기 어느 시점에 막혔다고 했다. 살던 사람들이 옮겨가거나 죽었다는 얘기인 듯했다.

당시 나는 디도의 집이 여러모로 도시의 다른 집들과 닮았다는 점에 관심을 집중했다. 그러나 조이스는 방의 개수가 계속 변하는 데 주목했다. 아마도 이런 가변성은 차탈회윅에서 허용된 일이었을 것이며, 우리는 '평등주의' 가설에 너무 매몰돼 바로 우리 코앞에 있는 가변성의 증거를 놓쳤다고 조이스는 말했다. 나는 그 주장이 옳음을 받아들일 수밖에 없었다. 나는 50년 전 언론인들이 멜라트의 여신을 숭배하는 모계사회 가설에 매우 흥분했었음을 생각했다. 나는 아마도 평등 사회에 매혹돼 사회계급의 증거를 보지 못했을 것이다. 게다가 집의 규모가 위계를 측정하는 유일한 방법은 아니라고 조이스는 이어갔다. 공들여 장식한 차탈회윅의 역사관 역시 집안 사이에 불평등이 있었다는 징표일 수 있었다.

"불평등은 차이에서 드러납니다. 아주 사소한 것이라도 말이죠. 어떤 집은 상징적 매체가 가득하고, 어떤 집은 그렇지 않습니다. 이게 불평등이 아니라는 건 알 수 없는 얘깁니다."

조이스는 말을 멈추고 모르겠다는 듯한 몸짓을 했다.

"죄송하지만 이 집들은 동등한 사람들의 집이 아닙니다."

조이스는 우리가 기본적으로 차탈회윅 사람들이 사회계급을 어떻게 이해했는지 모르고 있음을 지적했다. 그것은 한 사람이 얼마나 많은 곡식을 저장하고 있는지 혹은 회반죽 바른 황소 머리를 얼마나 가지고 있는지 하는 것과는 그다지 관계가 없었을 것이다. 아마도 몸에 특수한 그림을 그리거나 수천 년 뒤에는 삭아 없어질 수밖에 없는 옷을 입었던 주술사가 있었을 것이다. 도시의 모든 사람들이 한 특수한 주술사를 지도자로 인식했을지라도 우리가 고고학 기록에서 그의 지위를 나타내는 증거를 반드시 볼 수 있는 것은 아니다. 사회적 지위가 언제나 물질적 부로 연결되는 것은 아니라고 조이스는 말했다. 그것은 비밀이나 특수한 장소, 배타적인 모임에 접근할 수 있는 권한의 의미일 수도 있다. 그리고 그것은 우리가 집의 유적이나 유골에서 볼 수 없는 것들이다. 조이스는 이렇게 말했다.

"위계나 접근권은 사람의 신체에서 볼 수 없는 물건으로 측정할 수 있습니다. 때로 위계적 지배자가 있었더라도 그것이 건축에서 어떤 징표로 나타나지 않는 경우도 있습니다."

조이스의 관점은 차탈회윅의 해결할 수 없는 갈등에 약간의 단서를 제공한다. 한 투쟁은 균일한 사회 구조를 원하는 전통주의자들과 그것을 원하지 않는 사람들 사이에서 태동했다. 또 다른 투쟁은 떠오르는 지배층과 하층 계급 사이에서 끓어올랐다.

도시의 소멸이 가까워지면서 이런 긴장들은 또 다른 사회 변동에 의해 악화됐다고 호더는 말했다. 도시 주민들의 이동이 더욱 활발해져 다른 도시나 원자재를 채취하는 채석장까지 아주 먼 거리를 이동하게 됐다는 것이다. 그들은 도시 성벽 너머에 다른 가능성이 존재함을 인식하기 시작했다. 신석기 시대 사람들이 일반적으로 가지고 다녔던 장식된 점토 도장(아마도 개인의 신원을 드러내는 방법이었을 것이다)이 휴대용 수공품의 유일한 형태는 아니었다. 차탈회윅 사람들은 이웃하는 공동체들(때로는 100킬로미터 이상 떨어진)과 거래하며 보석·바구니·항아리·조가비나 절삭 도구를 만드는 흑요석·각암角巖 같은 자재 등을 교환했다.

이런 교역망은 길들이기가 언제나 멀리 떨어진 공동체와의 사회적 연결을 수반함을 시사한다. 그러나 이런 공동체들 사이의 이동은 도시가 종말을 향해 가면서 더욱 일반화됐다. 사람들의 정체성은 특정 건축 환경보다는 그들의 교역품들과 더 연관돼 있었다. 그들이 여러 정착지들을 다니면서 먼 곳에서 나는 수많은 물건들을 보게 되자 차탈회윅은 덜 특별해 보였을 것이다. 이 장소는 매력을 잃어가고 있었다.

죽음의 구덩이

'신석기 혁명'이라는 말을 만들어낸 인류학자 V. 고든 차일드는 1950년 도시에 대한 정의도 만들어내 오늘날 고고학에도 여전히 영향을 미치고 있다. 그는 정착지가 도시가 되려면 고도로 밀집해 사는 주민, 거대한 건축물, 상징 예술, 전문화, 화폐와 과세, 문자 생활, 장거리 교역, 잉여 생산품, 복잡한 사회 계층이 있어야 한다고 주장했다. 이런 정의에 따르면 차탈회윅은 기껏해야 초기 도시다. 화폐나 문자도 없었고, 거대한 건축물도 없었다. 계층도 아마 아주 단순했을 것이다. 그는 이곳을 마을이라고 부르는 것이 편하지, 도시라고 하는 것은 불편하다고 말한다. 그는 내게 이렇게 말했다.

"차탈회윅은 전형적인 도시 정의에 맞지 않습니다. 생산의 전문화를 의미한다면 말이죠. 거기에는 특수 활동을 위한 구역이 없습니다. 도시의 서로 다른 지역에서 서로 다른 활동을 하지 않았습니다. 의례에서 경제적 생산에 이르기까지 모든 일은 집 안에서 일어났습니다."

그러나 차탈회윅을 도시라고 생각할 충분한 이유가 있다. 캘리포니아대학(로스앤젤레스)의 인류학 교수 모니카 스미스Monica Smith가 썼듯이 차일드의 기준은 "집합된 주민의 가장 복잡한 형태"[13]를 상대적인 방식으로 정의하고자 한 것이었다. 우리는 차탈회윅이 당시로서는 도시였다고 말할 수 있을 것이다. 이곳은 주변 정착지 어느 곳보다도 더 복합적인 곳이었다. 스미스는 오늘날 고고학자들 역시 엄격한 계층 구조가 없는 도시도 가능하다고 생각한다고 덧붙인다. 그 대신 필요한 것은 "매우 뚜렷한 노동력 투하와 이후에 지속 가능한 사회적 관계망"뿐이다.

스미스가 여기서 강조하는 바는 차탈회윅이 수천 년 뒤 서아시아에 나타난 우루크Uruk(이곳은 문자, 과세, 화폐, 거대한 지구라트까지 갖추고 있었다)와 더 비슷한 도시가 되기 전에 사람들이 왜 그곳을 떠났는지 하는 수수께끼를 푸는 데도 도움이 될 것이다. 기본적으로 도시와 그 사회적 관계망을 유지하는 데 필요한 노동력 투하는 더 이상 가치가 없었다. 이는 역사가 조세프 A. 테인터Joseph Anthony Tainter가 그의 영향력 있는 책 《복합사회의 붕괴The Collapse of Complex Societies》[14]에서 펼친 거대 이론의 근간을 이루고 있다. 그는 대부분의 사회에서, 사람들이 도시의 물리적·사회적 기반시설에 대한 자기네 투자의 "한계수익이 감소"할 때 응집력을 상실한다고 주장한다. 로즈매리 조이스는 이를 다른 식으로 이야기했다.

"도시에 살면서 다른 사람의 집 담이 우리 집 쪽으로 무너집니다. 거리에 쓰레기가 쌓여 내게 영향을 줍니다. 가욋일이 많아집니다. 차탈회윅은 여러 세대 동안 노력을 쏟을 가치가 있는 곳이었지만 이제 더이상 그 하락세를 벌충할 만큼 충분한 매력이 없습니다."

종말을 향해 가고 있는 차탈회윅에 살던 사람들은 분명히 무너져가는 동네에서 해야 할 일이 많았을 것이다. 치우는 데 도움이 되는 일손은 적었을 것이다. 떠나기는 힘들었겠지만, 차탈회윅을 갈가리 찢고 있는 문제를 해결하는 것보다는 쉬운 것이었다.

차일드 이후 가장 영향력 있는 도시에 대한 정의 가운데 하나는 윌리엄 크로넌William Cronon에게서 나왔다. 그는 《자연의 대도시Nature's Metropolis》[15]에서 도시는 부분적으로 그곳을 지원하고 있는 시골 및 농경 지역으로도 정의해야 한다고 주장했다. 크로넌은 공업화한 대도시 시카고에 관해 이야기한 것이지만, 그의 생각은 차탈회윅의 도시로서의 지위를 이해하는 데도 중요하다. 결국 크로넌은 농업 복합체가 도시 생활의 한 핵심 부분이라는 주장을 한 셈이다.

우리는 차탈회윅 사람들이 다양한 농작물을 가꾸고 동물들을 사육했음을 알고 있고, 농작물들을 가공하는 데는 많은 시간이 소요된다. 8200년 전 기후 변화 사건으로 인해 생긴 문제들에 이어 이곳을 흐르는 강의 유로가 바뀐 것이 문제의 중요한 근원이었던 듯하다. 농사에 문제가 생겼지만 이 도시가 완전히 버려지지는 않았다는 증거는 많다.

물론 식량 부족으로 일부 가정들이 떠나기는 했겠지만 말이다.

차탈회윅이 명백한 도시와 초기 형태의 도시 사이의 애매한 위치에 있기는 했지만, 이 도시의 폐기는 도시의 역사에서 반복적으로 나타나는 패턴에 부합한다. 기후 변화로 농사가 힘들어지면서 곪아가고 있던 이 도시의 사회적·문화적 상처는 이웃 사이의 거리를 더욱 멀어지게 만들었다. 버려진 집들은 남아 있는 사람들에게 더 많은 일거리를 안겨주었고, 그들은 옥상 보도가 자기네 집 쪽으로 무너져 내리지 않도록 하려고 필사적으로 노력했다. 시간이 지나면서 버리고 떠나는 개인의 행동들이 결국 집단의 행동으로 바뀌었다. 그러나 이 과정은 수백 년이 걸리는 것이었다. 이 도시 역사의 마지막 시기를 산 사람들에게 그곳이 언젠가는 텅 비게 되리라는 것이 명확하지는 않았을 것이다.

많은 사람들이 차탈회윅을 떠나 코냐 평원 곳곳에 산재한 정착지의 마을 생활로 돌아갔다. 일부는 자신들이 떠났던 곳과 같은 도시들로 갔다. 영국의 고고학자 스튜어트 캠벨Stuart Campbell은 그런 곳들 가운데 하나에 대한 무시무시한 이야기를 들려준다. 그는 차탈회윅에서 동쪽으로 약 130킬로미터 지점에 있는 도무즈테페Domuztepe라는 유적지를 발굴하고 있었다. 그의 팀은 매우 섬뜩한 의례儀禮 유적을 발굴해 여기에 '죽음의 구덩이'라는 이름을 붙였다.

차탈회윅이 소멸을 향해 치닫고 있을 때 만들어진 도무즈테페는 주민이 수천 명에 달했으며 수백 년 동안 이어졌다. 이곳은 차탈회윅 주민 대부분이 고향을 버린 뒤 대중사회를 번성시켰던 곳 가운데 하나였으며, 서둔덕 문화와 일부 연결되는 흔적들을 보이고 있다. 집들은 크게 지어졌고, 때로 붉은 오커로 장식했다. 그러나 초기 동둔덕에서처럼 바닥에 유골을 묻지는 않았다.

사실 캠벨과 그의 발굴 팀은 '죽음의 구덩이' 발굴 전까지는 유골을 발견하지 못했다. 그곳에서는 대략 40구의 유해가 나왔다. 뼈의 상당 부분은 더 오래된 유골(조상들의 것인 듯하다)에서 나온 것이었다. 이 유골들은 두꺼운 시멘트 같은 흙 속에서 흩어지고 뒤섞여, 잔치에서 쓰인 온전한 암소와 다른 동물들의 유해 위에 겹겹이 층을 이루어 쌓여 있었다. 잔치가 끝난 후, 사람들은 뼈가 뒤섞여 있는 흙으로 속이 빈 흙더미를 만들고 거기에 인간의 시신을 더 채워 넣었다. 비교적 죽은 지 얼마 되지 않은 사망자의 유골이었고, 한쪽으로 내려쳐진 듯한 두개골 몇 개도 있었다. 캠벨과 팀원들은 두개골을 이런 식으로 으스러뜨려 사망 직후에 뇌를 직접 퍼낼 수 있도록 한 것이 아닌가 추정했다.

도무즈테페 사람들은 자기네 도시의 아주 특별한 장소 옆에 '죽음의 구덩이'를 팠다. 그 장소란 정착지 중앙을 가로지르는 75미터 길이의 '붉은 테라스'다. '붉은 테라스'는 아마도 높이가 1미터를 넘었던 듯하고, 고가高架 통로나 의례용 경계선 역할을 했던 듯하다. 도무즈테페 사람들은 다른 곳에서 가져온 붉은 흙에 흰색 회반죽이 끼워 넣어진 흙의 층을 이용해 수백 년에 걸쳐 이를 보강했다. 그것은 도시 풍광에서 마을의 한쪽을 다른 쪽과 나누고 있는 붉고 흰 경이로운 벽으로서 눈에 확 띄었을 것이다.

도무즈테페 주민들은 '죽음의 구덩이'를 만들기 위해 '붉은 테라스'의 일부를 파내고 그 밑을 파야 했다. 그 모든 시신들과 연관된 일을 마친 뒤 도시 주민들은 큰 불을 피웠다. 그 불길은 너무 거세어 두꺼운 재의 층을 남겼다. 이 불을 멀리서도 볼 수 있었을 것이라고 캠벨과 그의 팀원들은 추측했다. 인간의 시신과 흙으로 만들어진 구조물 위로 맹렬히 타오르는 이 거대한 불길은 분명히 이 도시의 힘을 상징하는 것이었다. 캠벨은 이것을, 사람들이 자기들의 정체성을 어떤 장소와 연관시킨 사례라고 묘사했다. 차탈회윅의 집들에서 우리가 봤던 관행과 같은 것이었다.

차이가 있다면 '죽음의 구덩이'는 대규모 공공 의례의 일환으로 만들어졌다는 것이다. 그것은 집안 식구들이 복을 받기 위해 자기 집 바닥에 묻은 조상들의 뼈 모음이 아니다. 시신들을 잔뜩 모아 거의 도시 전체를 가로지르는 벽 옆에 묻은 것이다. 일부는 이 의례를 위해 갓 살해한 것이다. 우리는 도무즈테페의 도시 구획을 신석기 시대 후기 사람들이 차탈회윅 세계 너머로 옮겨가고자 노력한 사례라고 생각할 수 있을 것이다. 여기서 경계를 이루는 벽은 단순히 개인 영역을 만들어내는 것이 아니다. 오히려 그것은 물신物神 숭배의 측면에서 중앙의 공적 기념물이 된다. 차이와 계층에 이끌렸다는 얘기다.

그리고 '죽음의 구덩이' 의례 자체는 충분한 권위를 가진 사람이나 집단이 주도했음에 틀림없다. 그들은 암소를 여러 마리 잡아 잔치를 벌이고 조상과 관련된 의례를 벌이며 희생양을 바치는 일에 도시 전체를 동원할 수 있었다. 우리가 차탈회윅에서 나타나기 시작했음을 본 계층 구조는 도무즈테페에서 활짝 꽃을 피웠다. 캠벨이 이 이야기를 하는 동안 나는 도시의 균일한 사회 구조에 대해 짜증을 냈던 차탈회윅 사람들에 관해 줄곧 생각했다. 아마도 그들 중 일부는 차탈회윅을 떠나 도무즈테페로 옮겨갔을 것이다.

캠벨은 '죽음의 구덩이'에 관한 한 논문[16]에서 뼈와 불의 의식이 폭력적인 잔혹 행위 같은 것이 아님을 지적했다. 오히려 그것은 변화를 위한 의식으로서, 사람들을 땅과 이어지도록 하는 것이었다. '죽음의 구덩이'는 인간의 유해가 흙과 같은 대우를 받는 곳이었다. 인간의 뼈는 도시의 뼈가 됐다. 현대 세계에서 우리는 산 것과 죽은 것, 생물과 무생물을 엄격하게 구분한다고 캠벨은 설명한다. 그러나 우리의 구분은 "과거의 믿음을 반영하지 않았을 것"이라고 캠벨은 쓰고 있다. 아마도 '죽음의 구덩이'는 또한 동시에 생명을 부여하는 행위였을 것이다. 이를 통해 인간의 피와 뼈는 상징적으로 도시를 소생시킨 것이다.

　신석기인들의 상상 속에서 집과 도시는 사람과 사회에 해당했을 것이다. 도시는 살아 있다. 그것은 도구이고, 조상이고, 우주론이고, 역사다. 우리가 그곳을 떠나는 것은 우리 자신의 어떤 부분을 떠나는 것이기도 하다. 그러나 우리가 다음 장소의 거리를 걸을 때 우리는 다시 스스로를 발견한다. 더 좋을 수도 있고 더 나쁠 수도 있지만 말이다.

IⅩⅩⅩⅩⅩⅩⅩⅩⅩⅩⅩⅩⅩⅩⅩⅩⅩⅩⅩI **2부** IⅩⅩⅩⅩⅩⅩⅩⅩⅩⅩⅩⅩⅩⅩⅩⅩⅩⅩⅩI

폼페이

IⅩⅩⅩⅩⅩⅩⅩⅩⅩⅩⅩⅩⅩⅩⅩⅩⅩⅩⅩI **거리** IⅩⅩⅩⅩⅩⅩⅩⅩⅩⅩⅩⅩⅩⅩⅩⅩⅩⅩⅩI

POMPEII

1. 베티우스 형제의 집
2. 곡물 창고
3. 베누스 신전

베수비오산 방면(10km)

베수비우스 문

헤르쿨라네움과
'모자이크 기둥의 집' 방면

헤르쿨라네움 문

바다 방면
(서기 79년 0.5km, 오늘날 2km)

마리나 거리

마리나 문

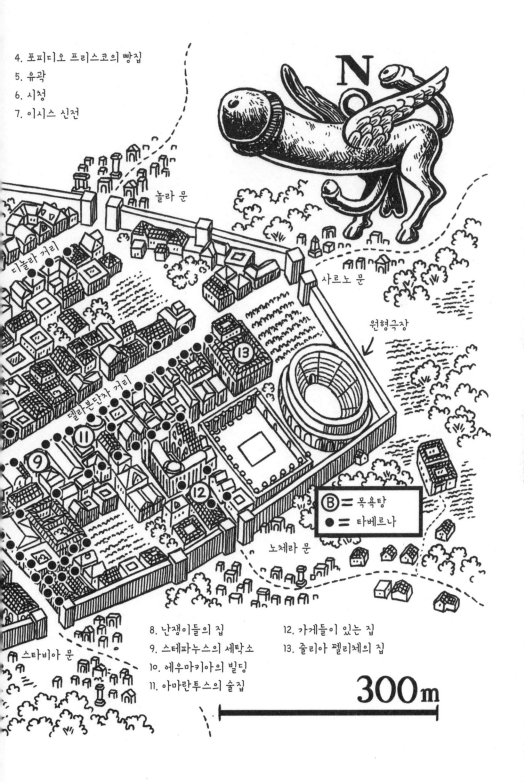

4. 포피디오 프리스코의 빵집
5. 유곽
6. 시청
7. 이시스 신전

N

놀라 문

디눌라 거리

사르노 문

원형극장

델리본단차 거리

11

9

13

12

노체라 문

B = 목욕탕
● = 타베르나

스타비아 문

8. 난쟁이들의 집
9. 스테파누스의 세탁소
10. 에우마키아의 빌딩
11. 아마란투스의 술집

12. 가게들이 있는 집
13. 줄리아 펠리체의 집

300m

4장

델라본단차 거리의 폭동

차탈회윅 주민들이 서둔덕에서 빠져나가고 약 5000년 뒤, 대략 비슷한 인구의 한 도시가 찌는 듯 뜨거운 화산재 6미터 아래에 파묻혔다. 차탈회윅 사람들은 자유 의지에 따라 서서히 빠져나갔지만, 그와 달리 폼페이의 1만 2000명 주민들은 갑작스런 죽임을 당했다.

서기 79년, 그들은 자기네 도시가 무시무시하고 맹렬한 화산 분출에 의해 사라지는 것을 보았고, 그 기억은 그들이 죽는 순간까지 사라지지 않았을 것이다. 지진은 해안선을 폼페이 도시 성벽 1킬로미터 바깥으로 옮겨놓았고, 베수비오 화산은 뜨거운 재를 뿜어내 두터운 층을 이루게 해서 비옥한 농토를 아무것도 나지 않는 황무지로 바꿔버렸다. 이 재난 이후 폼페이에서 나온 난민들은 인근 해안 도시들인 쿠마에Cumae, 네아폴리스Neapolis(나폴리), 푸테올리Puteoli(포추올리Pozzuoli)로 달아났다. 이 재난을 직접 체험한 사람의 기록은 단 하나가 있다.

18세기가 돼서야 나폴리 왕 카를로Carlo 7세(재위 1735~1759) 밑에서 일하던 엔지니어들이 이 도시를 체계적으로 발굴하기 시작했다. 이 장소는 새로운 발견이었다. 도시가 딱딱하게 굳은 재 아래 온전하게 보존돼 있었기 때문이다. 다른 로마 유적지들은 침식된 대리석 더미로 무너져 내렸거나 현대 도시 아래에 묻혀버렸다. 그러나 폼페이에서는 화려한 신전 봉헌물에서부터 구매자를 위한 가격표에 이르기까지 모든 것이 보존됐다.

초기 탐사자들은 자기네가 발견한 것을 꼼꼼하게 기록했지만, 가장 심혈을 기울인 것은 금과 보석, 그리고 귀중한 모자이크를 훔쳐내는 일이었다. 그러나 오늘날의 고고학자들은 폼페이에 와서 로마 제국 전성기의 일상생활을 일별한다. 이 도시는 변덕스러운 문화의 일시적인 모습을 고스란히 간직한 채 시간이 얼어붙었다(아니면 익어버렸을 것이다). 로마나 이스탄불처럼 계속해서 사람이 살고 있는 도시들에서는 보통 지워지고 마는 것들이다.

차탈회윅에서는 거의 틀림없이 집이 생활의 중심이었지만, 폼페이에서는 모든 일이 거리에서 일어났다. 사람들은 가게에서, 대중목욕탕에서, 타베르나(매점)에서 생활하고 일하고 계획을 세우고 새로운 친구들을 만났다. 로마인들은 거리에서 새로운 방식의 공적 생활을 만들어냈다. 법에 의해 문서화되고 사회규범을 통해 강제된 것이다. 온갖 계급과 배경의 사람들이 시멘트와 압축한 흙으로 만든 보도 위에서 어울렸다. 갑부들의 낡은 저택이 해방 노예들의 사업단체 부근까지 퍼져나갔다. 세 대륙에서 온 부유한 관광객들이 타베르나의 젊은 바텐더들과 시시덕거렸다. 돈 많은 안주인들은 장사하는 방에서 남자들을 향해 호객하는 성 ^{性} 노동자들을 슬쩍 곁눈질했다. 폼페이의 공개된 일상적 생활을 가장 잘 드러내는 것은 도시의 거리 풍경 및 그와 연관된 환락들이었다.

폼페이는 로마 역사의 중요한 시기에 사라졌다. 공화국의 옛 사회 위계가 허물어져 나가고 그 대신 급진적인 새 사상이 나타난 시기였다. 보통 사람들도 로마 귀족 엘리트의 패권에 도전해 이길 수 있었다. 여성들도 사업을 하거나 공적 후원자가 될 수 있었고, 이전에 노예였던 사람도 부자가 됐다. 신분 이동이 가능했다. 화산 분출로 인한 재가 머리 위 하늘을 시커멓게 만들었을 때 폼페이 사람들은 완만한 사회 혁명을 겪고 있는 중이었다. 지저분한 낙서로 얼룩지고 술집·대중목욕탕·유곽으로 가득한 그 거리에서 우리는 이 변화가 남긴 흔적을 볼 수 있다.

이시스 여신과 난쟁이

폼페이의 역사는 서기전 4세기에 시작된다.[1] 나폴리만의 북적거리는 항구 도시였던 이곳은 로마의 불편한 동맹자 삼니움Samnium인들이 통치했다. 그 주민들은 오스크Osc어를 사용했고, 삼니움 신들을 위한 신전을 건설했으며, 인근 베수비오 산록의 비옥한 화산토火山土에서 농사를 지었다. 그들은 나폴리만에서 물고기를 잡았고, 지중해 건너편 도시들과 교역했다. 폼페이는 경제적으로 풍요롭고 바다와 큰 내륙 강줄기의 교차점이라는 전략적 위치에 있어 로마의 명백한 정복 목표였다. 그러나 적어도 200년 동안 로마는 폼페이를 동맹자로 삼는 데 만족했다. 전쟁 때 군사를 제공한다는 조건하에서다.

그러다가 서기전 91년, 폼페이와 다른 몇몇 남부 이탈리아 마을들이 로마를 상대로 이른바 '동맹자 전쟁Bellum Sociale'을 일으켰다. 수백 년 동안 속국 노릇을 하던 끝에 더 많은 권리를 얻으려는 시도의 일환이었다.[2] 격렬한 전투 끝에 루키우스 코르넬리우스 술라Lucius Cornelius Sulla(서기전 138~78)가 이끄는 로마 군대는 서기전 89년 삼니움인의 저항을 분쇄했다. 폼페이는 완전한 로마의 도시가 됐고, 술라는 전역한 로마 병사 수천 명을 강제로 그곳에 정착시켰다. 새로운 로마계 주민들은 삼니움 신전을 로마 신전으로 바꾸었고,[3] 라틴어가 폼페이의 공식 언어가 됐다.

이 식민 역사로 인해 폼페이는 다多언어 사회가 됐다. 공식적으로는 로마였지만, 폼페이는 여전히 메피티스Mefitis(흔히 베누스Venus에 비견되는 다면적인 여신이다) 같은 오스크 신들을 공개적으로 숭배하는 삼니움 공동체가 활개를 치고 있었다. 사람들은 베수비오 화산이 분출하던 바로 그날까지도 폼페이의 벽에 오스크어로 낙서를 휘갈기고 있었다. 외래문화들 역시 이 도시 안에서 번성했는데, 로마 이외의 문화로 가장 강한 영향을 미친 것들 가운데 하나는 북아프리카 제국들에서 온 것이었다.

나는 한여름에 폼페이에 도착해 로마발 기차에서 내렸다. 따분해 보이는 초등학생 무리와 함께 내렸는데, 그들도 나와 같은 목적에서 이곳을 찾은 것이 분명했다. 현대 도시 폼페이(고대 도시는 끄트머리 'i'를 두 개 쓴 'Pompeii'지만 현대 도시는 하나만 쓴 'Pompei'다)는 대체로 유적에 관심이 있는 관광객들로 먹고산다.

대부분의 방문객들은 은박으로 만든 로마 투구와 아이스크림을 파는 노점에 들른 뒤 곧장 서쪽에 바다가 내려다보이는 호화 저택으로 향한다. 그러나 나는 좀 더 조용한 남쪽 구역에서 방문을 시작해 북아프리카가 미친 영향을 탐색했다. 나는 '광장'에 아주 가까이 있었다. 폼페이인들이 관청들과 적어도 십여 개의 신전을 지었던 공식적인 중심가다.

이 거대 건물들 가운데서 나는 허물어져 가는 이시스Isis(이집트 여신이다) 신전의 장관을 발견했다. 그 연단演壇과 한때 화려했던 기둥들은 지금은 한결같은 회색 돌이다. 이 화려한 묵상의 공간에서 남은 것이라고는 담장을 두른 울타리 안뿐이었다. 그 넉넉한 규모는 신전과 성직자들을 위한 주거에 얼마나 많은 돈을 쏟아부었는지를 짐작케 했다. 호화롭게 그려진 프레스코화는 나일강 유역 이시스 숭배자들의 생활을 묘사한 것으로, 지금은 나폴리 고고학박물관MANN의 영구 소장품이 됐다. 1세기에 이시스 숭배는 폼페이에서 엄청난 유행이었고, 부유한 로마 여성들이 특히 이 수입된 아프리카 여신에 열광했다.

이시스 신전의 모퉁이께에 스타비아나Stabiana라 불리는 거리가 있다. 고대에 이 도시의 주요 성문 가운데 하나였던 스타비아Stabia 문으로 가는 완만한 경사의 내리막길로 이어지는 간선도로다. 수천 년 전 이 거리 옆에는 두 개의 극장과 십여 개의 술집, 여러 채의 저택이 있었을 것이다. 이시스 여신 축일에 스타비아나 거리는 신전을 관리하는 여성들의 인도 아래 복장을 갖춘 신도들이 운집했을 것이다. 그러나 지금은 발굴로 인해 문이 닫혀 있다. 더 걸어가자 이 도시의 보다 유명한 명소를 찾는 관광객들의 떠들썩한 소리가 잦아들었다.

나는 갓돌 위에 앉아 스타비아 문의 아치 밑 통로를 바라보았다. 내 등 뒤에는 도시 어디서나 볼 수 있는 갈색 벽돌담이 마른 잡초와 강인한 들꽃이 있는 땅뙈기 쪽으로 허물어져 가고 있었다. 나는 이곳에 보행자와 노새가 끄는 수레, 내 위쪽 삼층집의 1층에 낸 가게 앞 진열대에서 물건을 파는 장사치가 가득한 모습을 상상했다. 그러나 지금 거리는 정말로 버려진 느낌이 났으며, 생기도 없고 배경도 없었다.

그리고 그때 마법이라도 부린 듯이, 저명한 케임브리지대학 고고학 교수인 앤드루 월리스해드릴Andrew Wallace-Hadrill이 나타났다. 마직 정장을 입은 말쑥한 모습이었다. 흰 머리칼은 이마에서 뒤로 빗질해 넘겨 정리했다. 그는 허리 높이의 잡초가 무성한 작은 주택가 골목에서 나왔다. 때맞춘 등장이었다. 월리스해드릴은 이 유적지들에 대한 연구에서 새로운 접근법을 선도한 것으로 고고학자들 사이에서 유명한 사람이었다. 상류층들이 '광장'에서 벌인 정치적 술책보다 가정 내에서의 생활에 초점을 맞추는 것이다.[4] 분명히 그는 학술회의 때문에 이 마을에 왔고, 어떤 새로운 발굴을 확인해보자고 결심했다.

그가 로마인들의 집에 관심이 있음을 알고 있던 나는 그렇게 많은 아프리카의 프레스코화가 어떻게 해서 이곳으로 오게 됐는지 그에게 물었다. 이런 그림들은 통상 로마와 그리스 신화를 보여주지만, 폼페이 가정의 벽면 공간은 상당 부분이 아프리카 쪽의 것들로 채워졌다. 이 그림들 가운데 일부는 숭배 대상이었다. 이시스와 관련된 것이 대표적이다. 어떤 것들은 고대 로마 시대의 인종차별적 흑인 희화에 해당하는 것이었다. 아프리카인들을 풍자적이고 굴욕적인 자세로 그리고 있다.

나는 나폴리의 박물관에서 봤던 그림 하나에 호기심이 발동했다. 이른바 '의사의 집'에서 나온 것이다. 큐레이터는 그것이 기독교 성서 〈구약〉에 나오는 고전적인 장면을 재현하는 난쟁이라고 설명했다. 솔로몬 왕이 한 아이를 놓고 서로 자기 아이라고 주장하는 두 여자에게 아이를 들고 길다서 뿍같이 나누어 주겠다고 해서 분쟁을 해결한다는 내용이다. 아이를 포기하겠다고 스스로 나서는 여자가 진짜 어머니인 것이다. 프레스코화에서는 희화적으로 묘사된 모든 배역을 아프리카 난쟁이가 맡고 있다. 머리보다 큰 검투사 투구를 쓰고 있는 솔로몬은 몸부림치는 아기에게 큰 식칼을 들이대고 있다. 두 여자가 이를 보고 있다. 더 검은 여자는 탐욕스럽게 활짝 웃고 있고, 창백한 여자는 애절하게 눈길을 돌리고 있다. 이것은 내게 고대 세계의 인종차별적 만화처럼 보였다.

월리스해드릴은 내 해석에 동의했지만, 그것이 기독교 성서에서 나온 장면일 것이라는 생각에 대해 큰 소리로 웃었다. 그는 이렇게 설명했다.

"흔히 그렇게들 얘기하죠. 그러나 그것이 솔로몬의 심판을 묘사한 건 전혀 아닙니다. 그건 어떤 이집트 왕에 관한 신화인 듯해요. 하지만 우리가 기독교 성서를 알고 있기 때문에 '솔로몬의 재판'이라고 부르는 거죠."

그는 로마인들이 프레스코화에서 난쟁이를 이용해 이집트 문화를 표현하는 일이 흔하다고 말했다. 이 프레스코화의 일부는 기본적으로 저속한 농담이다. 한 프레스코화는 난쟁이가 남근 모양의 배에 타고 정액의 강에 떠 있는 모습이다. 어떤 것은 존경심을 드러낸다. 나일 강의 멋진 장면을 배경으로 일을 하거나 의례를 수행하고 있는 사실적인 아프리카인의 모습을 그려낸다. 이시스 신전이 입증하듯이, 이집트 신들은 이 도시에서 존경의 대상이었다. 폼페이 전역에서 이렇게 숭배 대상과 증오 대상으로서 뒤섞여 나타난다는 것은 이집트 정치권력에 대해 잘 알고 있었다는 얘기다. 어떤 사람들은 받아들였고, 또 어떤 사람들은 멸시했다. 그러나 무시할 수 있는 사람은 아무도 없었다.

월리스해드릴은 아프리카 문화가 오늘날의 튀니지 및 알제리 북부에 해당하는 지역을 중심으로 한 포에니Poeni 제국을 통해서도 폼페이에 들어왔다고 덧붙였다. 포에니의 한 도시인 카르타고Carthago는 중요한 무역 중심지였고, 전쟁으로 피폐해진 공화국 시대에 이 지역의 통제권을 둘러싸고 자주 로마에 도전했다.

우리는 폼페이인들이 포에니 세계와 교역이 많았음을 알고 있다. 월리스해드릴이 지적했듯이 "폼페이는 에부수스Ebusus(현대의 에스파냐 이비사Ibiza)의 주화를 엄청나게 많이 사용"했기 때문이다. 에부수스섬은 지금의 알제리와 에스파냐(둘 다 로마 제국의 수중에 들어간다) 사이의 전략적 위치에 있는 포에니 영토였다. 폼페이에서 별미로 먹었던 발효시킨 어장魚醬인 가룸garum 역시 본래는 포에니 세계의 것이었다. 그리고 폼페이의 건축조차도 포에니 양식에 따라 만들어졌다. 큰 블록을 작은 벽돌 사이에 넣어 T자 무늬를 만드는, 널리 퍼진 벽돌 쌓기 방식도 포에니 세계에서 직수입한 것이었다. 실제로 이런 방식의 벽돌 배열을 로마인들은 '아프리카눔Africanum'이라고 불렀으니 사람들은 그것이 어디서 왔는지 분명히 알았다는 얘기다.

월리스해드릴과 헤어진 후 나는 발걸음을 되돌려 스타비아나 거리를 다시 올라갔다. 이시스 신전으로 가서 내가 지나간 벽에서 '아프리카눔'을 찾았다. 갑자기, 내가 수천 년 동안 보존된 온전하고 깨끗한 형태의 고대 로마 속에 있는 것은 아님이 분명해졌다. 나는 다양한 도시 공동체의 유적 속에 있었다. 그 주민들은 여러 곳에서 왔고, 북아프리카와 로마의 전통을 융합해 폼페이 특유의 어떤 것으로 만들었다. 그리고 모든 뉴욕 사람이 똑같지 않듯이 모든 폼페이 사람도 똑같은 것이 아니었다.

줄리아 펠리체의 사업

폼페이 주민들의 이름은 거의 알 수 없다. 그래서 발굴자들은 건물들에 '비극시인의 집'이나 '외과의사의 집' 같은 이름을 붙인다. 안에서 발견된 미술품이나 다른 물건들과 연관된 이름들이다. 마찬가지로 이 도시의 거리들은 여러 해에 걸쳐 여러 다른 연구자들이 붙인 현대적인 이름으로 알려져 있다.

　건물 주인의 이름이 남아 있는 드문 사례 가운데 하나가 '줄리아 펠리체Giulia Felice의 집'으로, 도시 동북쪽 구석의 한 블록 전체를 차지하고 있는 커다란 건물이다. 이시스 신전으로부터 마을을 완전히 가로질러 가면 나온다. 화산이 분출하던 날 정면에 붙어 있던 것은 그 안에 있는 가게와 아파트 임대 광고였다.

> 스푸리우스Spurius의 딸 줄리아 펠리체의 부동산을 세놓습니다. 점잖은 사람을 위한 우아한 목욕탕, 윗방이 딸린 가게, 아파트. 오는 8월 13일부터 여섯 번째 해 8월 13일까지, 계속해서 5년간. 임대는 5년이 지나면 만료됩니다.[5]

　이것이 줄리아 펠리체에 대해 남아 있는 유일한 기록이다. 줄리아는 매우 부유했음에 틀림없다. 델라본단차dell'Abbondanza 거리 건너편에 커다란 부동산을 갖고 있었으니 말이다. 이 거리는 동쪽의 그 집에서 스타비아나 거리 부근의 극장 및 신전 지구까지, 폼페이 시내를 완전히 가로지르는 주요 간선도로다. 우리는 또한 줄리아의 부동산이 서기 79년 이전 몇 년 동안 많은 변화가 있었음을 알고 있다. 붙어 있는 땅을 합쳐 확장됐고, 한때 두 개의 주거지로 나뉘어 있던 것에서 골목을 없애버렸다. 이 부동산은 또한 장사 용도에 더 맞게 바뀌었던 듯하다. 커다란 대중목욕탕 하나와 십여 개의 타베르나를 추가했다.

이 집은 한때 줄리아 또는 이전 소유자를 위한 개인 저택이었던 듯하지만, 점차 고급 사교장이나 휴양 시설과 더 비슷한 것으로 변형됐던 듯하다. 고대 로마의 대중목욕탕은 몸을 씻는 곳이 아니었다. 간혹 어쩌다 좀 더 깨끗해지는 사람이 있기는 하지만 말이다. 목욕탕은 기본적으로 사람들이 뜨거운 물에 몸을 담그고 사업과 시사에 대해 토론하는 사교 클럽이었다. 줄리아네 대중목욕탕에서 그들은 그늘진 정원 분수대 옆에서 두루마리에 쓰인 새로 나온 요상한 시를 읽거나 부근의 간이 침상에서 낮잠을 잤다. 그리고 그곳에 있는 타베르나 가운데 한 곳에서 한두 끼 식사를 할 수도 있었다.

줄리아네 목욕탕은 활기 넘치는 델라본단차 거리에 면해 있었고, 아마도 현지 사람들이나 여행객들도 많이 찾았을 것이다. 임대 공고에서도 눈치 챌 수 있듯이 그곳은 가게를 열기에 매우 좋은 장소였다. 이 거리는 유동 인구가 많은 곳이었다. 인근 사르노Sarno 문으로 들어와 팔라이스트라Palaestra라는 커다란 노천 체육관에서 검투사 경기를 보고 줄리아의 집에서 좀 더 내려가 있는 거대한 원형극장에서 게임과 기타 여흥을 관람하는 관광객들이었다.

이 지역은 소란 행위가 자주 일어나기로 악명이 높았다. 네로Nero(재위 54~68) 황제는 서기 59년 폼페이의 검투사 홈팬들과 이웃 식민지 노체라Nocera에서 온 원정 팬들 사이에 피로 얼룩진 폭력 사태가 일어나자 이를 공공을 위협하는 행위라고 선언했다. 너무도 엄청난 대학살이 일어나서 네로는 폼페이에서 10년 동안 검투사 경기를 금지했다.

서기 59년 폭도들의 족적을 따라가기 위해 나는 동남쪽에서 도시로 들어갔다. 원형극장 바로 옆이었다. 이곳은 아직도 연주회에 쓰이고 있었는데, 나는 약간의 차이로 영국의 록 밴드 킹 크림슨King Crimson 공연을 볼 기회를 놓치고 말았다. 그곳은 한때 노체라인과 폼페이인들이 검투사 경기 때문에 서로를 살육했던 바로 그 장소였다. 나는 북쪽으로 걸어 원형극장과 검투사 경기장을 둘러싸고 있는 기둥들 사이를 지나갔다. 그런 뒤에 이 도시의 전성기 때라면 어울리지 않았을 포도밭 가에 있는 한 골목으로 쑥 들어갔다.

폭도들이 내 뒤를 바짝 따르고 있다는 상상을 하며 왼쪽으로 돌아 델라본단차 거리로 들어서니 바로 줄리아 펠리체의 집 문 앞이었다. 넓은 계단이 바로 거리에서 그 집 문까지 이어져 있었다. 방문객들은 보도를 우회해 곧바로 그 집 정원과 목욕탕으로 갈 수 있었다. 나는 문을 통해 안을 자세히 들여다보았다. 대리석 기둥과 조경이 사라지고 줄리아가 붙인 '임대' 공고도 없지만, 이 장소의 위엄은 여전히 손에 잡힐 듯했다. 그것은 커다란 L자형 건물이었고, 델라본단차 거리의 한 블록 전체를 차지하고 모퉁이를 돌아 '줄리아 펠리체 골목'의 또 다른 블록으로 이어져 있었다.

출입구를 지나자 줄리아가 손님을 맞았을 안뜰이 나왔고, 그 너머에 조경이 된 정원이 있었을 것이다. 왼쪽에는 대리석을 얹은 매대가 있는 매장과 목욕탕이 있었다. 구석 부근에는 더 많은 매장과 개인들이 빌려 쓸 수 있는 방들이 있었다. 줄리아의 집은 인술라insula라 불렸다. 네모난 한 블록 전체라는 의미다('인술라'는 '섬'이라는 뜻으로, 고대 로마에서 블록 전체를 차지해 골목들로 둘러싸인 집합주택을 가리켰다). 절반 이상이 손님들을 위한 풍성한 과수원과 정원에 할애돼 있었다.

델라본단차 거리는 좁아서 폭동이 일어나면 지나가는 사람 누구라도 휩쓸릴 수밖에 없었겠다는 생각이 들었다. 그 일이 터졌을 때 줄리아네 세입자들은 무엇을 하고 있었을까 하는 생각도 했다. 정원에서 밖을 내다봤을까? 포도주를 들이킨 뒤 뛰어들었을까? 줄리아가 여기에 자기 방을 가지고 있었다면 아마도 위층에서 내려다보고 있었을 것이다. 일반 사람들이 거주하는 이 집의 덜 개방된 곳에서 말이다. 줄리아는 서로 치고받거나 자기의 타베르나를 약탈하는 폭도들을 보았을 것이다.

서기 59년의 폭동은 그저 술 마시고 흥청대던 일의 가장 극단적인 형태였을 뿐이다. 줄리아의 집 부근에서는 거리에서 자주 그런 일이 벌어졌다. 이웃들은 대개 델라본단차 거리에서 자기네 집으로 들어오는 입구를 벽돌로 막아 대응했다. 그러나 서기 79년에 줄리아는 출입구 몇 개를 새로 만든 참이었다. 행인들을 상대할 타베르나를 더 들이고 목욕탕 단골들에게도 편의를 주기 위해서였다. 여러 시설을 갖춘 이 복합단지는 지불할 돈 몇 푼을 가진 지친 행인들에게 안성맞춤의 휴식처였을 것이다.

이곳은 또한 18세기에 발굴이 시작됐을 때 이 도시에서 가장 먼저 발굴된 건물이기도 하다. 미국 웨슬리언Wesleyan대학 고고학 교수인 크리스토퍼 파슬로Christopher Parslow는 40년 가까이 줄리아의 집에 대해 연구해왔다. 그는 이 건물이 거의 300년 전 한 농부가 자기네 밭에 대리석 기둥 꼭대기가 삐져나온 것을 발견하면서 처음 알려졌다고 말했다. 당시 나폴리만을 지배하고 있던 에스파냐 부르봉 왕가의 카를로 7세는 이미 잿더미에 묻힌 다른 로마 도시 두 군데의 발굴에 자금을 지원하고 있었다. 에르콜라네움Herculaneum과 스타비아였다. 계몽주의적 가치관을 가졌던 것으로 유명한 이 왕은 고대사에 매혹돼 스위스의 공학자 카를 야콥 베버Karl Jakob Weber(1712~1764)를 보내 농부가 발견한 것을 조사하도록 했다.

베버가 더 깊이 파내려가자 화려한 대리석 기둥들이 줄지어 모습을 드러냈다. 당시까지 폼페이에서는 대리석 기둥이 발견된 적이 없었다. 그 기둥들 주위에서 인상적인 건물도 나왔다. 줄리아의 광고 문구를 보면 상당한 규모의 위층이 있었던 듯하다. 그러나 베버의 발굴 기술이 서툴러 화산 분출 이후 남았던 것들을 몽땅 망가뜨렸다. 하지만 카를로 왕이 추가 발굴의 필요성을 확신하기에는 충분했다. '줄리아 펠리체의 집'은 나중에 다시 묻혔다가 20세기에 재발굴됐지만, 이 집은 폼페이의 유적에 대해 처음으로 세계의 이목을 끌게 한 계기가 됐다.

그러나 우리는 건물 바깥의 임대 공고에 그 소유자로 나오는 여성에 대해 여전히 아는 것이 별로 없다. 사람들은 오랫동안 이 여성이 화산 분출 순간까지 이 집에 살았다는 생각을 갖고 있었다고 파슬로는 내게 말했다. 정원에서 한 유골이 장신구와 함께 발견됐는데, 그것이 줄리아로 추정됐다. 파슬로는 냉담하게 말했다.

"나는 그 유골이 줄리아라고 생각지 않습니다. (그 유골이) 여성인지조차 알 수 없어요."

그는 줄리아가 그 안에 살았는지 확신하지 못하고 있다.

"이 집은 개인 주택과 비슷한 설계로 돼 있지만, 내부 공간이 서로 연결돼 있다는 측면에서 보면 상당히 개방적입니다. 개인 주택에서 생각할 수 있는 사생활이 별로 가능치 않아요."

줄리아가 이곳에 살았다면 "줄리아의 침실은 어디에 있"느냐고 그는 물었다. 손님들이 "너무 많이 왕래하기 때문에 침실을 둘 곳이 없"

었다. 그는 줄리아가 다른 어딘가에 상당한 부동산을 더 가지고 있었을 것이라고 추정한다. 아마도 폼페이 안의 다른 사유지였을 것이다. 그러면 '줄리아 펠리체의 집'은 무언가? 그는 이렇게 말했다.

"나는 이곳이 환락을 위해 만들어졌다고 봅니다. 사람들이 찾아와 식사를 하고 (목욕탕에서) 즐기는 거죠."

그러나 줄리아는 아무나 자기 집에 오는 것은 원치 않았을 것이다. 파슬로는 이렇게 말했다.

"거기에는 품위 수준이 있었습니다."

단순히 대리석 기둥만이 아니었다. 집 전체가 예술적으로 꾸며졌고, 정원은 구석구석 정교하게 조경이 돼 있었다. 중앙의 분수대 연못에 작은 다리들을 걸쳐놓은 게 대표적이다. 그는 이런 공중목욕탕은 비싼 요금을 받았을 것이라고 덧붙였다. 회원제 클럽 비슷한 것이라고 강조했다. 광고에서 알 수 있듯이 줄리아는 '상류층 인사들'에게 서비스를 제공하는 것을 통해서 돈을 벌었다.

줄리아는 이 집을 소유하기 위해 여러 가지 장벽을 뛰어넘어야 했다. 줄리아가 살던 시대의 로마법에 여성은 '후견인'(통상 아버지다)을 통해 재산을 관리해야 했다.[6] 그러나 줄리아가 그런 상황에 있었던 것 같지는 않다. 임대 공고에는 아버지의 이름이 언급됐지만, 자신이 집을 소유하고 있으며 임차하려는 사람 누구와도 직접 흥정할 것이라고 명시했다.

일단은 이른바 '율리아법Lex Julia'으로 설명이 가능하다. 서기전 17년 아우구스투스Augustus(재위 서기전 27~서기 14) 황제가 여성의 성性과 출산에 관련된 행위를 통제하기 위해 만든 것이다. 이 법에 따르면 줄리아 같은 지Ⅱ민으로 태어난 여성은 자녀가 세 명 있을 경우 자신의 재산을 관리할 권리를 얻을 수 있었다. 만약 줄리아가 과거 노예에서 해방된 여성이었다면 같은 신분을 얻기 위해서는 자녀가 네 명 있어야 했다.[7] 줄리아가 유산계급 출신이라고 가정한다면 10대에 결혼을 하고 20대가 돼서는 몇 명의 남편이 있었을 수 있다. 전쟁으로 청상과부가 되는 여성들이 많았고, 이혼도 여러 가지 이유로 할 수 있었다. 따라서 우리는 아마도 줄리아가 서너 명의 자녀를 두어 죽은 남편의 유산을 관리할 자격이 있었다고 추측할 수 있다.

율리아법은 현대의 관점에서 보면 황당해 보이지만, 로마의 지도자들은 이를 매우 심각하게 다루었다. 이 법은 줄리아 같은 사람들의 재산에 악영향을 미칠 수 있었다. 아우구스투스는 스스로 사회 개혁가를 자임해 공화국의 마지막 시기에 젊은이들의 퇴폐적인 습성을 억제하려 애썼다. 율리아법은 여성들이 가능한 한 많은 자녀를 갖도록 장려하는 한편, '난잡'하다고 생각되는 여성들에게 가혹한 처벌을 가하기도 했다. 아우구스투스가 서기 2년, 세상에 드러내놓고 고대세계판 자유연애에 빠진 자기 딸이 그것을 그만두지 않는다고 추방한 사건은 유명한 이야기다.

이와 동시에 이 법들을 통해 로마 세계에 기묘한 해방이 나타나기 시작했다. 아우구스투스는 결혼을 장려하기 위해 자유민으로 태어난 남성이 해방된 여성과 첫 결혼을 할 수 있도록 하고 그 자녀들에게 적법 신분을 주었다. 이제 노예로 태어난 여성은 해방돼 시민의 아내가 되고, 그 자녀들은 자유민 출신이 됐다.

우리는 폼페이의 기성 환경이 여성에 의해 어떻게(그리고 왜) 변모했는지를 이해하지 않고서는 그것을 완전하게 평가할 수 없다. 여성은 공직에 출마하거나 투표할 수 없었지만 재산은 소유할 수 있었다. 그들은 사업을 운영하거나 강력한 종교 집단의 후원자가 될 수 있었다. 이시스 신전이 차지한 넓은 부지와 줄리아 펠리체의 집은 모두 폼페이에서 여성의 힘이 어느 정도였는지, 그리고 그것이 도시의 모습을 어떻게 바꾸었는지를 보여준다.

네로가 행한 몇 가지 선행

줄리아 펠리체가 이 도시에서 자신의 시설을 운영하던 무렵에 율리아법은 최소 세 세대의 젊은이들에 의해 도전을 받아 수정됐다. 여성들에 대한 제한은 왔다 갔다 했다. 특히 네로 황제는 여성의 정숙에 대해 엄격한 기준을 강요하고 싶지 않은 듯했다.

캘거리Calgary대학 고전학 교수 리사 휴즈Lisa Hughes는 이 시기 폼페이의 극장에 대해 연구했다. 휴즈의 발견에 대해 이야기하기 위해 한 카페에 마주 앉았을 때 나는 놀라운 이야기를 들었다.

흐트러진 갈색 머리칼을 귀 뒤로 넘기며 휴즈는 장난스런 미소를 지었다. 그러고는 열정적으로 말했다.

"나는 네로가 좋아요!"

나는 너무도 놀라서 커피를 엎질렀지만 메모를 하기 위해 사용하고 있던 휴대용 컴퓨터는 가까스로 피했다.

"네로에 대해 이렇게 얘기하는 건 별로 들어보지 못하셨겠죠?"

나는 휴즈가 냅킨 뭉치로 쏟아진 것을 정리해 도와주는 동안 웃음을 터뜨렸다.

휴즈는 아무렇지도 않다는 시늉을 했다. 그런 반응을 많이 접한 듯했다.

"그는 실제로 여성들에게 좋은 일을 했어요."

네로는 우상이 된 여성이 많은 집안 출신이었다. 네로의 어머니 율리아 아그리피나Julia Agrippina(15~59)는 오빠 칼리굴라Caligula(재위 37~41), 남편 클라우디우스Claudius(재위 41~54), 어머니 위프사니아 아그리피나Vipsania Agrippina(서기전 14~서기 33) 등 자신의 가족사에 관한 유명한 회고록을 쓴 뒤 악명 높은 정치적 인물이 됐다. 어머니는 아우구스투스 황제와 매우 가까워 초기 제정의 정치 폭력에 휩싸였다. 네로가 제위에 오르자 여성들은 가정 영역에서 벗어나 공적 영역으로 들어갔다. 그들은 훌륭한 여성은 집에 머물면서 남편·아버지·아들 옷이나 만들어야 한다는 로마의 전통에 도전했다.

네로는 타락한 폭군으로 누구에게서나 욕을 먹고 있지만 연극과 음악을 사랑한 대중주의자이기도 했다. 그는 연극배우로도 나섰고, 이전 지도자들이 '광장'에서 펼쳤던 정치적 주장을 위해 연극 작품을 만들기도 했다. 네로의 기법을, 공식 연설 대신 소셜미디어나 텔레비전 광고를 통해 자신의 생각을 전하는 현대 정치인들의 기법과 비교해도 큰 무리는 없을 것이다.

네로는 그의 치세 동안 연극에 돈을 쏟아부었고, 순회공연 수요는 최고조에 이르렀다고 휴즈는 설명했다. 가장 의도하지 않았던 결과로서 "네로 치하에서 극장이 개방되고 더 많은 여성들이 공연 무대에 참여"했다고 휴즈는 말했다. 여성들의 공연이 흔해졌지만, 여성들은 제작자와 후원자로서 연극 산업에 참여하기도 했다. 폼페이 분출 때 살아남은 로마의 평론가 플리니우스Plinius(대大플리니우스의 조카, 61~113?)는 자신의 무언극 극단을 소유하고 있던 움미디아 콰드라틸라Ummidia

Quadratilla[8]라는 부유한 노부인에 대해 좀 못마땅한 듯이 썼다.

폼페이에는 두 개의 공공 극장이 있고 주로 오락으로 관광객들을 끌어 모았는데, 휴즈는 1세기 폼페이 공연계의 덜 알려진 경향에 대해 연구했다. 개인 주택의 뒷마당 극장이다. 폼페이에는 11개의 뒷마당 극장이 있는 것으로 알려졌는데, 휴즈는 돈 많은 사람들이 그런 곳에서 특별 공연을 베풀고 야외 만찬을 즐겼다고 보고 있다. 여기에는 선택된 친구 집단과 사업 파트너, 정치적 동맹자들이 초대됐다. 휴즈는 이 현상을 여성의 역할에 대한 대중의 인식이 변하는 큰 흐름의 일부로 보고 있다. 이것이 움미디아 콰드라틸라 같은 여성들에게 사업 기회를 제공했을 것이며, 그의 무언극 극단은 아마도 뒷마당 극장에서 공연을 했을 것이다. 그러나 극장은 또한 여성에게 경제적 자립 이상의 것을 제공했다. 이곳은 로마인들이 성별 역할을 다시 정립한 곳이었다.

휴즈는 내게, 줄리아와 움미디아가 자기 사업체를 운영하던 시기에 헤라클레스Heracles와 리디아Lydia 여왕 옴팔레Omphale 이야기의 인기가 높아졌다고 말해주었다. 폼페이의 적어도 두 집에서 헤라클레스와 옴팔레 신화의 주요 장면을 그린 정교한 프레스코화를 갖고 있었다. 헤라클레스가 술에 취해 옴팔레의 옷을 걸치고 있는 모습이다. 여왕 쪽은 헤라클레스의 옷을 입거나 그의 무기를 가지고 있다. '몬테네그로Montenegro 대공의 집'의 한 프레스코화에서는 옴팔레가 탁자의 상석에 앉았다. 보통 남성 주인이 앉는 자리다. 휴즈는 이렇게 말했다.

"옴팔레는 도무스domus, 즉 남성 후원자 역할을 맡고 있습니다. 여성이 쇼를 운영하고 집을 경영한다는 얘깁니다."

휴즈는 옴팔레 신화에서 폼페이의 실존 여성 에우마키아Eumachia를 떠올렸다. 줄리아 펠리체의 어머니 또래로 보이는 여성이다. 에우마키아는 귀족 출신이 아니면서 아우구스탈레스Augustales라는 해방 노예를 위한 강력한 민간 조직의 한 분파를 이끌었다. 또한 옷감을 짜고 염색하고 세탁하는 의류업계를 대표하는 업계 단체인 축융공縮絨工 조합의 대모가 됐다. 에우마키아는 스스로 일군 엄청난 부를 오늘날 그저 '에우마키아의 빌딩'으로 알려진 커다란 공공건물에 쏟아부었다. 폼페이의 도심 지역에 해당하는 '광장' 옆의 목 좋은 곳에 있다. 로마는 공식적으로 가부장 사회였는지 모르지만 에우마키아는 남성의 자리에 서서 활약했다. 아마도 옴팔레를 모범으로 삼지 않았나 싶다.

옴팔레 신화는 성별에 관한 관념에 도전했을 뿐만 아니라 민족에 대한 관념도 뒤집어버렸다. 옴팔레는 외국 여왕이었다. 오늘날의 터키 서부에 해당하는 지역 출신이다. 휴즈는 이 신화가 폼페이 같은 소도시의 변화하는 가치관에 완벽하게 부합하는 것이었다고 본다. 여기에는 로마 제국 전역에서 온 이주자들이 가득했다. 노예도 있었고 자유민도 있었다. 휴즈는 이렇게 말했다.

"이런 그림들이 만들어졌다는 사실 자체는 그것을 받아들이고 즐기고자 하는 고객과 사회가 있었다는 사실을 반증합니다."

프레스코화와 뒷마당 극장 공연의 고객은 단지 공공 엘리트들만이 아니었다. 이들의 집에서 일하는 노예와 해방 노예들도 있었다. 해방 노예와 여성들이 점점 더 많이 공적 공간으로 들어가는 시기에 "그들은 자신들의 정체성을 수립하고자 노력했지만 그들이 엘리트들을 흉내 낸 것은 아니"었다고 휴즈는 설명한다. 대신에 그들은 자기네가 고용돼 있던 집이라는 공간에서 그들이 본 미술과 연극으로부터 영감을 얻었던 듯하다. 휴즈는 이렇게 말했다.

"극장은 사회 변화를 촉진한 핵심적인 장소였습니다."

그리고 폼페이는 연극 애호 도시였다.

부엌의 사람들

폼페이의 중심지 극장 지구에서 북쪽으로 걸어가면 결국 콘솔라레 Consolare 거리로 알려진 길을 통해 도시 성문을 지난다. 넓고 많은 사람이 다녔던 콘솔라레 거리는 도시 가로망을 비스듬히 지나가 교외 전원 지대로 이어지고 로마의 돈 많은 명사들의 거대한 저택들을 지난다. 이것이 폼페이를 인근 헤르쿨라네움과 연결하는 거리였다. 헤르쿨라네움은 역시 베수비오산 분출로 재 속에 묻힌, 더 작고 좀 더 고급스런 해변 마을이다. 일부 고고학자들은 이 도시가 파묻히기 150년쯤 전에 유명한 웅변가 키케로Cicero(서기전 106~43)가 바로 이 콘솔라레 거리에 사유지를 가지고 있었다고 보고 있다. 서기 79년에 이곳에 보존된 저택들은 키케로 시대의 것들만큼이나 고급스럽고 황제나 귀족들에게 어울린다.

어느 날 아침 나는 콘솔라레 거리를 걸어 도시의 여러 블록에 걸쳐 뻗쳐 있는 무너진 건물 잔해들을 지나갔다. 한때 화려했던 그 안마당들은 단순한 돌더미로 변해버렸다. 안마당에는 모두 중앙에 임플루비움impluvium이라는 저수조가 있었는데, 지금은 훼손되고 비어 있다. 임플루비움은 손님들의 눈요기를 위해 만든 화려한 인공 연못인데, 거기에는 실용적인 목적도 있었다. 여기에는 빗물이 고였는데, 그 빗물은 콤플루비움compluvium이라는 트인 채광창을 통해 떨어지는 것이었다.

로마의 거의 모든 집은 어떤 식으로든 임플루비움·콤플루비움 구조를 갖추고 있었지만, 이 길가에 있는 것들은 거대해서 대저택에 설치한 것으로 손색이 없었다.

콘솔라레 거리 주변에는 무덤도 있었다. 누구든 기념물에 돈을 낼 능력이 있는 친척을 가진 사람들을 위한 추도물이다. 로마인들은 무덤을 도시 성벽 밖에 만들었다. 영적인 이유도 있었고, 또 한편으로는 방문객들에게 성문을 들어서기 전에 이 도시의 가장 강력한 가문에 대해 알려주려는 것이기도 했다. 2000년 전 이 길은 헤르쿨라네움과 폼페이 사이를 오가는 행인과 수레로 북적거렸을 것이다. 그들 상당수는 입을 떡 벌리고 내가 지금 주위에서 볼 수 있는 바로 그 건물들을 바라보았을 것이다.

그러나 나는 특별한 건물 하나를 찾고 있었다. '모자이크 기둥의 집'이다. 그곳에서 샌프란시스코주립대학 고고학 교수 마이클 앤더슨 Michael Anderson 팀이 발굴을 하고 있었다. 앤더슨은 '콘솔라레 거리 프로젝트'[9]를 운영하고 있다. 사람들이 이 거리를 어떻게 이용했는지를 중심으로 한 장기간에 걸친 연구다. 나는 왔다 갔다 하며 지도를 들여다보고 어떤 버려진 유적이 '모자이크 기둥의 집'인지 알아내려 애썼다. 단지의 다른 대부분의 건물들과 달리 그곳은 분명한 표시나 표지가 없었다. 내가 발견한 것이라고는 웃자란 정원으로 이어지는 아치형 터널로 가는 입구를 막고 있는 문뿐이었다.

"여보세요?"

나는 전화를 했다. 나는 여기가 바로 그곳이라고 믿을 수 없었다. 사람의 기척이 전혀 없었기 때문이다. 그러나 곧 앤더슨이 터널의 저쪽 끝 구석 쪽에서 고개를 쑥 내밀고 손을 흔들었다. 그는 문의 사슬을 푼 뒤 나를 입구로 안내했다. 2000년 전 손님들이 거리에서 들어왔을 그 문이었다. 아치형의 벽은 화려한 프레스코화로 뒤덮였을 것이고, 통로는 수레도 다닐 수 있을 정도로 넓었다. 우리는 벽으로 둘러싸인 정원으로 들어섰다.

너무도 널찍해서 야외 고고학 연구실 하나를 통째로 담고 있었다. 햇빛을 가리는 구조물이 책상, 컴퓨터, 질그릇 상자들이 있고 안전모를 아주 깔끔하게 정리해놓은 임시 작업 공간을 덮었다. 학생과 그 밖의 연구자들이 자기네가 파놓은 구덩이를 오가면서 정원을 드나들었다. 구덩이 안이 본래 저택 본채가 있던 곳이었다. 그들은 바깥 정원에서 질그릇 목록을 작성했고, 한때 귀족들이 복잡한 모자이크 기둥(이곳의 이름은 이를 딴 것이다)을 감상하던 바로 그곳에서는 체로 흙을 쳤다. 지금 그곳에는 모자이크 같은 것은 없는 맨 콘크리트 모조 기둥 네 개가 있었다. 허물어지고 비스듬히 기울어져 있었다.

"모자이크 기둥은 나폴리 박물관으로 가져갔고, 이 기괴하고 쓰레기 같은 콘크리트 덩어리로 대신하게 했죠."

앤더슨이 쓴웃음을 지으며 한 말이었다. 그는 오전 내내 뜨거운 햇볕 아래서 일하고 있었다. 검은 머리칼은 스카프를 이용해 뒤로 묶고 있었다. 그의 귀에는 선크림 덩어리가 묻어 있었다. 대충 바른 듯한 모습이었다.

"그 사람들이 왜 굳이 이 모조 기둥을 만들었는지 모르겠어요. 크기도 다르고, 위치도 제자리가 아니에요."

이것은 폼페이 고고학의 현실에 대한 한 가지 교훈이었다. 연구자들은 때로 자신들이 이 도시 자체와 더불어 이전에 재현해놓은 것을 발굴하고 있음을 발견하곤 한다. 앤더슨은 자신이 19세기의 진열대와 모조 건축을 발견했다고 말했다. 1910년대와 1950년대 것도 있었다. 그는 풀밭에서 금속제 새장처럼 보이는 녹슨 물건 두 개를 내게 보여 주었다. 대체로 관 모양으로 된 것이었다. 그것은 1950년대에, 이 저택이 로마 시대에 들어설 때 그 아래 있던 삼니움인들의 무덤을 전시했던 유물 자투리였다.

"1950년대에 이 저택이 전시물이 된 적이 있었죠. 그때 사진이 있습니다. 수도관을 다시 설치해서 이곳 정원에 샘물이 흘렀습니다. 나무도 있고, 모조 기둥도 있고요. 그런 뒤에 아주 금세 잊혔습니다."

그는 이 저택 출입구를 발굴하면서 1910년에 갖다 놓은 인방돌을 발견했다. 그는 이렇게 말했다.

"어떤 일이라도 있을 수 있다고 생각해야 합니다."

14년 동안 '콘솔라레 거리 프로젝트'를 운영해온 앤더슨은 두 가지 수수께끼와 씨름하고 있다. 첫째는 이 도시의 전성기 때 이 저택이 어떤 모습이었을까 하는 것이고, 둘째는 이전 발굴들에서 20세기 관광객들을 위해 그 모습을 어떻게 바꿔놓았는가 하는 문제다. 폼페이는 메타고고학 유적지다. 고대의 역사와 함께, 한 분야로서의 고고학의 역사를 바로 옆에서 보여준다.

이전 세대 고고학자들은 부유한 이 저택 소유자들에 매료됐지만, 앤더슨은 윌리스해드릴의 영향을 받은 새로운 경향의 연구자에 속한다. 윌리스해드릴은 보통 사람들의 가정생활에 관심을 가졌다. 그가 나를 곧바로 정원에서 한 문을 지나 저택의 부엌으로 데려간 이유도 그 때문이었다. 그곳에서 노예와 해방 노예(리베르투스libertus라 불렸다)가 일했을 것이다. 이곳은 그토록 거대한 저택임을 감안하더라도 호화스러운 공간이었다.

앤더슨은 이 부엌에 조리대가 네 개나 있음을 발견하고 깜짝 놀랐다. 그것은 매우 희귀한 사례였다. 대부분의 저택에는 기껏해야 두 개가 있었다. 게다가 이 부엌은 매우 널찍해서 십여 명이 들어가 일해도 전혀 불편함을 느끼지 않을 정도였다. 중앙의 작업 공간 주위에는 저장고도 많았다. 앤더슨과 동료들은 이곳이 1세기에 연관鉛管으로 다시 배관이 됐음을 알고 특히 흥분했다. 샘물이 공급되는 관이 부엌 구석에 설치돼 요리사들은 수돗물을 무한정 공급받을 수 있었다. 이것 하나만 해도 매우 값비싸고 이례적인 요소이며, 앤더슨은 저택 주인이 왜 그것을 주문했을까를 드러내놓고 궁금해했다. 한 가지 가능성은 그들이 손님을 초대해 잔치를 자주 열었다는 것이다. 또 다른 가능성은 행인들에게 음식을 파는 상인들도 이 부엌을 함께 사용했다는 것이다.

우리는 다시 정원 고고학 연구실을 통해 밖으로 나가 콘솔라레 거리로 갔다. 거기서 앤더슨은 서기 79년에 이 거리가 어떤 모습이었을지 설명했다. 그는 이야기를 하면서 건축 설계도라도 그리는 듯이 손가락을 허공에 그어댔다. '모자이크 기둥의 집'은 거리 위로 적어도 3층 높이에 있었다. 부분적으로 정원 뒤 인공 언덕으로 떠받친 조경 덕분이었다. 꼭대기 층에는 야외 열주列柱 정원이 들어서 아름다운 바다 풍광을 즐길 수 있었다. 이 최상층은 약간 돌출되게 지어져 아래의 기둥이 늘어선 보도에 그늘을 만들어주었다. 앤더슨은 이 돌출부가 열주 정원 안에 있는 사람들에게 거리의 모습을 가려주는 역할도 했다고 지적했다. 아래의 지저분한 모습을 보지 않고 바다 풍광을 즐길 수 있게 한 것이다.

이 저택은 줄리아 펠리체의 집과 마찬가지로 1층에 거리에 면한 가게들이 함께 지어졌다. 콘솔라레 거리에서 보면 '모자이크 기둥의 집'

은 상가 건물처럼 소매점이 죽 늘어서 있는 것처럼 보였을 것이다. 점포 사이사이에는 몇 개의 출입구가 있어 저택의 숨겨진 정원과 부엌으로 연결된다. 앤더슨은 한때 청동 금속공의 가게가 있던 곳과 식품 판매장, 술집 등등이 있던 곳을 보여주었다. 그는 말했다.

"이 도시에서 델라본단차 거리 자체를 제외하고 단일 블록으로 가게가 가장 길게 늘어선 곳이 여깁니다. 내가 이곳에 끌린 이유가 바로 그겁니다."

그는 말을 멈추고 생각에 잠겼다. 나는 생기가 가득한 우리 주위의 가게들을 상상했다. 대장장이의 불로 인한 연기로 흐릿해지고, 쿠민과 고수가 생선과 함께 올리브기름 속에서 지글거리며 내는 냄새가 코를 찌르는 보도를 말이다. 그가 다시 말했다.

"이 저택은 금전적으로 이런 가게들이 떠받쳤겠지만, 또한 말 그대로도 떠받치고 있었어요. 존재 자체의 비유인 셈이죠. 나는 그 관계가 옛날에 사라졌으리라고 생각지 않습니다."

나는 대답했다.

"분명히 아래층에 살면서 떠받치고 있던 사람들에게는 그렇지 않겠죠."

앤더슨은 싱긋 웃으며 고개를 끄덕였다.

"내가 생각하기에 이것은 우리가 이미 너무나 잘 알고 있는 율리우스 카이사르Julius Caesar(서기전 100~44)와 황제들 얘기는 아니에요. 이곳 사람들은 우리가 전혀 모르는 사람들이에요. 우리가 그들의 이름을 전혀 모르더라도 우리는 그들의 생활을 어느 정도 복원할 수 있어요."

그렇다면 이 저택 주인들로부터 이 가게들을 임대한 것은 어떤 사람들이었을까? 그들은 리베르투스였을 가능성이 매우 높다. 그들의 삶은 로마법에 따라 이전 주인들과 연결돼 있었다. 노예가 해방되면 그 주인은 후견인으로 알려지게 되고, 후견인들은 보통 과거 자신의 노예였던 사람들의 양부養父 역할을 떠맡았다.[10] 리베르투스(여성은 리베르타 liberta다)는 통상 자신이 노예로 일했던 집에 남아 독자적인 사업을 운영하거나 후견인의 재산 관리를 돕는다. 키케로는 사랑하는 자신의 리베르투스 티로Tiro가 정치가로서의 모든 업무를 관리했다고 썼다.

대부분의 추산에 따르면 로마의 도시들에는 노예와 리베르투스가 매우 많았다. 그 이유 가운데 하나는 후견 체제로 인해 노예를 해방하는 것이 경제적으로 매력적인 일이었기 때문이다. 저택 소유자들은 사람이라는 재산을 약간 잃을 수 있지만 충실한 일꾼(그의 재산은 이전 주인집의 재산과 연결돼 있었다)을 얻을 수 있었다. 로마의 노예 해방은 종종 이득을 가져다주는 노예제였다.

《로마 세계의 해방 노예The Freedman in the Roman World》의 저자인 킹스 칼리지King's College의 역사학 교수 헨릭 모릿센Henrik Mouritsen은 전형적인 로마 가정은 대략 절반이 노예고, 4분의 1에서 3분의 1이 리베르투스였으리라고 추산한다.[11] 앤더슨도 이에 동의한다. 그는 가게를 운영한 사람들이 "모두 노예거나 과거의 노예, 또는 먼 친척일 수 있"다고 추정한다. 아마도 그 모두일 것이다. 로마인들의 생활에서 가족 관계는 핵심적인 것이었고, 네 개의 조리대가 필요한 가정은 아마도 상당한 규모이고 이리저리 얽힌 연줄도 아주 복잡했을 것이다. 폼페이에서 노예로 태어난 사람이라도 운이 아주 좋아 해방되고 후견인이 좋은 자리에 올려주면 사회 계층의 거의 꼭대기까지 올라갈 수 있었다.

그러나 늘어가는 리베르투스 계급은 정치권력을 행사하는 자리에는 오를 수 없었다. 그들은 아우구스탈레스(아우구스투스 황제가 사업적·정치적 관계를 얻고자 하는 리베르투스를 위해 만든 집단이다) 같은 민간 기구를 통해 지위를 얻는 데 만족해야 했다. 리베르투스는 자식 대에는 투표권을 가질 수 있다는 희망이 있었지만, 당대에는 가질 수 없었다. 사회적 위계는 재구성되고 있었지만, 남성 상류층과 여타 부류 사이의 권력 격차는 상처가 난 곳처럼 쓰라렸다.

보다 미세한 계급투쟁의 징조도 있었다. 레딩대학 고전학 교수 애널리사 마자노Annalisa Marzano는 나폴리만 해변 이용을 둘러싸고 부자와 가난뱅이 사이에 일어난 갈등(현대에나 일어날 듯한 것이었다)처럼 보이는 것의 증거를 찾아냈다. 휴가를 즐기려는 부자들은 해변에 거대한 저택을 지었다. 그들은 아래층에 타베르나를 설치하지 않고 바다까지 연결되는 양식용 수조를 만들었다.[12] 마자노는 이것이 더 많은 물고기를 자기네 인공 연못으로 끌어들이려는 생각에서 나온 것이었다고 본다. 아마도 노예와 리베르투스가 이런 수조들을 관리하고, 자기네 후견자가 먹지 않는 물고기를 폼페이·헤르쿨라네움을 비롯한 해안 여러 지역의 현지 시장에 내다 파는 일을 맡고 있었을 것이다. 이런 형태의 저택이 더 많아지면서 현지 어부들은 해변에 나갈 길이 막혔다. 저택 안의 가족들이 그들의 생계를 빼앗은 것이다.

베수비오 분출로 폼페이가 덮여버리고 난 지 수십 년 뒤에 긴장은 극에 달했다. 법률 문서를 보면 어부 두 명이 안토니누스 피우스 Antoninus Pius(재위 138~161) 황제에게 자기들 대신 개입해달라고 청원을 했다. 자기네 마을 앞바다에서 물고기를 잡지 못하도록 저택 주인들이 막고 있다는 것이었다. 피우스는 누구라도 바다에 들어갈 수 있다고 선언했다. 한 가지 조건이 있었다. 누구도 저택들이 있는 곳 부근에서는 물고기를 잡을 수 없다는 것이었다.

폼페이의 소멸은 부자와 가난뱅이, 남자와 여자, 이주민과 로마인과 원주민 사이의 갈등이 한창 진행되고 있는 와중에 일어났다. 우리는 이런 갈등에 관련된 개인들의 이름은 알 수 없을지 모른다. 그러나 그들은 로마인들이 아프리카눔으로 짓고 여성 사업가들이 아우구스탈레스에 자금을 대며 귀족들의 저택이 해방 노예의 타베르나 꼭대기에 올려져 있던 이 도시에 자신의 흔적을 남겼다.

5장
공개적으로 하는 것

폼페이는 서기 79년 베수비오 분출 이전에 이미 재난의 화신이었다. 그 17년 전에 나폴리만에 지진이 일어나 도시의 상당 부분이 파괴됐으며, 쓰나미가 발생해 인근의 로마 항구 오스티아Ostia에 몰아닥쳤다. 폼페이 주민 상당수가 지진 이후 도시를 떠나 다시 돌아오지 않았고, 파괴된 건물들이 그대로 남아 79년에도 여전히 비어 있었다. 어떤 의미에서 폼페이의 폐기는 이 지진으로 시작됐고, 이로 말미암아 인구가 줄고 휴양지로서의 매력이 손상됐다고 할 수 있다.

그러나 사태가 진정된 뒤 많은 사람이 남아 보수와 개선에 노력했다. 네로 황제는 복구 활동을 위해 자금을 지원해 도왔고, 그 흔적은 지금도 성벽에서 찾아볼 수 있다. 드러난 그 벽돌들은 광범위한 수리가 이루어졌음을 보여준다. '베누스 성소聖所'(이 도시의 수호 여신 베누스에게 봉헌된 신전이다)에서 발견된 잔해는 서기 79년에 공사 담당자들이 이곳을 두터운 돌담으로 보강했음을 보여준다. 그들은 그것으로 지진을 견딜 수 있다고 생각했다.[1] 오늘날 우리가 보는 폼페이는 건설 중인 도시였다. 토지 소유자들은 보다 최신의 로마 감각을 반영하도록 자기네 건물을 재설계하고 있었다. 군사적 정복보다는 교역을 지향해서 말이다.

달리 말해서 지진 이후 폼페이의 도시 풍광은 쇼핑에 맞춰졌다는 것이다. 리베르투스와 기타 상층부 이외 집단들은 폼페이의 대저택과 가정집 상당수를 복합용도 공간으로 바꿔놓았다. 소매점들이 한때 주거구역이었던 곳들에 파고들었다. 줄리아 펠리체의 저택 개조는 이런 경향의 하나였던 듯하다. 줄리아는 장사를 하는 델라본단차 거리 쪽에 문을 더 냈다. 도시 곳곳에서 소매점 중심의 변화가 일어났고, 한때 상류층 건물의 화려한 안뜰과 정원이었던 곳에 세탁소와 빵집이 들어섰음을 알 수 있다.

무엇보다도 타베르나·술집·식당은 폼페이 어디서나 볼 수 있는 소매점이었다. 어떤 타베르나는 방 한 칸에 판매대 하나를 둔 작은 규모였지만, 여러 개의 방과 정원의 좌석까지 갖춘 대형 매장도 있었다. 그 점주들은 바로 조리한 음식과 싸 갈 수 있는 음식, 다양한 종류의 포도주를 팔았다. 나는 줄리아의 집과 '모자이크 기둥의 집'에서 그 흔적 일부를 보았지만 그것은 시작에 지나지 않았다.

폼페이의 주요 거리마다에는 타베르나가 줄지어 있었고, 나는 대리석을 얹은 특유의 L자형 판매대로 그것은 알아볼 수 있게 됐다. 이 판매대는 모두 질그릇으로 된 붙박이 저장기가 붙어 있었다. 깊이는 대략 60센티미터 정도였고, 넓고 둥근 주둥이는 매대 꼭대기 높이였다. 대개는 아마도 나무 뚜껑이 덮여 있었던 듯한데 오래전에 사라졌다. 한 곳의 안을 자세히 들여다보니 한때 곡물이나 견과 같은 건물류乾物類

진열장이었던 곳의 매끄러운 내벽이 보였다.

오늘날 이것들은 삭막하고 단순해 보인다. 거의 매대 위에 타원형으로 뚫어놓은 모습이다. 그러나 이 시대의 프레스코화를 보면 타베르나 매대에는 물건이 쌓여 있고, 약초·과일·고기 등은 매대 위 천정에 매달려 있다. 포도주·올리브기름과 기타 액체 상품을 담는 길쭉한 점토 용기인 암포라amphora는 아래쪽이 뾰족한 채로 벽에 기대어 있다. 타베르나는 차탈회윅의 신석기 시대 사람들에게는 매우 놀라운 것이었을 듯하다. 그들은 냄비와 화덕에서부터 양념과 고기에 이르기까지 먹는 것에 관련되는 모든 요소를 직접 만들었다. 폼페이에서는 그저 밖으로 걸어 나가기만 하면 먹을 것을 살 수 있었다. 혹시 집에서 음식을 만든다면 전문가에게 가서 기름·고기·야채 등 식재료를 사면 그만이었다.

타베르나 순례

폼페이의 타베르나 이야기를 하기 위해 나는 오랜 협력자인 매사추세츠대학(애머스트)의 에릭 폴러Eric Poehler 및 신시내티대학의 스티븐 엘리스Steven Ellis와 맥주 한 잔을 놓고 앉았다. 엘리스는 로마 세계 소기업의 대두에 관한 역사를 기록한 책인 《로마의 소매혁명The Roman Retail Revolution》[2]의 저자다. 그는 북아프리카에서 서아시아에 이르는 제국 전역의 타베르나를 연구했는데, 폼페이에는 160개 이상의 타베르나가 있었다고 내게 말했다.

"이건 이례적인 숫자예요."

그는 이렇게 말한 뒤, 아마도 그것은 줄잡은 추산일 것이라고 덧붙였다. 폼페이의 일부는 아직 파묻혀 있기 때문이다. 폴러는 대충 한 추산 몇 가지를 덧붙였다.

"인구 1만 2000명에 술집이 160개라면 그 술집들을 유지할 수 있도록 하기 위해서는 주민의 10분의 1이 그곳을 이용해야 합니다."

그 사람들은 누구였을까? 부유한 주민들은 설비를 잘 갖춘 저택 부엌에서 음식을 만드는 노예 주방 팀을 갖추고 있었을 것이다. 도시의 좀 시원찮은 집들에는 부엌이 없었기 때문에 일견 타베르나는 가난한 사람들을 위한 것으로 생각될 수 있다. 그러나 그것 역시 증거와 부합하지 않는다. 수돗물이 없는 작은 위층 아파트에서도 별다른 수단이 없는 사람들은 작은 화로 위에 냄비를 올려놓고 음식을 만들 수 있었다. 마치 철판을 이용하듯이 말이다.

엘리스는 이 타베르나들을, 그가 '중간치middlers'라 부르는 집단이 운영하고 이용했다고 본다. 부유하지도 가난하지도 않은 사람들이다. 그들은 자기네가 작은 가게(양파와 어장魚醬에서부터 직물과 향수에 이르기까지 모든 것을 판다)를 운영하는 바로 그 블록에서 외식을 했다. 중간치들 대부분은 "음식을 사 먹을 돈이 있"었다고 엘리스는 말했다. 다른 작은 사치품에 대해서도 마찬가지였다.

그들은 정확히 우리가 중산층middle class이라 부르는 사람들은 아니었다. 그것은 현대 사회와 관련된 용어이기 때문이다. 실제로 일부는 매우 부유했고, 또 일부는 막 해방된 리베르투스로 그저 근근이 살아가려고 애쓰는 사람들이었다. 그러나 그들은 모두 로마 상류층과 노예 사이의 방대한 경제적 중간층이었다. 그러나 이들 중간층을 정말로 구분해주는 것은 그들이 사업체나 장사에 종사해 돈을 번다는 점이다. 이런 종류의 일은 상류층에게는 금기였다. 물론 로마의 최상위 부자 상당수는 그들의 리베르투스나 노예가 일하는 가게나 농장에서 돈을 벌기는 하지만 말이다. '모자이크 기둥의 집'에서 앤더슨이 지적했듯이 저택은 말 그대로, 그리고 비유적으로 아래층에 설치된 가게들이 떠받치고 있었다.

폼페이에서 나중에 지어진 집들은 가장 부유한 사람들 또한 먹고살기 위해 일했던 한 도시의 상황을 반영하고 있다. '스테파누스Stephanus의 축융장縮絨場'으로 알려진 건물은 지진 이후 재건된 것으로 보인다. 안뜰을 갖춘 상류층의 집을 '축융장', 즉 양모 가공 작업장으로 개조한 것이다. 스테파누스라는 이름은 축융장의 델라본단차 거리 쪽 입구 부근에 그려진 선거용 게시물에서 발견됐다(스테파누스가 그곳에 살던 제빵업자의 이름인지 확신할 수는 없지만, 편의상 그렇게 가정하겠다).

스테파누스는 이 귀족의 집을 대대적으로 개조했던 듯하다. 타일 깔린 안뜰을, 양모 가공을 위한 통과 도구들로 가득 찬 몇 개의 실용적인 방으로 바꾸었다. 그러나 그는 또한 상당수의 방들은 가정생활 용도로 남겨두었다. 고대의 축융장에 관한 책을 쓴 네덜란드 레이던Leiden대학의 고고학 교수 미코 플로르Miko Flohr는 스테파누스의 집을 탐색해 장신구, 화장품, 취사도구 등과 그곳에 사람이 살면서 일했던 다른 흔적들을 찾아냈다. 스테파누스는 집의 '작업장' 부분을 거리에 면한 상가로 분리하지 않고 집에 통합시켰다. 틀림없이 거기에 그의 노예 및 리베르투스들이 가족과 함께 살았을 것이다. 플로르는 이렇게 썼다.

기본적으로 그곳은 바로 사람들이 살고 잠자고 먹고 일하는 집이었고, 그들은 아마도 집이라고 생각했을 것이다.[3]

우리는 델라본단차 거리를 더 나아가서 비슷하게 나중에 재건축된 곳을 더 발견했다. '순결한 연인들의 집'으로 알려진 곳인데, 귀족의 저택이 재건축돼 입구가 크고 널찍한 빵집으로 곧장 연결되도록 했다. 솥과 맷돌이, 한때 한가한 귀족들이 목소리를 낮춘 비밀 대화를 나누었을 법한 공간의 중심을 차지했다. 빵집 주인은 호화스런 생활에 신경을 쓰기보다는 자신의 맷돌을 돌리는 노새를 즐겁게 하는 데 훨씬 더 신경을 썼다. 그는 이전 주인의 식당(주인이 격식을 갖춘 식사용 침상에서 식사를 할 때 노예들이 시중을 들었을 것이다) 옆에 마구간을 만들었다.

스테파누스의 축융장과 마찬가지로 이 빵집 역시 작업 공간을 주거 공간과 통합했다. 그것은 주거용 건물과 연결됐지만 폴러는 소유자가 빵집 재건축을 우선시하고 그 부분 건축을 먼저 마무리 지었다고 말했다. 이 빵집을 소유한 사람들은 돈이 많았을지 모르지만 로마 귀족 계급의 일원은 아니었다. 그들은 먹고살기 위해 일했고, 노동은 말 그대로 그들 가사의 일부였다.

스테파누스와 '순결한 연인들의 집'에 살았던 이름 모를 빵집 주인은 아마도 폼페이의 수많은 술집과 식당의 주고객이었을 것이다. 엘리스는 이 시기를 폼페이의 '소매혁명'이라 부른다. 제국의 내분이 잦아들고 로마인들은 모처럼의 평화로운 시기를 누렸다. 엘리스는 이렇게 말했다.

"이것이 로마의 평온기의 시작이었고, 교역량이 급등했습니다. 개인 수준에서 이루어지는 공예로부터 개인이 규모가 큰 공예품 산업에 참여하는 것으로 변화하고 있었습니다."

폼페이에서 이것은 사람들이 단순히 서로 사고팔기만 한 것은 아니라는 의미다. 그들은 제국 전역과 아프리카·아시아에까지 뻗쳐 있던 거대한 경제 연결망의 일부였다. 엘리스는 스타비아나 거리에서 이 새로운 범세계적 현실을 반영한 타베르나들을 찾아냈다. 연구자들은 저장고, 오물통, 식단에서 나온 증거물들을 살펴보고 한 타베르나에서는 매우 적은 품목만 취급했음을 발견했다. 현지 재배 과일, 곡물, 야채에 약간의 치즈 및 소시지를 곁들인 것이다. 두 집 건너에 있던 다른 곳은 훨씬 다양한 종류의 음식을 취급했다. 그는 말했다.

"인도에서 들여온 쿠민·후추·캐러웨이(가 있었습니다). 음식은 외국산 향신료로 맛을 냈습니다."

폼페이 타베르나에 가는 중간치들은 수입해 들여온 별미로 식사를 하거나 편한 현지 음식을 먹거나 선택을 할 수 있었다. 한때 상류층만이 먹을 수 있었던 별미가 이제 과거 어느 때보다 더 많은 사람들의 일상생활의 일부가 됐다. 노예로 태어난 사람조차도 마침내 스스로의 가게를 가지고 귀족들처럼 식사를 할 수 있었다. 흥미롭게도 현대 세계의 자료를 보면 특정 지역에 식당이 더 많이 들어설수록 더 번창한다는 것을 알 수 있다.[4] 그것은 먼 과거에도 마찬가지였던 듯하다.

폼페이에서 20년 가까이 엘리스와 함께 일했던 폴러는 중간치들이 폼페이의 도시 설계를 어떻게 바꿔놓았는지에 대한 고고학자들의 이해에 변화가 있었다고 말했다. 백 년 전에 학자들은 스테파누스의 축융장 같은 장소들이 어떻게 로마 문화 쇠락의 징조였는지에 대해 확신하지 못했다고 그는 말했다. 그들은 고귀하고 교양 있는 폼페이의 귀족들이 더러운 하층 계급 장사치들에 의해 도시에서 밀려나고 있었고 이것이 다시 예법의 소멸로 이어졌다고 추정했다. 이 이론은 부분적으로 노동계급 사람들에 대한 빅토리아 시대의 편견에서 나온 것이었다. 특히 대부분의 고고학자들이 상층 계급 사람들이었던 시절이었을 테니 말이다.

그러나 그것은 또한 로마인들 스스로가 이야기할 수밖에 없었던 것을 읽은 결과이기도 했다. 페트로니우스Petronius(27?~66?)가 네로의 치세 동안에 쓴 《사티리콘Satyricon》은 로마의 문제점을 소설처럼 묘사한 것인데, 리베르투스인 트리말키오Trimalchio가 벌인 천박한 연회에 대한 긴 묘사가 특징적이다. 여기서 트리말키오는 《위대한 개츠비Great Gatsby》 수준의 천박한 과시적 소비에 탐닉한다. 지금 남아 있는 중간치들의 생활에 대한 묘사의 거의 대부분이 페트로니우스 같은 상류층들에 의해 쓰인 것이고, 그 상당수는 폄훼하는 내용의 것이다.

폴러는 맥주를 벌컥벌컥 들이켜고는 엘리스와 함께 웃음을 터뜨렸다. 오늘날의 고고학자들은 《사티리콘》 같은 허구적인 이야기에는 훨씬 더 회의적이다. 그것은 아마도 편견이 사실보다 더 강하게 반영됐을 것이다. 대신에 그와 엘리스는 이 시기를 부활의 시기 가운데 하나로 본다. 중간치들에게 기회가 주어지면서 세력 균형에 변화가 일어난 시기다.

그러나 리베르투스와 다른 중간치들이 제국을 파괴한 괴물들이 아님을 무슨 수로 입증하겠는가? 그들이 스스로 어떤 생각을 했는지에 대해 남긴 기록이 그렇게 희소한데 말이다. 트리말키오에 대한 페트로니우스의 힐난에 대한 그럴듯한 반박은 없다. 심지어 에우마키아의 건물 같은 중간치의 힘을 보여주는 기념물조차도 모호할 뿐이다. 그것이 어떻게 사용됐는지에 대해 우리가 아는 바가 너무 적기 때문이다.

엘리스와 폴러는 중간치들의 생활을 재현하기 위해 데이터고고학data archaeology이라는 새로운 역사 탐구 방법에 의존하고 있다. 그들은 꼼꼼한 관찰을 통해 많은 구조물과 대상(예컨대 수백 개의 술집)에 관한 정보를 종합해 개인의 전형적인 습관을 알아낸다. 그것은 사라진 공적 생활 방식을 탐구하는 완벽한 방법이다.

배수로 데이터

"폼페이에서 고고학자들은 크고 강하고 이례적인 것을 찾는 경향이 있었습니다."

엘리스는 이렇게 말했다. 그는 수많은 발굴의 대상이 됐던 저택과 거대 건물들을 이야기하는 것이었다.

"그러나 우리는 통상적인 것을 찾았습니다. 나는 거리에서 일어난 가장 흔한 일들을 찾았습니다. 에릭(폴러)은 거리에서 무슨 일이 일어났는지를 찾았습니다."

그는 이 이야기를 비유적으로 한 것이 아니었다. 폴러는 《폼페이의 교통체계The Traffic Systems of Pompeii》라는 책의 저자다. 그는 연구를 위해 오랜 시간을 들여 말 그대로 거리에 쭈그리고 있어야 했다. 한때 동물 배설물로 뒤덮였던 돌, 하수구 물, 수레 등을 분석했다. 수레는 지겹도록 많았다. 사실 너무 많아서 폼페이의 거리 대부분에는 홈 자국 두 개가 깊이 났다. 마차 바퀴에 돌이 마모된 것이다. 이것만 가지고도 중요한 것들을 알 수 있다. 수레의 크기, 또는 적어도 차대에 붙은 바퀴 사이의 간격은 비교적 표준화돼 있었다. 그리고 그것은 다시 도시에서 수레를 모는 일에 관한, 널리 받아들여진 사회 규범체계를 시사한다.

폴러는 또한 배수로를 기어 다니며 교차로 갓돌에서 떨어져 나온 쐐기 모양의 분명한 파편을 발견했다. 그는 그 수를 세고 위치를 적고 공학자에게 물어 그 원인을 찾아냈다. 수많은 수레가 오른쪽 차선에서 우회전을 미숙하게 해서 수레바퀴가 갓돌에 부딪쳤거나 타고 넘어간 것이다. 교차로의 왼쪽에는 그런 손상의 흔적이 없어 좌회전을 할 때는 오늘날 미국 거리에서 하는 것처럼 크게 돌았음을 알 수 있다. 아무리 난폭한 운전자라도 좌회전을 하면서 왼쪽 갓돌을 들이받지는 않는다. 이런 단서들은 폼페이 사람들이 거리에서 우측통행을 했음을 강하게 시사한다.

나는 델라본단차 거리에서 한 블록 떨어진 노체라 거리의 한 교차로에 서서 나를 지나쳐 몰려가는 수레들을 상상했다. 그리고 사람들은 타베르나로 몰려간다. 폼페이 거리는 푹 파였고, 갓돌은 높다. 그것을 넘으려면 횡단보도 역할을 하는 세 개의 크고 납작해진 바위를 뛰어넘어야 했다. 폴러는 그 바위가 징검다리처럼 만들어졌다고 말했다. 거리에 종종 오수汚水가 흘러넘치는 것이 그 이유 가운데 하나였다.

나는 돌에서 돌로 건너뛰며 하수가 섞인 강물이 아래에서 요동치는 장면을 상상해보려 애썼다. 수레 하나가 갓돌을 타고 넘어 미끄러져 떨어지면서 우리에게 오물을 끼얹는다. 라틴어·포에니어·오스크어 욕설이 허공을 채운다. 이것이 폴러와 엘리스가 데이터고고학으로 요술을 부리는 것 같은 순간이다. 그리고 바로 그 순간 폼페이의 과거는 내게 보다 손에 잡힐 듯 느껴진다. 황제가 어느 곳을 걸었고 집정관이 어디에 살았는지를 아는 것과는 비교도 되지 않는다.

횡단보도 자체는 수레가 표준화됐다는 또 다른 단서다. 돌들은 두 바퀴 자국이 그 사이를 지나가도록 정확한 간격으로 떨어져 있기 때문이다. 당시의 문헌 기록도 단서가 된다. 수레는 도시에서 행인들이 뜸

한 밤에만 다니는 것이 허용됐던 듯하다. 또한 로마의 일부 지방의 규정은 축제 기간에 수레가 도심에 다닐 수 없도록 명기돼 있었다. 이시스 신전에 온 축제 참여자들이 스타비아나 거리를 질주하는 수레에 치이지 않도록 하기 위해서다.

어떤 의미에서 데이터고고학은 역사의 민주화를 의미한다. 그것은 대중이 무엇을 했는지를 살피고 그들의 사회생활이나 심지어 심리적 생활을 재구성하려 하는 것이다. 엘리스는 로마인들의 삶에 대한 우리의 선입견을 벗겨내고 쇼핑과 외식을 즐겼던 중간치라는 번성하던 집단을 드러내고자 데이터를 사용했다. 엘리스는 자신이 도시를 볼 때 그것을 건설 자재와 인간 노동력의 '수량 측정 기반'으로 본다고 말했다. 그는 이렇게 말했다.

"나는 늘 이렇게 묻습니다. 그만한 수량이 어떻게 해서 거기에 존재하게 됐을까?"

그는 그야말로 문자 그대로 고대 세계에서 무엇이 거대한 물건 더미를 옮겨놓았는가를 묻고 있다. 그 대답은 내가 앞에서 언급한 부재不在로 다시 이끌어간다. 우리가 2000년 전 델라본단차 거리에 서 있었다면 리베르투스와 노예의 눈으로 바라봤을 법한 남아 있는 빈 공간 말이다.

폴러는 우리가 부재에서 많은 것을 알 수 있다고 주장한다. 그것은 돌에서 무엇이 떨어져 나갔는지를 연구함으로써 폼페이의 교통을 재구성한 사람에게는 당연한 얘기다. 그는 내게 이렇게 말했다.

"나는 돌에서 지금은 사라진 부분에 관심을 가졌습니다. 손상돼 사라진 모습, 그것이 사람이 한 일이죠."

그것은 많은 사람들이 대략 같은 종류의 일을 하는 공적 공간의 경우라면 특히 진실이다.

"당신이 도시 곳곳에 있는 모든 돌들과 수십만 번 접촉한다고 칩시다. 부재하는 것은 같은 결정을 내리는 수천 명의 사람들입니다. 이제 갑자기 당신은 이전에 증거가 전혀 없던 폼페이 같은 곳의 교통체계에 대한 그림이 그려집니다."

폴러는 여기서 말을 멈추었고, 나는 내가 사는 도시에서 사람들이 모이는 그곳을 표시하는 모든 부재에 대해 생각했다. 공원 풀밭에 난 진한 자국, 지하철 이용자들이 반복적으로 벽에 가방을 던져 칠이 벗겨진 자국들, 그리고 물론 자동차가 너무 빨리 회전하거나 샌프란시스코의 여러 가파른 언덕 가운데 하나의 기슭을 들이받고 튕겨져 나와서 생긴 거리의 손상된 흔적. 이런 자국과 균열들에서 우리는 역사 속으로 삶이 사라진 무명의 대중들을 얼핏 살펴볼 수 있다고 폴러는 생각한다.

심지어 사람들의 생활을 좌우한 사회 계층이 도시 경관에 어떻게 반영됐는지도 볼 수 있다. 로마인들에게 포장된 거리는 핵심 기술이었다. 마차로 물건과 사람을 더 쉽게 나를 수 있게 하고, 걸어 다니는 것도 보다 쾌적하게 하는 것이었다. 그러나 도시의 부자들은 이 환상적인 기술을 모든 사람에게 가져다주는 일에 돈을 대지 않았다. 델라본 단차 거리 같은 크고 화려한 거리들은 물론 포장이 됐고, 대부분의 간선도로들도 마찬가지였다. 그러나 좀 더 가난한, 도시의 동부 지역은 많은 거리가 흙길이었다.

지진이 지나간 뒤 신전 구역 부근인 도시 서부의 길들은 곧바로 정비됐지만, 빈민가로 이어지는 샛길은 그렇지 않았다. 폴러는 도시 서북쪽의 '호화 주택 지구'를 묘사했는데, 그곳은 두 곳을 제외한 모든 거리가 돌로 포장됐다. 두 곳은 다진 흙과 재로 좀 저렴하게 포장됐다. 비포장도로는 저택의 뒤쪽이자 저렴한 주택의 앞쪽에 나 있는 것이었다. 폴러는 이렇게 말했다.

"이는 이 도시의 일부 사람들이 이 (도로 포장) 기술의 사용을 통제했고, 그들은 이를 모든 사람과 나누려 하지 않았음을 말해줍니다."

그 거리에 사는 하층 계급 사람들에게 주는 메시지는 분명했다. 부유한 사람들의 집 뒤쪽으로 난 길을 공유하는 것도 다행인 줄 알라는 것이었다. 폼페이의 도로 포장 체계는 도시 기반시설의 하찮은 세부 사항일지 모르지만, 그것은 우리에게 로마의 도시들에서 이웃을 어떻게 대했는지에 관해 많은 것을 말해준다.

리베르투스의 성장

로마 주민 가운데 리베르투스의 비율이 얼마나 되는지에 대해 연구자들이 계산해낸 것은 불과 최근의 일이다. 헨릭 모릿센은 로마와 제국의 몇몇 다른 핵심 지역의 묘비에 언급된 모든 이름을 모은 자료들을 일일이 뒤져본 뒤 그 숫자를 추산했다.

이 명단에는 예측 가능한 데이터 유형이 잠복해 있었다. 로마의 후견인들은 자기네 노예에게 외국 이름, 특히 그리스 이름을 붙여주는 것을 선호했다. 노예의 다름과 열등함을 강조하기 위한 한 가지 방법이었다. 노예가 해방된 뒤에도 노예 시절의 이름은 평생 따라다녔다. 로마 정부 관리들은 리베르투스를 칭하는 데 특수한 명명법을 사용했다. 새로 해방된 사람의 이름에 이전 주인의 성을 집어넣는 것이다. 어떤 공공 기록에는 심지어 리베르투스를 의미하는 'L'자를 해방 노예 이름 뒤에 넣어 이 사람은 한때 재산이었음을 너무도 분명하게 표시했다. 모릿센이 참고한 자료들은 리베르투스의 무덤을 찾기 위해 이 명백한 L자의 수를 헤아렸고, 로마인의 성이 붙은 그리스 및 외국 이름들을 찾았다.

학자들은 또한 정부 문서들을 살펴 리베르투스 인구를 알아냈다. 아우구스투스 황제는 리베르투스를 구호 식량 지급 대상에서 제외하는 법을 만들었다.[6] 이에 따라 학자들은 리베르투스가 제외된 뒤 지급 명부가 얼마나 줄었는지를 계산할 수 있었다. 연구자들은 이 수치와 무덤의 묘비를 바탕으로 도시 자유민 가운데 최대 4분의 3이 이전에 노예였거나 그런 사람들의 자손이라고 추산했다. 《로마의 노예Slaves in Rome》의 저자 샌드라 조셀Sandra Joshel은 비슷한 방법을 사용해 노예 인구를 추산해, 도시에 사는 모든 사람의 약 30퍼센트라고 밝혔다. 분명히 우리는 어떤 정확한 수치를 얻을 수 없다. 특히 노예와 리베르투스 집단에 대한 기록이 너무 적기 때문이다. 그러나 로마의 노예제와 노예 해방은 흔한 일이었고, 리베르투스가 1세기 로마 도시 생활의 새로운 얼굴이었음은 부정할 수 없는 사실이다.

우리는 심지어 리베르투스의 열망이 폼페이의 건축을 변화시켰음도 분명하게 볼 수 있다. 이 새로운 중간치들은 자신들에 대한 부정적 고정관념을 너무도 잘 알고 있었기 때문에 때로 자기네의 상황에 비해 더 호화롭게 보임으로써 부유한 이웃들과 어울릴 수 있도록 집을 지으려고 노력하기도 했다.

내가 '비극시인의 집'에서 본 한 가지 전략은 안쪽에 공간이 더 있다는 환상을 만드는 것이다. 장식을 잘한 것으로 유명한 이 집의 주인은 여기에 줄리아 펠리체의 집처럼 대리석 기둥에 둘러싸인 커다란 열주 정원이 있다고 이웃 사람들이 생각해주기를 바랐다. 그래서 그는 자기네의 별것 아닌 정원에 교묘한 각도로 기둥을 몇 개 설치해 거리의 행인들로 하여금 훨씬 더 큰 열주의 극히 일부를 보고 있다는 착각을 하게 만들었다. 저택을 이렇게 거짓으로 꾸미는 것은 요즘 사람들이 큰 거울과 밝게 칠한 액센트월accent wall〔실내 4면의 벽 중에서 실내의 이미지를 강조하기 위해 색·무늬·소재감 등을 차별화해 디자인한 벽〕로 작은 방을 더 크게 보이도록 하는 방법의 원조라고 할 수 있을 듯하다.

어떤 중간치들은 상류 계층 사람들의 높은 취향을 받아들여 그들과 동화되려 노력했다. 그 가운데 가장 기억이 나고 잊히지 않는 사례 중 하나가 스타비아나 거리에 있는 '테렌티우스 네오Terentius Neo의 집'(테렌티우스 네오는 집주인의 이름이 아니라 바깥에 붙은 선거 벽보에서 행인들에게 표를 호소하는 인물의 이름이다)이라는 위풍당당한 저택에서 나온 프레스코화다.

그림에는 한 부부가 나란히 서 있는데, 그 자세는 이 도시의 귀족 저택에서 볼 수 있는 가족 초상에서 두 귀족이 취하고 있는 것과 완전히 똑같다. 하지만 이 부부는 반항적인 중간치들이다. 빵집 주인인 남자는 시민의 복장인 토가를 입고 있다. 그가 귀족도 아니고 노예도 아니라는 말이다. 여자는 첨필尖筆과 밀랍 서판을 들고 있다. 이 두 가지는 부기 담당자가 쓰는 도구들이다. 여자는 리베르타일 가능성이 있다. 부기는 여성 노예가 흔히 했던 일이기 때문이다. 이 부부에게는 어떤 아름답고도 반항적인 구석이 있다. 그들은 상류층 스타일로 그려지는 것을 선택했지만, 자신들이 이전에 노예였던 흔적을 숨기지 않는다. 그것은 리베르투스가 자유민으로 태어난 상대들만큼 훌륭하다는 것을 주장하는 교묘하고도 강력한 방법이었다.

다른 리베르투스들은 자기네 집 외부에 과시적인 표현을 드러냄으로써 그들의 계급적 열망을 처리했다. 자신을 싫어하는 사람에게 조롱을 보내듯이 말이다. 이것은 '베티우스Vettius 형제의 집'에서 가장 분명하게 나타난다. 베티우스 가족은 형제인 듯한 두 명의 리베르투스 포도주 상인으로, 부촌인 도시의 서북 지역에 으리으리한 저택을 가지고 있었다.

그들은 정문 옆에 프리아포스Priāpos〔그리스 신화에 등장하는 가축·과수원·정원과 남성 생식기의 수호신이자 생식과 풍요를 관장하는 신〕가 우스꽝스럽게 기울어진 저울로 거대하게 발기한 남근을 다는 모습을 그려놓았다. 프리아포스의 커다란 남근은 고대 로마에서 부의 상징이었으며 남성의 알몸 노출은 외설이 아니었음을 상기할 필요가 있다. 이 모든 것에도 불구하고 이 그림은 하층 계급의 풍자로 읽혔을 것이다. 열주 정원 대신 하층민을 위한 음담패설을 과시한 것이다. 그것은 마치 이 형제가 이웃의 귀족들에게 자신들이 하층 계급 출신임을, 그리고 그럼에도 불구하고 그들이 경제적으로 엄청난 성공을 거두었음을 상기시키려 한 것인 듯했다.[7]

리베르투스의 삶의 흔적을 더 찾으려고 돌아다니다가 나는 '베티우스 형제의 집'에서 남쪽으로 몇 블록 떨어진 스타비아나 거리에서 고고학자 소피 헤이Sophie Hay를 만났다. 헤이는 그 부근의 타베르나와 그 옆 아마란투스Amarantus라는 이름의 리베르투스 소유 저택을 발굴하는 데 여러 해를 보냈다.

그날은 더웠고, 한낮의 햇볕은 살인적이었다. 그곳에 도착한 헤이는 어깨까지 내려온 금발이 약간 흐트러졌고, 목말라했다. 우리는 두 명의 고대 로마인처럼 함께 길가에 쪼그리고 앉아 병에 든 찬물을 나눠 마셨다. 내가 폼페이의 여러 복원한 분수대 가운데 하나의 쿠피도 Cupido(큐피드)의 입에서 채워 온 것이었다. 대화가 진행되면서 헤이의 이야기는 2000년 전 이곳에 있었던 노동계급 주거 구역을 되살려내고 있었다.

스타비아나 거리에서 델라본단차 거리로 우회전하고 다시 치타리스타Citarista라는 좁은 샛길로 우회전해 조금 내려가면 아마란투스의 술집이 나온다. 리베르투스인 아마란투스가 그곳에 가게를 열었을 때 거기에 붙어 있던 수백 년 된 저택은 여러 해 동안 방치되고 막 지진도 겪은 터라 수리가 절실하게 필요했다. 아마란투스는 그것을 멋지게 재단장하고 싶었으나, 분명히 가능한 최소 비용으로 하고자 했다. 공인들은 집 뒤쪽에 멋진 식당을 재건했고, 프레스코화까지 완비했다. 그러나 아마란투스가 안뜰을 어떻게 했는지를 이야기하면서 헤이는 말을 돌리지 않았다. 이렇게 말이다.

"지붕은 개떡 같았어요. 그냥 갈대를 석회로 둘둘 뭉쳐놓은 거예요."

수조는 바닥에 웅덩이 모양만 만들어놓은 것에 불과해 실제로 물을 가둘 수가 없었다. 실제로 안뜰은 거의 타베르나에서 쓸 포도주를 담은 수십 개의 암포라를 두는 지저분한 저장 구역으로 쓰였다. 아마란투스는 안뜰 건너의 이전에 고급 침실이었던 방들을 그대로 남겨뒀으나 거기에 노새와 개들이 살게 했다. 헤이는 화산재가 떨어질 때 동물들이 있던 곳에서 그 유해를 직접 발굴했다.

아마란투스는 아마도 거리 위쪽의 축융장과 빵집의 방식을 모방했던 듯하다. 그곳들은 한때 지역 유지들이 사업상의 거래를 하고 정치 공작을 하던 안뜰을 작업장으로 채웠다. 그러나 이 술집 주인은 분명히 이전의 저택 분위기도 부분적으로 유지하기를 바랐다. 그렇지 않았다면 왜 굳이 창고 공간에 모조 수조를 만들었단 말인가?

아마란투스의 신분 상승을 위한 허세가 어떠했든지 간에 그의 고객들은 그와 같은 리베르투스 또는 중간치들이었을 듯하다. 헤이는 싱긋 웃으며 말했다.

"그곳은 아마도 고급스런 술집은 아니었을 겁니다. 공인들과 작업장에서 일하는 사람들을 위한 곳이었겠죠. 이웃에는 적어도 두세 곳의 칠 가게와 가룸 생산자가 있고요. 상업 활동이 활발하게 이루어졌고, 그 집 맞은편에도 술집 하나가 또 있었습니다. 동네 사람들이 여기 와서 먹고 마시고 했겠죠."

헤이의 동료들은 술집에서 팔던 품목 일부도 알아냈다. 그들은 타베르나의 냄비에서 나온 음식 찌꺼기와 아마란투스의 고객들이 화장실 오물통에 남긴 거대한 오물 더미를 분석해, 아마란투스의 타베르나에서 물고기·견과·무화과 등을 주로 팔았음을 밝혀냈다. 음식은 풍부하고 고급이었다고 헤이는 말한다. 폼페이는 계급 분열로 흔들렸지만, 그 주변의 농촌은 부자와 가난한 이들 모두에게 먹을 것을 대기에 충분했다.

아마란투스는 수입 포도주도 시험 삼아 팔았다. 헤이는 크레타Creta산 포도주를 담은 암포라 60개 속에 가자Gaza산 포도주를 담은 것이 하나 섞여 있음을 발견했다. 헤이는 놀라워했다.

"이것은 폼페이에서 발견된 유일한 가자산 포도주예요. 나는 그가 손님들에게 조금 색다른 것을 제공하려 했다고 생각하고 싶습니다."

아마란투스도 이웃의 다른 많은 리베르투스와 마찬가지로 지역 정치에 참여하고 있었다. 고고학자들은 아마란투스의 이름(그리스 이름의 라틴어 변형으로, 노예였다가 해방된 사람에게 걸맞은 이름이다)을 그의 가게 바깥의 손으로 쓴 벽보에서 처음 발견했다. 고객들에게 자신이 가장 좋아하는 후보에게 투표해달라고 부탁하는 내용이었다. 유감스럽게 도 필사자는 아마란투스의 이름과 그가 지원한 후보 이름을 모두 잘못 썼다. 헤이는 이렇게 주장했다.

"아마도 벽보를 쓴 친구가 약간 술기운이 있었던 듯해요."

아마란투스의 가게 옆에 칠 가게가 있었는데, 아마도 아마란투스가 그 이웃에게 포도주 한 잔 먹이고 그 대신 그 글을 써달라고 흥정했으 리라는 게 헤이의 추측이다. 그 결과로 나온 것이 예술적 명작은 아니 었지만, 아마란투스가 자기네 도시의 정치적 관계망 속에 엮여 들어가 있었다는 강력한 증거를 제공했다. 테렌티우스 네오에게 투표해달라 고 사람들에게 호소한 빵집 주인 및 그 아내와 똑같았다. 아마란투스 는 틀림없이 대부분의 시간을 술집에서 일하며 보냈을 것이다. 그러나 그 역시 고객인 중간치들이 누구에게 투표해야 할지에 관해 열정적인 견해를 지니고 있었다.

거시기 빨기의 여왕

아마란투스의 술집에서 북쪽으로 일곱 블록 가서 도시 성벽 부근의 한 칙칙한 샛길에 산책 나온 눈치 빠른 관찰자라면 아주 색다른 선거 홍 보를 발견할 수 있다. 그곳에 누군가가 글자마저 틀리게 낙서를 휘갈 겨 놓았다. 대략 번역해보면 이런 내용이다.

이사도루스Isadorus를 조영관造營官으로 뽑아주실 것을 부탁드립니다.

그는 여자 거기를 정말 잘 핥아요.[8]

이것은 분명히 돌려 치는 칭찬이었다. 이사도루스는 아마도 성적인 기량으로 이름이 거론돼 자존심이 깎여 얼굴이 붉어졌겠지만, 로마인들은 보통 구강성교를 노예나 여성을 위한 하찮은 일로 여겼다. 그러나 이런 풍자적인 선거 홍보는 전혀 이례적인 것이 아니다. 폼페이는 성적인 낙서와 그림으로 충만해 있었다.

18~19세기에 이 도시를 발굴하던 고고학자들은 근사한 집 벽에 그려진 색정적인 그림, 그리고 공공 광장, 가게 앞, 심지어 보도를 장식하고 있는 절단된 남성 성기 모습이 무더기로 나오는 것을 보고 충격을 받았다. 생식력의 신 프리아포스와 놀랍도록 큰 그의 남근은 '베티우스 형제의 집'에서만 발견된 것이 아니었다. 물론 그것이 특히 기억에 남는 모습이기는 하지만 말이다. 프리아포스는 폼페이 전역에서 인기 있는 우상이었다. 이 도시는 아마도 고고학의 보고로서의 중요성만큼이나 그 음란한 그림으로도 잘 알려져 있을 것이다.

그러나 이 모든 남근 그림은 사실 폼페이를 우선 고고학의 보고로 만드는 여러 가지 요소 가운데 하나다. 이는 아마도 현대 서방 사람들에게 기독교 이전 로마의 문화와 그 이후 문화 사이의 근본적인 문화적 괴리를 보여주는 가장 부조화스러운 사례일 것이다. 폼페이 사람들에게 베티우스 형제의 프리아포스 그림은 그들이 돈을 벌었음을 드러내는 요란스런 방법임을 곧바로 알 수 있게 하는 것이었다. 남근 모양의 풍경風磬과 조각품은 행운을 의미하는 것으로 여겨졌고, 많은 가게에서는 이를 전시해놓고 있었다. 오늘날 가게 주인들이 창에 앞발을

흔드는 귀여운 고양이 '마네키네코招き猫'를 두는 것과 똑같은 이유에서다. 고대 로마에서는 성적인 표현이 그다지 금기 대상이 아니었다. 나중의 기독교 세계에서처럼 성과 성기를 금기 사항으로 취급하지 않는 문화가 반영된 것이었다.

20세기 말과 21세기 초에 성에 대한 태도가 변하기는 했지만, 폼페이와 이웃 헤르쿨라네움에서 발견된 성 관련 유물들은 여전히 나폴리 박물관의 특별 구역인 '비밀 수장실'에 보관돼 있다. 호기심 많은 역사학 생도들은 그곳에서 점토제 남근 조각품이 가득한 바구니를 경외의 눈으로 바라보거나, 발과 날개와 다시 작은 남근이 달려 있는 매력적인 남근 소조각상(정말로 남근이 달린 남근이며, 최고의 행운을 표현하기 위한 것이다)에 감탄할 수 있다. 게다가 다양한 동물 및 사람과 성교하고 있는 우아한 신들의 조각상들도 있다.

이 금지된 역사의 유혹이 많은 사람들을 루파나르lupanar(라틴어로 '암늑대 소굴'이라는 뜻이다)라는 폼페이의 유곽으로 이끄는 요인이다. 그것은 아마란투스네 동네에서 델라본단차 거리 너머 교차로에 있는 평범한 2층짜리 세모꼴 건물이다. 루파나르는 2000년 전에도 지금처럼 세인의 이목을 끌었던 듯하다(다만 이유는 상당히 달랐다). 물론 학교에서 라틴어를 배워야 했던 관광객들은 지금 우리 문화를 만들어낸 위인이라는 사람들 또한 벽에 음란한 그림이 그려져 있는 방의 붙박이 석고 침대에서 성교를 했다는 생각에 흥분을 느낀다.

아마란투스의 시대로 돌아가면, 워싱턴대학 고고학 교수 새라 레빈리처드슨Sarah Levin-Richardson의 용어로 '특설 유곽'[9]에서 성 매수를 하는 것은 특별한 일이었을 것이다. '특설'이라는 말은 그곳이 특별한 소매점임을 강조하기 위해 사용한 것이다. 바람기 많은 로마인들은 어디든 유흥이 펼쳐지는 곳이면 흔하게 성 매수를 할 수 있었고, 성 노동자들은 보통 타베르나의 방이나 주인의 저택에 붙어 있는 가게 점두에서 일했다. 일부는 '광장' 같은 붐비는 지역을 돌아다니며 일했다. 시설 전체를 오로지 성 노동에만 충당하는 것은 이례적인 일이었을 것이다. 초콜릿 넣은 음식만 파는 식당 같은 것이다. 그것은 한마디로 이례적인 시설이었다. 그것이 아마도 고고학자들이 로마 세계에서 여태껏 폼페이의 루파나르 이외의 특설 유곽을 발굴하지 못한 이유일 것이다.

내가 루파나르를 찾았던 날, 그곳은 단지에서 가장 붐비는 명소였다. 길게 이어진 관광객의 행렬이 한 거리에 있는 앞문으로 들어가 중간 중간 붙박이 침대가 있는 방으로 들어가는 출입구가 있는 복도를 빠르게 지나고 역시 빠르게 또 다른 문을 나와 다음 거리로 향했다. 그들은 이탈리아어·일본어·영어를 쓰는 관광 안내원들의 인솔로 출입구 위 판자들에 그려진 색정적인 프레스코화를 힐끗 쳐다보았다. 남녀들이 여러 집단과 위치에서 뛰노는 모습이었다. 그것은 어딘지 성인 웹사이트 홈페이지의 오프라인판 같은 모습이었다. 스리섬은 여기를 클릭하세요. 게이 남성은 여기를 클릭하세요. 도기 스타일은 여기를 클릭하세요.

인터넷 포르노를 보며 자란 세대에게 베개가 놓인 침대의 반라半裸 인물의 색이 바랜 모습은 상대적으로 시시하다는 생각이 들었다. 대학 기숙사를 무대로 한 섹스코미디 같았다. 지금은 이곳이 바람이 잘 통하고 개방된 곳처럼 느껴지지만, 그 전성기에 방들은 대개 비좁고 어두웠다.

리베르투스가 성 노동자가 되는 것은 흔한 일이었지만, 이곳 노동자 일부는 노예였고 그들은 자신이 하는 일에 대한 선택권이 없었다. 그러나 레빈리처드슨은 루파나르의 여성들이 캐나다 소설가 마거릿 앳 우드Margaret Atwood의 《시녀 이야기The Handmaid's Tale》와 같은 끔찍한 디스토피아에 있었던 것은 아니라는 증거를 찾아냈다. 많은 사람들은 자기네 일에 대해 반항적인 자부심을 가졌다.

레빈리처드슨은 여러 해 동안 이 도시의 특설 유곽을 연구했다. 거기서 일한 사람들이 어떤 상태였는지에 대한 단서를 찾기 위해서였다. 그 결과 음란 낙서에서 약간의 답을 찾아냈다. 앞에 나온 조영관 선거용 가짜 홍보물과 상당히 비슷한 낙서들이다. 루파나르의 수많은 낙서는 오랫동안 남자들이 쓴 것으로 생각됐지만, 레빈리처드슨은 그 상당 부분을 분명히 여자들이 썼다고 지적했다. 여성이 글을 아는 것은 폼페이에서 흔한 일이었으며, 글을 아는 노예들은 '테렌티우스 네오의 집' 초상화에 나오는 리베르타처럼 주인의 가게부 기록을 도왔다. 이곳 성 노동자의 적어도 일부는 틀림없이 글을 알았다. 스스로를 여성이라고 밝힌 사람의 낙서를 레빈리처드슨이 찾았기 때문이다. 루파나르의 벽에 쓰인 간단한 한 문장은 번역하면 이렇다.

나(여성)는 이곳에서 당했다.[10]

다른 낙서는 여성들이 자신의 성적인 능력을 과시하는 주장을 적기도 했다. 일부 여성은 자신을 '펠라트릭스fellatrix' 또는 '펠라트리스fellatris'라고 밝혔다. '빨다'를 의미하는 동사의 여성-명사형이다. 대략 '거시기 빨기의 여왕'이라고 번역할 수 있을 것이다. 특히 흥미로운 것이 유곽 복도에 쓰인 '무르티스Murtis·펠라트리스Felatris'라는 낙서다. 양식화된 글자에 가운뎃점까지 찍어 '광장' 벽에 유명인의 이름과 칭호를 적는 방식을 모방했다. 거시기 빨기의 여왕 무르티스는 속주屬州 총독이 쓰는 방식으로 자신의 이름을 썼다. 성 노동자인 자신의 별 볼 일 없는 역할을 총독만큼이나 높은 어떤 것으로 바꾼 것이다.

다른 여성들은 '푸투트릭스fututrix'라는 칭호를 썼다. 주도적으로 성 교를 한다는 의미의 동사를 명사화한 것으로, '성교하는 여자'로 번역 할 수 있겠다. 스스로를 푸투트릭스로 부른 여자들은 무르티스가 했던 것처럼 그저 정치적인 칭호라는 생각을 가지고 유희를 한 것만이 아니 었다. 그들은 우월한 사회적 역할을 하고 있음도 주장한 것이다. 로마 문화에서 남성들은 성교를 주도하는 자와 피동적인 자의 구분을 엄격 히 했다. 피동적인 자는 신분이 낮은 것으로 보았다. 여자나 노예가 그 들이다. 푸투트릭스인 여자는 주도하는 자였고, 따라서 그 고객은 아 랫사람이었다.

나는 루파나르를 줄지어 구경하는 사람들의 대열에서 빠져나와 한 방으로 들어갔다. 지금은 텅 빈 침대가 있었다. 서기 70년대에 이곳에 는 담요와 베개가 놓여 있고 불이 밝혀져 있었다. 그리고 벽 가득 금방 쓴 낙서는 침대 사용자가 그들의 주인인 남자들만큼이나 우월한 존재 라고 주장하고 있다. 부유한 남성들이 쓴 글 너머의 뒷골목과 노예 처 소를 바라봄으로써 우리는 엄격한 로마의 사회적 역할이 말 그대로 바 닥에서부터 다시 쓰이고 있는 사회의 증거를 발견한다. 아마란투스나 베티우스 형제 같은 과거의 노예들이 돈을 벌고 영향력을 지닐 수 있 었다. 줄리아 펠리체 같은 여자들이 재산을 가질 수 있었다. 그리고 무 르티스 같은 성 노동자들의 이름이 수천 년 동안 기억되고, 반면에 그 고객들의 이름은 재가 되어 날아갔다.

그러나 연구자들이 200여 년 동안 폼페이를 발굴했음에도 불구하고 무르티스와 아마란투스가 살던 세계에 대해서는 최근까지도 극소수의 사람만이 이해하고 있다. 부분적으로 그것은 데이터고고학이 우리에게 상류층 이외 사람들의 삶을 탐구할 새로운 도구를 제공했기 때문이다. 그러나 그것은 또한 우리가 역사를 연구하는 방식에 보다 근본적인 문제가 있기 때문이기도 하다.

19~20세기 사람들이 폼페이를 소중하게 여기고 추가 발굴을 위해 거듭 이곳을 찾았지만, 그 문화에는 그들이 잊고 싶은 부분이 있었다. 그들은 남근 조각품이나 음란한 낙서를 발견하자 이를 '비밀 수장고'에 넣고 잠가버렸다. 그들의 기독교적 가치관을 벗어던지고 로마인들의 눈으로 이 인공물들을 바라보기가 너무 어려웠기 때문이다. 2000년이 돼서야 나폴리 박물관의 '비밀 수장고'가 일반 대중에게 공개됐다. 로마의 성 문화는 현대 서방 세계 사람들의 감성에는 너무도 낯설어 그것을 이해하기가 사실상 불가능했다. 이전 시기의 박물관 큐레이터들은 행운을 비는 남근 장식물을 음란물처럼 다루었고, 역사가들은 성 노동자를 연구 가치가 있다고 생각하지 않았다.

그러나 로마 문화의 이 부분을 이해하기를 거부한다면 폼페이 같은 곳의 사회 구조를 완전하게 이해할 수 없다. 이곳은 사생활이 말 그대로 상당히 공개된 곳이었다.

로마의 화장실 예법

나는 '광장'의 아치와 흉상 기단을 거의 쳐다보지 않았다. 나는 고위 정치인들을 위한 이 신성한 홀 동북쪽의 표시 없는 방을 찾아가고 있었다.

마침내 찾았다. 높은 벽의 눈높이보다 훨씬 높은 곳에 홀로 나 있는 창문을 통해서만 알아볼 수 있는 방이었다. 그 안의 벽을 따라 나 있는 홈통은 흙과 잡초투성이였다. 이곳은 얼마 되지 않는 이 도시의 공중 화장실 가운데 하나였고, 그 디자인은 가게 문 옆에 그려진 절단된 남근을 보는 것만큼이나 거슬렸다. 악취를 내보내기 위해 높은 창문이 하나 나 있고 한때 더 어둡고 닫혀 있던 공간에서 지금 화장실의 모습을 알아보기는 어렵다.

그러나 나는 로마의 하수도에 관한 심층 연구서[1]를 쓴 미국 브랜다이스Brandeis대학 고전학 교수 올가 콜로스키오스트로Olga Koloski-Ostrow의 도움을 받아 그것을 짜 맞출 수 있었다. 한쪽 벽을 따라 깊은 도랑이 나 있었다. 한때 하수도로 가는, 쏟아져 나온 물이 가득했던 곳이다. 벽에는 돌 블록 몇 개가 튀어나와 그곳이 벤치였던 곳임을 표시해주었고, 같은 간격으로 U자형 입구 몇 개가 있었다. '광장'의 명사들이 스스로 토가를 올리고 볼일을 보던 곳이었다. 콜로스키오스트로는 내게 말했다.

"자리 사이의 간격은 30센티미터 정도예요. 아주 표준화돼 있었죠. 너무 뚱뚱하지만 않다면 옆 칸 사람과 넓적다리를 비빌 일은 없죠."

그러나 칸 사이에는 우리가 오늘날의 화장실에서 볼 수 있는 것 같은 가림용 칸막이는 없었다. 사람들은 모두 벤치에 바싹 붙어 앉았다. 그리고 화장지의 경우에는 더욱 개인 영역이라는 게 없었다. '광장'을 찾은 한 남자(이런 공중 화장실은 남자용이 대부분이었다)가 볼일을 마치면 그는 크실로스폰지움xylospongium이라는 끝에 스폰지가 달린 막대기를 잡고 발치에 있는 물이 흐르는 얕은 도랑에 담갔다가 자기 엉덩이 밑의 벤치에 난 구멍에 꿴 뒤 닦는다. 공중 화장실이든 개인 화장실이

든 크실로스폰지움은 공용이었다.

이곳은 때로 우리가, 스스로 개명했다고 생각했던 한 사회에 관한 심오한 진실을 캐낼 수 있는 가장 지저분하고 불결한 곳이다. '광장'의 화장실을 보면 로마의 일류 도덕가들이 기독교도들처럼 신체의 일부나 생체의 기능을 드러내지 않는 데 집착하지 않았음이 분명하다. 대신에 그들은 사람들이 도시 공간에서 움직이는 방식을 통제하는 데 초점을 맞추었다. 콜로스키오스트로가 내게 말했듯이 '광장' 화장실은 정말로 점잔을 빼는 곳이 아니었다.

"내가 확신컨대 많은 로마인들은 거리에서, 골목에서, 도시 성벽 밖에서 볼일을 보았습니다. 도시 변두리에 가면 '여기서 볼일 보지 마시오'라는 낙서가 있습니다. 사람들이 거기서 볼일을 보지 않았다면 그렇게 써놓았을 리가 없지요."

공중 화장실은 행동을 통제하기 위한 것이었다고 한다.

"로마 지도층은 변을 보는 곳에 (화장실을) 세운 겁니다. '광장' 바닥에 인간의 배설물이 있는 것을 원치 않았기 때문이지요. 그들은 거리는 신경 쓰지 않았지만, 깨끗한 제국의 광장 본래의 모습을 원했습니다. 그것은 공간을 통제하는 방법이었습니다. '여기가 볼일을 보는 곳이다'라고 한 거죠."

나는 폼페이 전문가들과 이야기를 하면 할수록 로마인들이 공간을 '통제'하고자 했다는 말을 더 많이 들었다. 거리에서부터 타베르나까지 모든 공개된 영역은 공식 및 비공식 규칙의 거미줄에 붙잡혀 있었다. 루파나르에서조차도 낙서는 성적 입장의 사회적 의미와 깊숙한 관련을 맺고 있는 사회를 반영한다.

로마인들의 자아와 도시 안에서의 사람들의 물리적 조직 사이에는 상징적인 연결이 있었다. 땅과의 정서적·정치적 연계를 발전시키는 초기 단계에 있었던 차탈회윅 사람들과 달리 로마의 도시인들은 정주 생활이 유목 생활을 밀어낸 지 이미 수천 년이 지난 세계에 태어났다. 시간이 지나면서 차탈회윅의 경우 집에서 했던 대부분의 작업과 행위들은 바깥으로 쏟아져 나가 온 도시의 공적 장소가 됐다. 빵집, 축융장, 묘지, 신전, 귀금속 가게, 조각실, 칠 가게, 타베르나, 그리고 물론 화장실.

도시는 집의 집합체라기보다는 화려하고 복잡한 공적 공간이었다. 사람들의 집은 대체로 개방된 곳이었고, 안뜰은 거리를 향해 열려 사업 파트너와 손님들을 맞는 장소 노릇을 했다. 이런 경향은 중간치들이 자기네 집을 생활-작업 겸용 공간으로 변환시키면서 강화됐다. 이곳에서는 일과 사생활 사이의 구분이 별로 없었다. 로마인들은 도시를 성관계와 배변에서부터 오락과 정치 행위와 목욕에 이르기까지 모든 일을 전담하는 특화된 공적 지역으로 나눔으로써 땅과의 연계를 표현했다고 할 수 있다. 이런 공간들 사이를 돌아다니는 것이 폼페이 사람이 되는 한 방법이었다.

우리가 광각의 조망을 위해 물러서면 이와 같은 생각을 로마 제국 전체에 적용할 수 있을 것이다. 각 도시는 각기 특화된 자기네의 기능이 있었다. 지중해 연안을 감싸고 있는 이 뻗어나가고 있던 문명의 더 큰 영광 속에서 해야 하는 스스로의 역할이다. 폼페이는 환락의 도시였다. 아름답고 맛난 음식으로 유명했다. 이곳은 위엄 있고 강력한 도시 로마의 버릇없지만 사랑스런 의붓딸이었다.

그곳이 통제할 수 없고 무시무시했던 광포의 순간에 사라지자 그것은 역사적 트라우마가 됐다. 수천 명의 생명을 잃은 데 따른 공포보다도 더한 것이었다. 공공 공간들이 파괴됐고, 그와 함께 로마의 정체성 가운데 한 부분도 파괴됐다. 따라서 베수비오 분출에 대한 로마의 대응도 우리가 차탈회윅에서 보았던 것 같은 길고 점진적인 이탈이 아니었다. 아무도 폼페이를 버리겠다고 결심하지 않았다. 그곳이 불더미 속에 묻힌 것은 거의 견딜 수 없는 상실로 느껴졌다. 그리고 많은 생존자들은 서둘러 다른 도시들에서 자기네의 삶을 재건하고 그들이 잃어버린 공적 공간의 새로운 변형을 건설하는 데 헌신했다.

6장
산이 불탄 뒤

그것은 지진으로 시작됐다. 나폴리만 부근의 도시에 살던 사람들은 지진에 익숙했다. 그러나 서기 79년 가을의 '그날' 그들이 느낀 충격파에 크게 놀란 사람은 아마도 별로 없었을 것이다. 그들은 계속해서 사업체를 운영했고, 수확 작업을 했으며, '광장'에서 떠들어댔다.

그러나 이때 베수비오산이 연기를 뿜기 시작했다. 로마 세계에서는 이전에 아무도 화산 분출에 대한 기록을 남기지 않았고, 나중에 라틴어로 베수비오에 관해 쓴 사람들은 산이 "시커멓고 지독한 구름"으로 뒤덮였으며, "빠르고 요동치는 섬광과 함께 터지고 그 뒤에 여러 가지 모양의 불덩어리를 뿜어냈다. 불덩어리들은 막전幕電(먼 곳에서 활동하는 뇌우의 번갯불을 받아서 구름 전체가 밝아지는 현상)과 같았지만 훨씬 컸다"라고 묘사했다.[2] 상상키 어려운 재앙처럼 보였을 것을 쉽게 묘사할 수 있는 말은 없었다. 연기는 적어도 하루(어쩌면 이틀) 동안 하늘에 가득했고, 그런 뒤에 산은 바위를 뿜어내기 시작했다. 일부는 폼페이의 보다 부유한 동네 거리에 깔린 돌들만큼 컸다.

　지진은 계속됐다. 그제야 사람들은 공포에 질려 도시를 떠나기 시작했다. 사람들은 수레와 도보로 귀중품을 챙겨 북쪽 또는 내륙으로 달아났다. 돌이 옥상으로 떨어지고 벽에 부딪쳤으며 도자 간판을 깨뜨렸다. 이 화산 분출 현장에서 탈출한 일에 관한 목격자의 기록은 딱 하나가 있다. 플리니우스(조카)의 것이다. 그는 외숙과 헤르쿨라네움 및 폼페이에 살던 다른 수천 명의 사람들이 희생된 이 사건이 일어난 지 수십 년 뒤에 자신의 경험을 기록했다. 그는 숙모와 함께 많은 사람들 틈에 끼여 대피할 때 허공에 연기가 가득했다고 적었다. 너무도 어두워서 그들은 자주 발을 헛디뎠다.

　분명히 위험했음에도 불구하고 수천 명의 사람들은 그대로 남아 있었음을 우리는 안다. 자유민들은 스스로의 선택으로 남았고, 반면에 노예들은 주인의 명령에 따라 남았다. 거리에 재와 돌이 1미터나 쌓였기 때문에 남아 있던 사람들도 이제 떠나야 한다는 사실을 알았을 것이다. 소피 헤이(아마란투스 이야기를 해준 사람이다)는 재 속에서 발견한 폼페이는 엉망진창 상태였다고 말했다. 사람들은 귀중품을 챙기고 재산을 보다 안전한 장소로 옮겼다. 헤이는 이렇게 말했다.

　"제자리에 있는 것은 아무것도 없었어요."

　그리고 사람들은 모두 떠나갔다. 도시 주민의 절반 이상이 거리에서 죽었다. 재와 먼지가 북쪽에서 날아오자 도시 남쪽 지역으로 도망치던 사람들이었다.[3]

　아마도 사람들의 마지막 순간에 관한 가장 가슴 아픈 기록은 폼페이 외곽의 부촌인 헤르쿨라네움의 부두에서 일어난 일일 것이다. 그곳의 창고 공간은 통상 화물을 싣고 내리는 데 사용되던 것이었는데, 고고학자들이 여기서 수십 구의 시신을 발굴했다. 헤르쿨라네움은 베수비오산에 더욱 가까운 위치(이 화산의 북쪽이었다)여서 죽음이 더 빨리 이곳에 닥쳤다. 유골들이 창고 후면에 무리로 뒤엉켜 서로 짓누르고 있었고, 귀중품 자루를 움켜쥔 사람들이 많았다. 이들은 구조선을 기다리다가 까맣게 탄 사람들의 유해였는데, 기다리던 배는 오지 않았다.

아름답고 푸른 산에서 뿜어져 나와 퍼붓는 불길에 몸을 웅크린 그들이 느꼈을 공포는 쉽게 상상할 수 있다. 그들이 즐겼던 수많은 가든파티와 축제에서 배경 노릇을 했던 산이었다. 이 사람들은 좋은 옷을 입고 살았고, 몸을 비스듬히 기대고 앉아 하인이 가져다주는 포도주를 마셨을 것이다. 그러나 그들은 초라한 창고에서 죽었다. 마치 노예들처럼. 그들을 구조하러 올 사람들 역시 죽었다. 플리니우스는 자신의 외숙이 구조 활동을 돕기 위해 배를 타고 나갔다가 죽었다고 말한다.

폼페이에서 모두 합쳐 1150구의 시신이 발견됐다. 도시의 발굴되지 않은 지역에서 더 많은 시신이 발견될 가능성이 있기 때문에 고고학자들은 보통 이 도시 인구 1만 2000명의 10분의 1이 죽은 것으로 추산한다.

폼페이에 가해진 마지막 일격은 바위와 재가 쏟아진 것이 아니라 지질학자들이 화산쇄설류火山碎屑流, pyroclastic flow라 부르는 것으로부터 온 것이었다. 이는 과열된 기체가 몇 차례 폭발한 것으로, 그것이 지나는 길에 있는 모든 생명체를 순식간에 삶아버렸다. 그 영향은 베수비오산 주위 최대 10킬로미터까지 미쳤다. 이 급속한 파동 이후 하늘에서 계속 재가 떨어져 폼페이를 6미터에 이르는 뜨거운 유독 물질 아래 묻어버렸다. 사람과 말·개 등 동물들의 시체가 재 아래에서 썩어 움푹 패었다.

1860년대에 고고학자 주세페 피오렐리 Giuseppe Fiorelli(1823~1896)는 그 팬 곳에 석고 반죽을 부어 화산 분출 때 희생된 사람의 위치와 심지어 얼굴 표정까지 재현할 수 있었다. 오늘날 폼페이를 찾는 사람들은 원형극장 옆 주차장을 들어서면 이 석고 신체가 들어 있는 두 개의 커다란 진열 상자를 지나게 된다. 이들의 모습은 끔찍하고 충격적이다. 이들을 시체로 생각하지 않기는 어렵다. 오래 전에 먼지로 돌아간 신체의 주물이지만 말이다. 어떤 사람들은 죽음을 예견하고 방어적으로 팔을 머리 위로 올렸다. 어떤 사람들은 평화롭게 잠들었다. 이로 인해 나는 차탈회윅의 사후 세계에 대해 생각했다. 차탈회윅이 버려지고 수백 년 뒤 코냐 평원에 사는 사람들은 이곳을 죽은 사람들의 묘지로 사용했고, 그 땅을 성스럽게 생각했다.

폼페이 역시 죽은 자들에게 기념물이 됐다. 거리와 가게 곳곳에서 삶의 흔적이 발견되지만 이곳을 방문하면 이 도시가 얼마나 끔찍하게 사라졌는지를 마주할 수밖에 없다. 서기 79년을 살았던 로마인들에게 이 감정은 훨씬 강렬했다. 이 재난은 제국 전체를 뒤흔들었고, 그 난민들은 인근 도시들로 몰려갔다. 그들은 자기네 고향을 그렇게 무지막지하게 잃은 일을 평생 잊을 수 없었다. 그 분출은 아마도 너무 끔찍했기 때문에 사람들이 역사에서 지워버리고 싶은 사건이 된 듯하다.

내가 거리 전문가 에릭 폴러에게 이에 관해 묻자 그는 로마 세계에서 그토록 중요한 사건에 대해 어떻게 아무런 이야기도 없는지에 대해 놀라워했다. 그러나 그는 재난 이후에 나타나는 '침묵의 세대'라는 20세기 역사에서 나온 개념을 알게 된 이후 그것을 조금 이해하게 됐다고 말했다. 비슷한 종류의 문화적 침묵이 1918년 에스파냐 독감 대유행 이후에 있었다. 이때 불과 몇 달 만에 67만 5000명 이상의 미국인

이 죽었다. 제1차 세계대전 전 기간 동안 죽은 사람보다 많았다. 이 전염병으로 많은 사람이 죽었지만 정부와 언론은 그 심각성을 경시했다. 그리고 유행이 끝나자 거의 아무도 이에 대해 쓰는 사람이 없었다.[4]

폼페이 파괴에 대한 로마인들의 침묵은 이 분출이 얼마나 충격적이었는지에 대한 가늠자로 생각할 수 있다. 로마를 파괴한 여러 화재와 공화국을 강타한 전쟁들과 달리 이는 돈이나 인력으로 해결할 수 없는 재난이었다.

"엄청난 악몽"

내가 폼페이 폐기를 처음 연구하기 시작했을 때 나는 사람들이 도시를 급작스럽게 포기한 것이 당혹스러웠다. 서기 79년에 로마 제국은 부와 영향력 면에서 전성기였다. 왜 티투스 황제는 많은 노예들을 보내 폼페이와 헤르쿨라네움을 잿더미 아래에서 파내지 않았을까?

분명히 그것은 거대한 작업이었으리라고 생각한다. 그러나 로마시는 여러 차례의 파멸적인 화재 이후 도시를 재건한 것으로 유명하다. 그것은 방대한 사업이었고, 고가 송수로高架送水路를 건설하는 것 역시 마찬가지였다. 티투스가 돈을 쓰는 것을 두려워한 것 같지는 않다. 아버지 베스파시아누스 Vespasianus(재위 69~79)의 치세 동안에 그는 유다이아 Iudaea 반란 진압을 위해 막대한 양의 자원을 쏟아부었다. 그리고 그는 황제로서의 치세 첫해를, 아버지가 시작한 엄청나게 비싼 원형 경기장 콜로세움Colosseum 건설을 마무리하는 데 보냈다. 공사 담당자들은 콜로세움에 물을 채울 수 있도록 건설했다. 로마인들이 모의 해전을 관람할 수 있도록 하기 위해서였다. 그와 같은 것들을 건설하는 일이 얼마나 복잡했을지를 생각하면, 티투스가 왜 폼페이 또한 재건해 자신의 힘을 보여주고 싶지 않았겠는가?

이 문제에 대한 표준적인 대답 하나는 사람들이 폼페이로 돌아가는 것을 두려워했다는 것이다. 땅에서 불을 뿜게 하는 초자연적인 힘에 겁을 먹었다는 얘기다. 그러나 로마인들은 그보다 훨씬 실용적이었다. 서기 62년의 파멸적인 지진에서 살아남은 사람들은 고향으로 돌아와 도시를 재건했고, 중간치들은 버려진 저택을 가게로 바꿀 수 있는 기회를 얻었다. 따라서 땅에서 뿜어져 나온 재앙이 먼저 폼페이 사람들의 발길을 묶었을 것 같지는 않다. 이것은 나로 하여금 더욱 알 수 없게 만들었다. 나는 이 때문에 더욱 깊은 의구심을 품었다.

나는 이것이 단지 로마 지도층이 폼페이보다 다른 일을 우선시한 탓이 아닌지부터 생각하기 시작했다. 이곳은 백 년 전에는 귀중한 휴양지였지만, 제국이 더욱 확장됨에 따라 행락객들은 에스파냐와 포르투갈의 해안에서 해변 휴양을 하는 것도 가능해졌다. 북아프리카의 도시들도 고급스러워졌다. 카르타고와 이웃 우티카Utica에서는 과거 포에니의 도시 설계를 지우고 로마식 도시 구조를 갖추었다.[5] 이곳은 지역의 별미인 어장魚醬 가룸의 산지로서도 더 나은 곳이었다. 가룸은 폼페이의 주요 수출품 가운데 하나였다. 폼페이가 그저 유행에 뒤떨어진 것일까, 아니면 정치적 골칫덩이가 된 것일까? 내 생각으로는 티투스와 로마 지도층이 계산된 결정을 내린 듯하다. 폼페이는 그저 총력 복구 활동을 벌일 만큼 충분히 중요하지 않았다는 것이다.

그런 뒤에 나는 화산쇄설류 전문가로 뉴질랜드 콩코디아Concordia 대학에서 지질학을 가르치는 재닌 크리프너Janine Krippner와 이야기를 나누었다. 크리프너는 미국 워싱턴주 세인트헬렌스St. Helens산의 분출을 직접 연구했고, 폼페이를 파괴한 것과 비슷한 파멸적인 화산 분출을 겪은 다른 지역들도 방문했다. 내가 크리프너에게 전화를 걸어 베수비오산 분출 이후 무슨 일이 일어났겠느냐고 묻자 단호한 대답이 돌아왔다. 이렇게 말했다.

"생지옥이었을 겁니다. 그리고 몇 년을 갔을 거예요. 복구에는 여러 세대가 걸렸을 거고요. 엄청난 악몽이었을 겁니다."

크리프너는 내 핵심 질문에 선뜻 대답했다. 사람들이 왜 폼페이를 파내지 않았느냐는 질문.

"새로 내린 눈의 밀도는 세제곱미터당 50~70킬로그램입니다. 재의 밀도는 세제곱미터당 700~3200킬로그램입니다. 불도저 없이 그 도시를 파내는 작업 자체가 엄청났을 겁니다."

크리프너는 말을 멈추고 생각했다.

"그 꼭대기에서는 오랫동안 뜨거운 바람이 불었을 겁니다."

흙과 재의 온도는 처음에 섭씨 340도였을 것이고, 그 위에 돌과 재로 된 절연층이 있어 그 열기가 유지됐을 것이다. 게다가 재 자체는 유독 가스와 미립자를 방출했을 것이다. 그런 조건에서 일하는 사람은 모두 엄청난 열기에 시달리고 화산재를 들이마셔 곧바로 병에 걸렸을 것이다.

그러나 재난은 도시 성벽 너머에까지 미쳤다. 이것은 나폴리만 지역 전체를 덮친 환경 재앙이었다. 크리프너는 폼페이에 물을 공급하는 수로가 유독한 잿더미에 막혀 식수 공급이 끊기고 이 해안 도시를 이웃과 연결하는 수송망도 끊어졌을 것이라고 지적했다. 그리고 땅에 대한 장기적인 영향도 있었다.

크리프너는 베수비오의 후유증을 세인트헬렌스산 분출과 비교했다. 세인트헬렌스의 경우 인근에서는 40년 뒤에도 거의 아무것도 자라지 못했다. 바람이 불면 공기 중에 여전히 재가 날리고 유독한 돌풍을 만들어낸다. 폼페이는 비옥한 경작지와 맛난 음식으로 유명했는데, 베수비오는 그것을 순식간에 끝장내 버렸을 것이다. 사태가 진정된 뒤에 사람들이 재를 걷어버릴 수 있었더라도 마찬가지였다. 크리프너는 이렇게 설명했다.

"그만한 양의 화산재라면 땅이 산소 공급을 받을 수 없게 막을 수 있고, 토양의 산성화도 일으킬 수 있습니다. 그것은 농작물이 양분을 얻을 수 있는 가능성을 줄이고, 이에 따라 이후에는 무언가 기를 작물을 얻는 데 어려움을 겪게 됩니다."

폼페이와 헤르쿨라네움에서 수천 명을 죽인 베수비오산 분출은 주위 몇 킬로미터의 흙도 불모지로 만들었다. 그것은 말 그대로 땅에 독을 뿌린 것이다.

자연재해가 경고도 없이 이 도시를 그 주민들에게서 떼어냈다. 그들은 돌아가기를 간절히 원했지만 그럴 수 없었다. 티투스 황제는 직접 이 도시의 연기 나는 폐허를 시찰하고 피해를 경감할 방법을 찾아보았다.[6] 할 수 있는 방법이 없었다. 현대의 기술이 있었더라도 이 일은 해낼 수 없었을 것이다.

그러나 그들은 결국 살아남았고, 그들이 가진 폼페이에 대한 기억을 그들의 새로운 삶으로 가져왔다. 폼페이의 운명은 사람들이 스스로의 바람과는 반대로 도시를 버리도록 강제당했을 때 무슨 일이 일어나는지를 볼 수 있는 기회를 제공했다. 최근 수년 사이에 학자들은 이 지역 일대에 난민들이 대규모로 재정착하고 나폴리·쿠마에 같은 인근 도시들에서 새로운 건설 사업을 벌였다는 증거를 발견했다. 그 도시들에서 새출발을 하려는 과거 폼페이 사람들이 거리를 메우고 있었다.

가이우스 술피키우스 파우스투스의 행운

나폴리는 시끄러운 도시다. 자갈이 깔린 좁은 거리가 많고 차와 오토바이가 으르렁거리며 달려 나폴리만으로부터 엄청난 속도로 흔들거리며 오르막길을 질주한다. 이 시내 길들은 고대와 중세 로마 세계에 흔했던 노새가 끄는 수레 같은 것들을 위해 만들어진 것이다. 그러나 지금은 보행자들이, 루파나르에 있던 무르티스와 그 친구들은 꿈속에서나 볼 수 있었을 금속제 탈것들과 자리를 다툰다. 그러나 변하지 않은 것도 많다. 벽은 엄청난 양의 낙서로 뒤덮여 있고, 술집은 성업 중이다.

서기 79년으로 돌아가면, 이 도시는 네아폴리스로 불렸고 그 보도에는 화산에서 날아온 재가 소용돌이치고 있었다. 폼페이의 난민들이 조금씩 흘러들고 있었다. 어떤 사람들은 수레와 귀중품이 가득 든 자루를 가지고 왔다. 어떤 사람들은 옷 주름에 묻은 검댕 외엔 아무것도 가진 것 없이 도착했다. 많은 사람들은 크리프너가 묘사했던 화산 분진을 들이마셔 아팠을 것이다. 기침을 하고 구토를 하고 폼페이에서 먼 길을 여러 날 동안 걸어오느라 약해졌을 것이다.

어떤 사람들은 그들을 받아줄 수 있는 가족이 이곳에 있어 여기로 달아났을 것이다. 그리고 어떤 사람들은 부근에서 이곳이 그들이 아는 유일한 도시이기 때문에 왔을 것이다. 재난이 일어난 직후 며칠 동안 무슨 일이 일어났는지 확실하게 알 수는 없지만, 난민들이 이 도시의 여관에 넘쳤을 것이다. 새로 도착한 사람들은 한뎃잠을 잤을 것이다. 신전과 원형극장은 문을 열어놓아 모든 것을 잃어버리고 공포에 질린 사람들이 묵을 수 있게 했을 것이다. 그것은 오늘날 태풍과 산불 직후의 상황을 본 적 있는 사람들에게는 익숙한 장면이다.

우리는 로마 정부의 대응이 21세기 초 서방 민주국가에서 우리가 바라는 것과 흡사하다는 데 놀라게 된다. 티투스 황제는 재난을 당한 곳들을 시찰하고 이어 생존자들이 새로운 주거지를 세울 수 있도록 자금을 지원했다. 120년대 초에 티투스의 전기를 발표한 수에토니우스Suetonius(69?~130?)는 이렇게 설명한다.

(티투스는) 즉각 집정관을 지낸 사람들 가운데서 추첨으로 캄파니아Campania 복구를 위한 담당관을 선출했다. 그는 베수비오 분출로 죽은 사람들 중 살아남은 상속자가 없는 사람들의 재산을, 피해를 당한 도시들의 복구에 기증하도록 했다.

미국 마이애미Miami대학 고전학 교수 스티븐 터크Steven Tuck는 폼페이 생존자들에 관한 획기적인 연구를 한 사람인데, '캄파니아 복구'란 몇몇 해안 도시에 난민들을 위한 완전히 새로운 주택 단지로 보이는 것을 건설하는 것을 의미한다고 말했다. 베누스·이시스·불카누스Vulcanus 등 폼페이에서 인기 있던 신들을 모시는 새 신전, 대중목욕탕, 원형극장 같은 것들을 포함해서다. 이 돈의 일부는 로마의 금고에서 나왔겠지만, 수에토니우스는 또한 이것이 "베수비오로 죽은 사람들의 재산"에서 나왔다고 이야기한다. 많은 갑부들이 헤르쿨라네움과 폼페이에 휴가용 별장을 가지고 있었음을 생각하면 이는 꽤 큰 규모였으리라고 생각할 수밖에 없다.

터크는 생존자들이 네아폴리스·쿠마에·푸테올리(지금의 포추올리)·오스티아로 간 경로를 추적했다. 학자들이 리베르투스를 찾아내기 위해 사용한 것과 같은 방법이었다. 그는 묘비를 검토했다. 폼페이에만 있던 성이나 부족명이 다른 도시의 묘비에 나타나기 시작하면 그것은 난민 주민이라는 표지다.

터크의 추적 덕분에 우리는 네아폴리스에 온 생존자 가운데 베티우스 가족이 포함돼 있음을 알 수 있다. 폼페이에 있던 그의 가게는, 자신의 전신만큼 큰 남근의 무게를 달고 있는 인상적인 프리아포스 그림으로 장식돼 있었다. 그 가게 주인이었던 형제가 살아남은 것인지는 확신할 수 없다. 그들은 그저 이 가족과 관련이 있는 여러 리베르투스 가운데 두 명일 뿐이라고 볼 수밖에 없기 때문이다. 그러나 베티우스 씨족의 적어도 일부가 네아폴리스로 왔고, 다른 재난 생존자들의 곁을 지키려 했다.

난민 가족들 사이의 통혼은 매우 흔한 일이어서, 생존자들이 아마도 서로 어울려 살며 계속해서 여러 가지 일을 함께 나누었던 듯하다. 베티우스 가문의 일원인 베티우스 사비누스L. Vettius Sabinus는 한 묘비명에서 자신의 아내 칼리디아 노미난타Calidia Nominanta를 추모하고 있는데, 아내의 이름 역시 화산 분출 전에 폼페이에서만 발견되던 것이었다. 네아폴리스의 또 다른 무덤은 베티아 사비나Vettia Sabina를 추모하고 있는데, 그 남편은 폼페이의 토착 언어인 오스크어 단어가 포함된 비문을 남겼다.

우리가 알고 있는 대부분의 생존자는 리베르투스라고 터크는 말했다. 그는 그 이유 가운데 하나가, 가족들이 폼페이에서 함께 달아났고 그때 자기네의 리베르투스와 노예도 같이 움직였기 때문이라고 보고 있다. 그러나 그는 또한 리베르투스 가운데 상당수는 베수비오산이 분출할 때 일 때문에 도시 밖에 나가 있었던 덕에 살았을 것이라고 본다. 리베르투스는 해방된 뒤 이전 주인을 위해 계속 일하는 것이 흔한 일이며, 그들은 자기네 후견인들의 경제적 이익과 폼페이 바깥의 경작지를 관리하는 일을 맡는 것이 보통이었다. 이런 식으로 일했다는 사실은 또한 많은 폼페이 난민들이 나폴리만 북안에 있는 도시들에 재정착하기를 선호한 이유도 설명해준다고 터크는 말했다. 이것은 단순히 편의적인 데서 나온 것만은 아니었다. 부유한 폼페이의 후견자들은 그곳에 사업 자산을 갖고 있었고, 리베르투스들은 주인이 죽은 뒤 계속해서 이를 경영할 수 있었던 것이다.

폼페이 생존자 가운데 터크가 좋아하는 사람이 있다. 가이우스 술피키우스 파우스투스Gaius Sulpicius Faustus라는 남자다. 폼페이에 살던 은행가 가족에게서 해방된 노예다. 가이우스와 술피키우스 집안은 역사가들이 발견하기를 꿈꾸는 문서 증거 같은 것을 남겼다. 우리는 그들이 이를 도시 밖에서 만들었음을 안다. 그들이 달아날 때 술피키우스 집안을 한 작은 금융 제국(푸테올리에 있는 몇몇 창고를 포함하는)과 이어주는 기록들이 가득한 돈궤를 버렸기 때문이다. 이것은 가이우스 같은 리베르투스가 자기 후견인을 위해 관리했을 법한 알맞은 재산이었다. 서기 79년에 푸테올리는 고대 이탈리아의 중심 항구였다. 대형 화물선들이 대리석·목재·곡물·포도주 같은 대량 운송 상품들을 하역했다. 술피키우스 집안에서는 이런 상품들을 창고에 보관했다가 작은 배에 실어 로마로 보냈을 것이다.

가이우스의 자취는 멋진 해변 마을 쿠마에서 다시 나온다. 여기서 터크는 몇몇 술피키우스 리베르투스의 이름이 들어 있는 무덤을 발견했다. 터크는 가이우스와 그 가족이 재난 이후 그 주인의 재산을 계속 관리했으며, 쿠마에가 폼페이를 상기시켜주기 때문에 그곳에 정착했을 것으로 본다. 쿠마에도 폼페이와 마찬가지로 푸테올리에서 사업을 하고 있는 사람들을 위한 베드타운이었다. 터크는 푸테올리가 기본적으로 화물 보관지이고 살기에 특별히 좋은 곳은 아니었기 때문에 이런 패턴이 매우 보편화했다고 지적했다.

술키피우스 집안만이 이런 생각을 가졌던 것은 아니었다. 터크는 티투스 황제와 나중에 황제 자리를 이어받는 그 동생 도미티아누스가 쿠마에에 난민들을 수용하기 위한 완전히 새로운 주거 단지를 건설하는 데 자금을 댔다는 증거를 찾아냈다. 여러 개의 대중목욕탕, 한 개의 원형극장, 폼페이의 수호신인 베누스·불카누스를 모시는 새 신전들을 갖춘 곳이다. 게다가 그는 이 도시를 로마 도로망 체계와 연결시키는 완전히 새로운 길을 만들도록 명했다. 아마도 당연히 새 주거 단지에는 리베르투스 모임인 아우구스탈레스를 위한 집회소도 있었을 것이다. 터크는 이렇게 말했다.

"이것은 수입해 들여온 노예 노동도 아니었습니다. 현지 사람들을 위한 일이었죠."

도로는 이 도시에 특히 호화스러운 부가물이었다. 그것이 로마에서 사업과 관광을 위해 오는 사람들이 보다 손쉽게 오갈 수 있도록 했다. 황제는 푸테올리에 원형극장을 만들도록 명했다. 로마 콜로세움의 완벽한 판박이였다. 터크는 감탄했다.

"(생존자들은) 최신 시설을 갖고 있었습니다. 이는 특별하고 전례가 없는 일입니다. 나는 사람들이 (그 원형극장을) 보고 '우리는 로마만큼 좋은 것을 갖고 있다'라고 말했으리라고 상상합니다."

폼페이에서 수천 명이 죽었지만 로마 정부는 캄파니아의 수만 난민들이 삶을 이어갈 방도를 보살펴주었던 것으로 보인다. 모든 사람이 골고루 혜택을 받았는지는 알 수 없다. 우리가 가진 기록 대부분이 부유한 리베르투스의 삶에서 가져온 것이기 때문이다. 그러나 난민들은 자기네 새집에서 여전히 함께 살았고, 통혼을 하며 때로는 폼페이에서 했던 바로 그 일을 하기도 했다. 그 트라우마에 대해 공개적으로 글을 쓴 사람은 별로 없지만 그들은 폼페이 사람이라는 자신들의 정체성을 고수했다.

그러나 그들이 한 세대 안에 버린 것이 하나 있었다. 그들의 리베르투스 신분이다. 폼페이 출신 리베르투스의 자녀들은 모두 부모의 노예 이름을 사용하지 않았다. 그래서 쿠마에·네아폴리스·푸테올리에서 아무도 그들이 노예의 후손이라는 사실을 알지 못했다. 그 대신 사람들은 그들을 그저 제국의 성장과 함께 재산을 불려가는 폼페이의 유명한 가문 베티우스나 술피키우스 집안사람으로 알았다.

사람들이 폼페이에서 쿠마에나 네아폴리스로 이주한 것은 차탈회윅에서 촌락 생활로 돌아간 것과는 전혀 달랐다. 차탈회윅 주민 가운데 일부는 아마도 '죽음의 구덩이'가 있는 도무즈테페 같은 다른 대도시로 이주했겠지만, 그들 대부분은 밀도가 높은 도시 생활을 거부하고 더 작은 공동체를 선택했다. 폼페이 사람들은 자기네가 잃어버린 도시와 매우 비슷한 도시들을 찾아냈고, 베수비오 난민들은 거의 모든 것을 잃었지만 그들 생활의 연속성을 유지할 수 있었다. 이는 대체로 로마가 지역 전체를 식민화해 어떤 식으로든 교환할 수 있는 공적 공간을 만들어냈기 때문이다.

폼페이 사람들이 잃은 것은 그들 도시의 혼성 문화였다. 오스크어를 사용하는 원주민이 지켜온 전통이 이집트·카르타고·로마와 기타 수십 개의 지역에서 나온 새로운 생각과 뒤섞였다. 그러나 술피키우스 가족의 이야기로 분명히 알 수 있듯이 지중해에서의 국제 교역은 계속됐다. 그리고 이 도시 중간치들은 폼페이에서 가질 수 있었던 것보다 높은 사회적 지위를 얻었다. 노예 시절의 기억을 떨쳐버리고 부모들이 감내했던 것을 버림으로써 그 아이들은 자유민 출신이 됐다. 그것은 결연한 망각이었다. 뜨거운 재가 떨어졌을 때 로마 전체가 무슨 일이 일어났는지 잊으려고 노력했던 것과 같은 방식이었다.

폼페이에서의 마지막 저녁에 나는 해지기 전 몇 시간 동안 도시를 거닐었다. 지금 폼페이를 걷는 것이, 2000년 전 그곳의 삶의 경험을 재연하고 있다는 것이 놀라웠다. 거리는 여러 언어를 사용하는 가족들로 붐빈다. 아이들은 횡단보도의 두툼한 돌을 넘으며 뛰고 소리 지른다. 그리고 더위와 피곤에 지친 사람들은 이를 식히기 위해 거리 분수대 밑에 머리를 들이민다. 이곳이 한때 그랬던 것 같은 북적거리는 모습은 쉽게 상상할 수 있다. 고기 굽는 냄새, 넘친 포도주의 싸한 맛, 발효시킨 어장의 지독한 냄새, 이 모든 것이 거리의 악취와 뒤섞인다. 그 악취는 불쾌한 찌꺼기 국물, 폐수, 이 도시 모든 동물(사람 포함)의 배설물의 냄새일 것이다. 나는 '광장'을 둘러싸고 있는 저택들에서 델라 본단차 거리로 내려갔다. 해가 지면서 사람은 줄었다. 마침내 나는 줄리아 펠리체의 인술라 부근의 한 모퉁이에 거의 홀로 서 있었다.

나는 한 타베르나 매대의 손상된 대리석 사진을 찍었다. 한 관광객이 거리 곳곳에 복원된 공중 분수대 가운데 하나에 다가가 물병을 채우고 있었다. 거친 돌덩이로 만들어졌으나 사람 손에 닳아 매끄러워진 허리 높이의 네모난 수조는 끊임없이 흘러드는 깨끗한 찬물을 관 주둥이로 쏟아내고 있었다.

이 고대의 도시 기반시설은 수천 년을 거슬러 올라간다. 그러나 믿을 수 없을 만큼 단순하다. 이것이 만들어지기까지는 공적 공간에 대한 복잡한 생각과 돌·관을 공급하는 경제체계, 게다가 도시 계획이 있어야 했다. 그리고 그 모든 것은 사람들을 기록되거나 기록되지 않은 원칙에 따라 서로 다른 역할에 배정하는 정치적 위계가 뒷받침하고 있었다. 상인, 노예, 귀족, 아내, 후견인, 성 노동자로서의 역할이다. 폼페이의 거리에서 우리는 그 역할 변화에 대한 기록을 찾을 수 있다. 그러나 어떤 기본적인 수준에서는 그대로 남아 있었다. 6미터 높이의 화산석 아래 수천 년 동안 유지돼온 로마의 길 같은 것들이다.

앙코르

ANGKOR

개략적인
시 경계

수로

북 대수로

자야타타
바라이

서西바라이

서西메본

프리아칸

푸옥강

반티아이스라스

앙코르와

바탐방 방면

시 엠 림 강

톤레삽
(계절적 호수)

시엠립
(오늘날)

ANGKOR THOM

프리아칸 방면 →

왕궁

서문

승리문

동문

바욘

남문

벵밀리아와 코케르 방면

1 Km

동東메본 동東바라이

스라스스랑

클렌산맥

코르톰

차우스레이비볼

저수지

N

개략적인 시 경계

리하랄라야
(르 이전 수도)

삼보르프레이쿡 방면

롤루오스
(오늘날)

10 Km

7장

대체 농업사

내가 캄보디아의 프놈펜에 도착했을 때는 건기인 1월이었다. 나는 시차로 인해 멍한 상태에서 비틀거리며 거리를 걸어 내 주위의 복잡한 도시를 거의 보지 못했다.

내 생각은 천 년 된 크메르의 사원들에 가 있었다. 그 멋진 외관은 닳아빠진 돌덩이로 허물어져 두텁게 뒤얽힌 나무뿌리들에 갇혀 있었다. 크메르 제국의 수도 앙코르의 이 구조물들은 적어도 200년 동안 사라진 도시들에 관한 신화와 동의어였다. 영화 〈툼레이더Tomb Raider〉 2001년판에서도 라라 크로프트Lara Croft가 앙코르의 유명한 타프롬Ta Prohm 사원 옛터를 탐험한다.

그러나 로마 문명과 달리 크메르 전통은 사라지거나 소멸한 것이 아니다. 앙코르에서 꽃핀 문화(중앙집권화한 국가권력과 결합한 상좌부上座部, Theravada 불교의 한 형태다)는 오늘날까지 캄보디아인들의 삶에 여러 가지 측면에서 계속 영향을 미친다.

나는 한잠 자고 난 뒤 프놈펜 거리에 나가 그것을 볼 수 있었다. 이 도시는 15세기에 앙코르가 함락되면서 크메르 왕족들이 도망쳐 온 곳이다. 오늘날 600년 가까이 된 수도의 건물들은 나무뿌리가 아니라 뒤얽힌 전선 속에 가려 있다. 현대의 궁궐을 두른 담장 위에는 감긴 철선이 촘촘히 올려져 햇빛을 받아 보석처럼 반짝인다.

프놈펜은 톤레삽Tonlé Sap강을 통해 앙코르와 연결된다. 이 강은 현대 도시 프놈펜 북쪽으로 톤레삽 호수와 이어지는데, 이 호수가 고대의 수도 앙코르의 농경지에 해마다 자양분이 많은 범람수汎濫水를 제공했다.

1100년 전에 앙코르는 백만 가까운 주민·관광객·순례자가 모여드는 세계 최대급의 대도시였다. 13세기 말 이곳에 온 원나라 사신 주달관周達觀(1266?~1346?)은 정교한 도시 성벽, 숨이 멎을 듯한 조각상, 번쩍거리는 궁궐, 인공 섬이 있는 거대한 저수지에 대해 묘사했다〔그가 고국에 돌아와 쓴 여행기가 《진랍풍토기眞臘風土記》다〕. 주달관이 왕의 호화스런 행렬을 보려고 복잡한 거리를 힘들게 나아갔지만, 이 도시는 이미 멸망의 씨앗을 잉태하고 있었다. 크메르 왕들은 밖으로는 제국의 지방 중심지들에 대한 통제권을 잃고 있었고, 안으로는 도시의 필수적인 수자원 기반시설을 방치하고 있었다. 어떤 해에는 앙코르의 제방이 우기 동안에 무너졌고, 또 어떤 해에는 수로가 토사로 막혀 산에서 내려오는 물의 양이 급감했다. 그리고 이런 일이 겹치면서 수리는 더욱 힘들어졌다. 농사는 더 어려워졌다. 경제는 침체되고, 정치적 긴장은 고조됐다. 15세기 중반에는 이 도시의 인구가 수십만에서 불과 수백 명으로 급감했다.

지나고 보니 분명한 것이었지만, 그것은 너무 늦었다는 생각이 들기

전까지는 아무도 알아차릴 수 없었던 점진적인 재앙이었다. 앙코르의 폐기를 그렇게 쉽사리 잊을 수 없는 것은 바로 그 때문이다. 하루하루의 변화만을 가지고는 그곳에 살던 사람들이 이 도시의 극적인 변화를 알아차릴 수 없었을 것이다. 그들이 알고 있던 생활의 종말을 보여주는 커다란 징조는 없었다. 그 대신 짜증과 실망이 점점 쌓여갔다. 아무도 수로를 정비하는 사람이 없었고, 저수지는 넘쳐버렸다. 한때 번창하던 주거 구역들이 텅 비어 적막해졌다. 축제 기간에도 즐거운 행진은 이제 벌어지지 않았다.

젊은 세대는 자기네가 이전 세대들에 비해 더 적은 경제적 기회밖에 갖고 있지 않음을 알았을 것이다. 14세기에 영민한 앙코르의 아이는 자라나서 궁정의 전업 음악가나 학자가 될 수 있었을 것이다. 아니면 앙코르와트나 앙코르톰으로 가는 북적이는 길에서 향신료를 파는 그럴듯한 장사를 할 수도 있었을 것이다. 그러나 15세기 말이 되면 앙코르의 젊은이들에게는 선택지가 별로 없었다. 그들은 대개 자라서 농부가 됐다. 일부는 승려가 돼서 사라져가는 속에서 남아 있는 사원을 돌보았다.

조금 정도가 약한 앙코르의 파국 속에서 우리는 정치 불안이 기후 재난과 겹쳤을 때 어떤 일이 일어나는지를 직접 볼 수 있다. 그것은 현대 세계에서 도시들이 겪고 있는 것과 오싹할 정도로 비슷해 보인다. 그러나 우리는 크메르 문화의 융합과 생존의 극적인 역사 속에서 똑같이 강력한 무언가를 볼 수 있다. 바로 심각한 고난에 처한 인간의 회복력이다.

밀림 속의 농업

어떻든 앙코르는 수백 년 동안 여러 현대 도시들보다 큰 규모로 존재할 수 있었다. 캄보디아의 이 지역이 우기에는 홍수가 나고 건기에는 가뭄이 드는 극단적인 기후를 가지고 있는 것으로 유명했음에도 말이다. 크메르 사람들은 자기네 왕들이 바깥에서 전쟁을 벌이고 안에서 피비린내 나는 궁정 투쟁을 벌이는 가운데서도 열대 밀림을 개발해 정연한 도시 구획으로 바꿔놓았다. 또한 홍수의 침범을 받지 않는 높다란 주택과 식수 및 관개를 위한 수로망도 갖췄다. 크메르인들은 로마 황제들도 시샘할 정도의 도시, 병원, 관료 체제를 건설했다. 이 중세 문명은 어떻게 해서 오늘날 우리에게도 버거울 정도의 환경에서 번성할 수 있었을까?

그 해답은 크메르인들이 어떤 식으로든 시대를 앞서갔거나 고대의 외계인들과 손을 잡았던 때문은 아니라고 고고학자들은 말한다(물론 앙코르가 외계인에 의해 건설됐다고 주장하는 사람들이 있기는 하다[1]). 이유는 크메르의 도시인들이 우리가 지중해 동안이나 유럽 같은 보다 북쪽 지역에서 보는 것과는 전혀 달라 보이는 열대 지방의 도시 건설 전통을 지니고 있었기 때문이다. 크메르의 조상들은 거의 4만 5000년 동안 밀림에서의 건설 및 경작에 필요한 기술을 숙달해 땅과 물을 통제함으로써 제국을 만들었으며, 그 잔해는 종종 자연 속으로 녹아 들어가 흔적을 거의 남기지 않았다.

시작은 아마도 산불이었을 것이다. 5만 년 전 동남아시아에 살던 인류는 갈대로 만든 배를 타고 남태평양 너머로 흩어졌고, 결국 섬에서 섬으로 건너가 오스트레일리아까지 내려갔다. 이 시기 동안에 그들은 어느 시기에 크메르 제국에 속하게 되는 지역과 함께 오늘날 우리가 인도네시아·싱가포르·필리핀·뉴기니로 알고 있는 섬들에 정착했다. 이 모든 곳에서 방랑하는 인간의 무리는 빽빽한 열대 밀림의 가장자리에서 먹이를 찾았고, 식물과 작은 동물들을 먹고 살았다.

어느 순간에 그들은 산불에 역설적인 효과가 있음을 알아차렸을 것이다. 불길은 처음에는 치명적인 것이지만 또한 덤불을 치워버리고 목탄층을 남긴다. 얌이나 토란 같은 인간이 가장 좋아하는 식품 가운데 일부는 밀림이 불탄 뒤에 번성했다. 그것들이 성장할 여지가 넓어진 탓도 있지만, 이 목탄층이 보다 영양분이 풍부한 흙을 만들어낸 때문이기도 했다. 인간은 산불이 이롭다는 것을 본 뒤 그들 스스로가 이런 불을 일으켜 그 열매를 따 먹을 수 있다는 생각을 하게 됐다고 막스플랑크Max Planck연구소의 고고학자 패트릭 로버츠Patrick Roberts는 말한다.

로버츠는 적도의 밀림이 어떻게 서아시아의 차탈회윅 같은 것과는 전혀 달라 보이는 문명을 만들어냈는지에 대한 매력적인 연구인《선사시대, 역사시대, 현대의 열대림Tropical Forests in Prehistory, History, and Modernity》[2]의 저자다. 로버츠와 그 동료들은 동남아시아와 아마존강 유역 같은 오지에서 인간이 제한적인 불을 일으켰다는 분명한 증거를 찾아냈다.

그들은 때로 숲을 태운 뒤 손으로 흙을 갈고 동물 뼈와 배설물을 목탄과 섞어 보다 비옥한 땅을 만든다. 그들은 수천 년에 걸쳐 어떤 나무와 식물의 성장을 촉진하는 법을 알아냈다. 바나나나무, 사고야자, 토란, 기타 녹말질이 많은 식물의 씨를 뿌리고 마침내 자기네가 먹이를 찾는 숲의 나무 개체 수도 바꾸었다. 그들은 섬 사이를 돌아다닐 때 씨앗과 불을 놓는 기술을 함께 가지고 갔으며, 좋아하는 식물과 작은 포유동물을 가지고 동남아시아로 돌아왔다. 그들은 남아시아에서 닭을 배에 싣고 남태평양제도로 가기도 했다.

그것은 정확한 의미에서의 농사는 아니었다. 원시농업에 더 가까웠다. 이런 일을 하는 집단은 아마도 여전히 떠돌아 다녔을 것이다. 그러나 수천 년 뒤에도 과학자들은 층서학層序學 기법을 사용해 이 고대인들이 밀림을 개조한 방법을 알아낼 수 있다. 더 낮은(즉, 오래된) 층에 들어찬 화석화된 꽃가루 및 씨앗은 자연적으로 일어난 식물의 혼성에 따른 것이고, 더 위쪽 층에 가득 찬 것은 인간이 좋아하는 작물 쪽으로 현저하게 편향된 식물의 화석들이다.

차탈회윅에서는 사람들이 최초의 집을 짓기 위해 벽돌을 만들었지만, 세계의 건너편 뉴기니의 고원 사람들은 오늘날 쿡Kuk이라고 알려진 늪지대에서 물을 빼내기 위해 깊은 도랑을 팠다. 쿡 습지 사람들은 정교한 건조물을 만들고 들어가 살았으며, 자기네가 물을 빼 만든 농지에서 바나나·사탕수수·토란을 재배했다. 그들의 정착은 인간이 여러 세대를 거쳐 땅을 일군 역사의 완성이었다.

로버츠와 그 동료들이 2017년 학술지 《네이처 플랜트Nature Plants》에 발표한 획기적인 논문은 이렇게 요약하고 있다.

이제 보르네오와 멜라네시아에서 대략 4만 5000년 전에, 남아시아에서 3만 6000년 전에, 남아메리카에서 1만 3000년 전에 (인간이) 열대림을 이용했다는 분명한 증거가 있다.[3]

앙코르 시기에 도달할 무렵에는 동남아시아 사람들이 극단적인 환경에서 정착지를 건설한 경험을 풍부하게 지니고 있었을 것이다.

로버츠는 이것이 열대 지역 도시인들이 도시를 건설하는 경쟁에서 어떤 식으로든 보다 북쪽의 사회들을 "이겼다"는 의미는 아니라고 말한다. 그는 내게 이렇게 말했다.

"분명히 도시 생활은 세계의 여러 곳에서 다양한 형태였습니다. 이를 어떻게 정의할 것인지에 대해 보다 융통성을 가질 필요가 있습니다."

도시는 세계 각지에서 같은 자재로 만들어지는 것도 아니고, 같은 형태로 만들어지는 것도 아니다. 로버츠는 이어 이렇게 말했다.

"열대 지방 사람들은 농경과 도시 생활의 구분선을 어디에 그을 것인지를 판단하는 것이 매우 어려운 일일 수 있음을 보여주었습니다."

이 때문에 고고학자들은 때로 돌담과 작은 조각품 같은 것이 나오지 않는 곳을 도시라고 쉽사리 판단하지 못한다. 과학자들은 동남아시아에서 초기 도시를 찾기 위해 그들이 '인위개변지형학人爲改變地形學, anthropogenic geomorphology'이라 부르는 것에 기대를 걸었다(그리스어 어원 이야기는 모두 제쳐두고, anthropogenic은 인간이 야기했음을 의미하고 geomorphology는 땅의 모양이 만들어지는 것에 대한 연구를 의미한다). 이 용어는 나무를 심고 비료를 주는 일에서부터 늪지대의 물을 빼고 통나무집을 지을 토대로 인공 언덕을 만드는 일에 이르기까지 인간이 스스로 사용하기 위해 땅의 모습을 변화시킨 온갖 방법을 망라한다.

고대의 인위개변지형학의 기원을 이해하는 것은 도시 가로망의 극히 일부만이 돌로 이루어진 앙코르 같은 도시들의 유적을 인지하는 데 핵심적인 요소다. 열대 농업의 오랜 역사 속에서 발흥한 도시들은 차탈회위나 폼페이처럼 석조 건물이 빽빽이 모여 있고 둘레에 농경지가 있는 곳이 아니다. 그 대신 밀도가 낮은 외곽 지대처럼 큰 덩어리의 농경지가 도시 구조 안에 포함돼 있다. 집과 공공건물은 흙과 썩기 쉬운 식물성 자재로 만들어진다. 크게 짓는 경우가 있더라도 이런 도시들은 사람들이 버리고 떠나면 빠르게 황무지로 되돌아간다.

유럽 고고학자들이 처음 앙코르에 갔을 때 그들은 서방 방식의 도시 발전을 찾도록 길들여져 있었고, 이에 따라 이 도시에 있던 거의 대부분의 집은 그들 눈에 들어오지 않았다. 그들은 앙코르와트와 앙코르톰의 석조 탑으로 직행해 이들 사원 단지가 담으로 둘러싸인 작은 도시라고 잘못 이해했다. 넓게 확산된 도시 안의 담으로 둘러싸인 구내였는데 말이다. 그들은 한때 꽉 들어찼던 주거 구역들과 저수지·농경지들이 주변 넓은 땅에 흔적을 남기고 있었지만 전혀 보지 못했다.

레이저 이용하기

나는 삼보르프레이쿡Sambor Prei Kuk을 방문한 뒤 고고학자들이 왜 그런 잘못을 저질렀는지 아주 분명히 알게 됐다. 이곳은 7세기 캄보디아의 진랍眞臘 제국의 한때 번성했던 수도였다. 지금 볼 수 있는 것이라고는 흩어져 있는 사원의 탑 몇 개와 덤불로 뒤덮인 언덕처럼 보이는 1300년 된 성벽뿐이다. 넓은 바위에 올라앉아 주위를 둘러보니 이 허물어져 가는 구조물들이 대도시의 일부라고 상상할 수 없었다. 그러나 힌두교 사원들과 커다란 저수지가 있는 삼보르프레이쿡은 여러 가지 측면에서 앙코르의 원형原型이었다. 이곳 이름의 기원이 된 나무 그늘에서 (삼보르프레이쿡은 크메르어로 '빽빽한 숲속의 사원'이라는 뜻이다) 나는 고고학자 대미언 에번스와 함께 이 지역 지도를 들여다보았다.

"여기에 한때 거대한 목조 도시가 있었습니다."

에번스가 낙엽이 덮인 작은 흙길 쪽으로 팔을 흔들며 말했다.

"그것이 썩어 없어지자 남은 것은 해자와 성벽과 언덕뿐이군요."

그것이 그가 지도에서 찾은 것이었다. 지도는 우리 주위의 땅 높낮이를 아주 자세하게 보여주고 있었다.

에번스와 그 동료들은 라이다LiDAR('광파 탐지 및 거리 측정light detection and ranging'을 줄인 것이다)라 불리는 영상 기술을 사용해 이 지도와 앙코르에 대한 다른 여러 지도를 만들었다. 라이다 기기는 레이저광을 지구 표면에 쏘고 그것이 튀어 돌아올 때 그 광자光子를 포착한다. 지도 제작자들은 특화된 소프트웨어로 빛의 패턴을 분석해 땅의 높낮이를 센티미터 단위로 재현한다. 라이다는 인위개변지형학 연구에 이상적이다. 쏟아지는 광선이 나뭇잎 사이로 미끄러져 들어가 숲이라는 덮개를 벗겨내고, 한때 있었던 도시 구조를 드러내기 때문이다.

에번스는 2012년과 2015년 미국지리학협회NGS와 유럽연구평의회ERC 자금 지원을 받아 앙코르에 대한 광범위한 라이다 조사를 수행하는 연구팀을 꾸렸다. 라이다 기기는 첨단기술로 만든 것이지만, 또한 일반인이 직접 다룰 수 있었다. 그들의 지도 제작 장비는 라이카Leica의 라이다 기기 ALS70 HP로 시작됐다. 대략 휴대용 발전기 두 개의 크기와 무게였다. 조작자들은 이 라이다를 보호막이 쳐진 플라스틱 포드 위에 올려놓은 뒤 전체 장비를 헬리콥터의 오른쪽 활주부滑走部에 부착한다. 그 옆에 고정된 것은 시중에서 산 디지털카메라다. 뭐든지 사진으로 찍는다. 라이다 데이터를 보통의 구식 사진과 대조해보기 위한 것이다. 이 장치는 효율적이었지만, 승객들에게는 다소 불편을 주었다. 에번스는 이렇게 회상했다.

"우리는 헬리콥터의 좌석 대부분을 뜯어내야 했습니다. 전원 장치와 하드드라이브를 집어넣기 위해서죠."

그러나 불편함을 감내할 만한 가치가 있었다. 그들이 발견한 것은 세계의 도시사를 새로 쓰는 데 도움을 주었다.

에번스와 그 동료들의 라이다 지도는 앙코르와 그 주변 지역에 관한 해묵은 수수께끼를 해결했다. 수백 년 동안 고고학자와 역사가들은 이 도시의 인구가 백만 명에 가깝다는 앙코르 사원들의 비문을 보고 당혹스러워했다. 당시 세계 최대급의 도시들과 대등한 크기라는 얘기였다. 전성기의 고대 로마에 필적하는 규모다. 그들이 앙코르와트와 앙코르톰에서 볼 수 있었던 유적을 가지고 보면 그것은 불가능할 듯했다. 그렇게 많은 사람을 어떻게 그 담으로 둘러싸인 구내에 쑤셔 넣을 수 있단 말인가?

19세기 서방 학자들은 아시아의 도시가 그런 위상을 차지했었다는 것을 믿고 싶지 않았고, 후대 연구자들은 왕이 주문한 비문의 정확성에 회의적이었다. 에반스와 그의 팀이 라이다로 앙코르 안과 주변의 모습을 보여주고 나서야 그 비문들이 결코 과장된 것이 아님이 비로소 분명해졌다. 지금 에번스는 앙코르의 인구가 80만 내지 90만 명이었을 것이라고 주장한다. 앙코르는 그 전성기에 세계 최대급의 도시였던 것이다. 라이다가 얼마나 많은 것을 드러낼 수 있는지를 보여준 뒤에 연구자들은 이 기법을 사용해 크메르 제국의 다른 부분들도 들여다보았다.

그런 곳들 가운데 하나가 앙코르의 등장 이전에 만들어진 삼보르프레이쿡이었고, 나는 에번스와 그곳에서 라이다 지도를 살펴본 것이다. 나는 곧바로 기계가 레이저로 볼 수 있는 것과 내가 내 눈으로 본 것을 비교하는 일이 얼마나 혼란을 주는지 깨달았다. 내 주위에는 무성한 나무와 이어진 언덕이 있을 뿐이었다. 그러나 지도에서는 700년대 말의 도시 계획을 볼 수 있었다. 고도 측정치는 수천 개의 정사각형 및 직사각형 돈대를 보여주었다. 한때 사원과 집들의 기단으로 사용됐던 곳이다.

우리가 점심을 먹기 위해 머물렀던 바위는 도시 중앙에 있었다. 주위는 거의 완벽한 정사각형이었다. 그곳에 지금은 사라진 담이 높이 둘러쳐져 있었고, 아마도 가에는 해자가 있었을 것이다. 내가 자연적인 저습지라고 생각했던 땅이 움푹 꺼진 곳은 실제로는 깊은 저수지와 수로의 잔해였다. 지도를 더 자세히 살펴보니 사원들의 주위에 마치 소름이 돋은 것처럼 수백 개의 작은 돈대들이 있음을 알게 됐다.

"저게 뭐예요?"

나는 농업과 관련된 시설이 아닐까 상상하며 에번스에게 물었다.

"흰개미 언덕입니다."

그는 이렇게 대답하고 부근의 흙뭉치를 가리켰다.

"개미들이 이 정도 고도에서 잘 쌓죠."

라이다가 보여주는 모든 것이 사라진 문명이 남긴 것은 아니다. 그러나 이 흰개미 언덕들은 이 기술이 얼마나 강력한지(그것은 풍광 속의 극히 작은 것까지도 잡아낼 수 있다), 그리고 연구자들이 고대의 구조물과 현대 숲의 자연 지형의 차이를 식별하는 데 얼마나 능숙한지를 상기시켜주었다. 우리 주변 땅에 널려 있는 개미의 도시를 무시하려고 애쓰며 나는 인간의 작품에 대한 생각으로 돌아갔다.

높직한 둑길이 사원 입구에서부터 톤레삽 안까지 뻗쳐 긴 손가락과도 같은 흙길을 이루고 있으며, 그것은 일렁이는 물속에서 아직도 볼 수 있다. 진랍 왕들은 삼보르프레이쿡에서 힌두교의 신 시바Shiva를 숭배했다. 비슈누를 선호한 앙코르의 왕들과는 달랐다. 짙은 주황색 사암沙巖으로 만든 팔각탑이 이목을 끈다. 한쪽 벽에는 높다란 궁궐이 새겨져 있고, 치솟은 탑과 발코니는 새의 등 위에 지워져 있다. 이곳과 다른 사원들에 있는 비문은 이 힌두교를 믿었던 왕들의 영광을 여전히 입증하고 있지만, 802년 앙코르의 첫 왕 자야바르만Jayavarman 2세(재위 802?~835?)가 스스로를 신성한 지도자라고 선언했다는 비문 이후에는 쓰인 것이 별로 없다. 그 시점에 앙코르는 성장하기 시작했고, 삼보르프레이쿡은 서서히 비어갔다.

그러나 삼보르프레이쿡은 크메르인들에게 오늘날까지도 여전히 중요한 장소다. 한 사원에서 우리는 갓 바친 향香 바구니, 조화造花, 불상佛像에 씌운 금빛 양산을 발견했다. 그러나 수백 년 된 불상은 현대적 감각 또한 지니고 있었다. 그것은 힌두교의 신 시바의 권능을 상징하는 옛 링가linga(남근상男根像) 신전 꼭대기에 세워졌다.

크메르 제국 곳곳의 사원에서 발견되는 링가는 여러 가지 형태를 취할 수 있으나, 가장 보편적인 것은 정사각형의 받침대에 매끄럽고 관념적인 남근 형상(링가)이 한가운데에 똑바로 올려져 있는 것이다. 양식화된 해자가 링가를 둘러싸, 받침대 가장자리에 튀어나온 좁은 홈통으로 연결된다. 이것은 때로 요니yoni(여음상女陰像)라 불린다. 성직자가 액체로 된 봉헌물을 링가 위에 부으면 그것이 해자를 타고 흘러 홈통으로 빠져나간다. 이는 생식력을 불러내는 것이다. 산의 바위틈에서 생명수가 흘러내리는 방식을 재연한 것이다. 특히 쿨렌Kulen산맥에서 흘러나온 물이 땅을 적시는 강변에 사는 사람들에게 이는 강력한 이미지였을 것이다.

나는 삼보르프레이쿡 중심부를 둘러싼 정사각형 성벽과 톤레삽으로 이어진 사원의 흙길을 보여주는 에번스의 라이다 지도를 자세히 살폈다. 그것은 거대하게 확대된 링가 신전의 변형처럼 보였다. 나는 앙코르 제국 곳곳의 사원과 도시 중심지들을 돌아다니면서 이런 광장과 수로라는 패턴이 다양한 크기로 반복되는 것을 보았다. 소형 링가부터 앙코르톰 둘레에 자리 잡은 거대한 정사각형 해자까지.

그러나 에번스는 이 도시의 완벽한 우주론적 디자인보다는 사원 외벽 너머에 있는 서민들의 주거 지역에 더 관심이 있었다. 그 바깥에 수천 명의 사람들이 살고 그곳에서 농사를 지었다는 증거를 라이다 지도가 잔뜩 제공했음에도 불구하고 "엄격한 도시 구획은 없"었다고 그는 지적했다.

건축사가 스피로 코스토프Spiro Kostof는 모든 도시 설계는 두 가지 기본 유형으로 대별할 수 있다고 주장한다. 유기체형과 격자형이다.[4] 유기체형 도시 계획은 임시적이다. 구불구불한 길과 변화무쌍하고 즉흥적인 건물들이 있다. 차탈회윅이나 중세 유럽의 여러 도시들이 이에 해당한다. 그리고 격자 모양으로 건설된 도시들이 있다. 로마의 대부분의 도시들이 이에 해당한다. 중앙집권화된 정부는 때로 그 성장을 통제한다. 앙코르 전통을 따른 도시들은 양쪽 패턴을 모두 보여준다. 때로 엄격한 격자형 주위를 유기체형이 둘러싸고 있는 경우도 있다. 앙코르의 이들 유기체형 주거 지역은 대개 그 도시를 건설하고 주민들에게 먹을 것을 공급하는 사람들이 사는 곳이다. 서양 고고학자들의 레이더에 잡히지 않았던 그들의 역사는 에번스와 그 동료들이 말 그대로의 레이더 장치를 사용한 뒤에야 그들의 관심을 끌었다.

도시 이전의 도시

앙코르 유적은 오늘날 톤레삽 호수를 끼고 있는 번성하는 대도시 시엠립Siem Reap 옆에 위치하고 있다. 시엠립은 현대의 폼페이 마을과 마찬가지로 수백 년 전의 명소를 보러 왔을 사람들과 비슷한 군중들로 마술을 부린다.

도시의 관광 지역에는 축제 분위기가 만연해 있다. 가게에서는 관광객들에게 말린 대마초를 넣은 '즐거움을 주는 피자'를 제공하고, 삼륜 택시인 '툭툭tuk tuk' 운전수들은 보도를 따라 차를 세워놓고 사원과 나이트클럽 가는 손님들을 태우고 있다. 여행자들은 재활용 술병에 휘발유를 담아 소량으로 파는 노점상들에게서 자기네 스쿠터에 넣을 연료를 산다. 현지의 멋쟁이들과 학생들은 브라운스 커피Brown's Coffee에서 노닥거린다. 스타벅스보다 더 맛있는 음료와 간식을 파는 체인점이다. 파는 품목은 천 년 전 앙코르의 전성기 이후 변했을지 몰라도, 그 활기는 변하지 않았다. 시내와 바깥의 사원들에서는 유라시아 대륙 각지에서 온 사람들이 떠드는 각양각색의 말을 들을 수 있다. 사람들은 천 년 이상 동안 앙코르 문명의 영광을 눈으로 보기 위해 이곳에 왔음을 단박에 믿게 된다.

그건 언제나 그렇지는 않았다.

앙코르가 처음 건설되던 때에 이 도시가 결국 패권을 누리리라는 것은 결코 확신할 수 없었다. 하와이대학 고고학 교수 미리엄 스타크 Miriam Stark는 오랜 시간 동안 앙코르 주변 지역의 발굴 작업을 벌였는데, 도시가 작았던 초기 단계에 관심을 가졌다. 스타크는 2019년 여름, 발굴을 떠나기 직전에 나와 영상 대화를 나누었다. 스타크는 호놀

룰루에 있는 자신의 주방 식탁에 편하게 앉아, 1990년대 중반 캄보디아에서 발굴하면서 크메르루주Khmer Rouge를 피한 일을 무심하게 이야기했다. 스타크는 날카롭고도 재미있게 앙코르의 역사를 설명하면서 멈추지 않는 에너지를 보여주었다.

이 지역 일대에 산재한 여러 앙코르 시대 이전 마을들과 마찬가지로 톤레삽 호수 북쪽에 들어선 초기 공동체들은 꼭대기에 목조 신전이 있는 흙 둔덕을 중심으로 모여 있었다. 스타크는 웃으면서 이렇게 말했다.

"앙코르는 그 신전 가운데 하나가 스테로이드를 복용한 셈이에요."

그 말이 맞다. 이 도시의 숨이 멎을 듯한 사원들에 대한 경탄을 참을 수 있다면 그것들이 기본적으로 흙으로 된 기단 위에 세워진 더 크고 화려한 신전임을 알아차릴 수 있을 것이다. 이 사원들 주위로 뻗어나간 도시 또한 땅을 재정리해 그들의 집을 지을 토대와 길과 저수지를 만든 그 사람들이 건설했다. 이는 삼보르프레이쿡으로까지 거슬러 올라가는 전통이다. 아니, 더 멀리까지, 땅을 불태우고 휘저었던 먼 홍적세 조상들로까지 거슬러 올라가는 전통이다.

스타크는 앙코르의 등장을 도시 계획의 개가로 보기보다는 영적인 과정으로 본다. 이렇게 말했다.

"사람들은 종교에 끌렸습니다. 그리고 볼거리에도요. 의례와 종교 생활에 중독이 되는 방식이 있어요."

스타크는 사람들이 처음에 이 지역에 이끌렸다고 본다. 그들이 이곳의 사원과 주술사를 찾아갔기 때문이다. 자야바르만 2세가 스스로 크메르의 첫 왕임을 선언한 것은 쿨렌산맥에서 있었던 종교 의식에서였다. 그는 앙코르가 들어서게 되는 곳과 매우 가까운 장소에서 국가 건설을 계속해 하리하랄라야Hariharalaya(오늘날 고고학자들은 이곳을 롤루오스Roluos라 부른다)라는 도시를 만들었다. 자야바르만 2세는 그곳에 사원과 저수지를 만들고, 큰 축제와 의식을 열었다. 도시들은 사람들에게 부와 안전을 약속함으로써 성장했지만, 자야바르만 2세의 종교적 과시에는 오락적 요소의 유혹도 함께했다는 사실을 간과할 수 없다고 스타크는 말한다. 앙코르는 허례와 정치적 볼거리 위에 세워진 대도시로 출발한 것이다.

최근에 스타크와 동료인 오리건대학 인류학 교수 앨리슨 카터Alison Carter는 톤레삽 남쪽 바탐방Battambang주의 가정집들을 발굴했다. 이곳은 본래 앙코르의 교외였다. 그들은 그곳에서 수천 년 전으로 거슬러 올라가는 정착지를 발견했다. 그곳 주민들은 계절적으로 불어나는 호수 건너에서 앙코르가 생겨나는 것을 목격했다는 얘기다.

"우리는 앙코르가 802년에 시작됐다고 봅니다."

카터는 내게 자야바르만 2세 왕이 나중에 앙코르가 되는 땅을 차지한 시기를 이야기했다.

"그러나 바탐방 사람들은 앙코르가 언제 시작됐다고 생각했을까요? 나는 그들이 호수 건너에서 일어나고 있던 일에 대해 어떻게 생각했는지 궁금합니다."

이 질문은 중요하다. 앙코르에는 자야바르만 2세가 이곳에 오기 오래전부터 누군가가 살고 있었기 때문이다. 바탐방의 마을들은 독자적인 자기네 지도자가 있었고, 그들의 행적을 적은 비문도 있었다. 따라서 그들은 신왕神王이 나타나 자기네에게 명령을 내리기를 기다리던 무지렁이 농부들이었을 것 같지는 않다. 그들은 커가는 대도시를 호기심과 두려움이 뒤섞인 미묘한 감정으로 맞이했을 것이다.

일부 역사가들은 앙코르의 초기 문화에 영향을 미친 것이 인도임을 밝혀냈다. 힌두교와 불교가 모두 그곳에서 생겨나 동남아시아로 흘러온 것이다. 자야바르만 2세는 분명히 힌두교 제국을 건설하고자 했다. 그가 죽은 뒤 새겨진 비문들에는 그의 즉위식에 대한 묘사가 나오는데, 여기서 그는 자신이 신과 같은 크메르 지배자라고 선포했다. 이 의식은 힌두교 전통의 신성한 왕권 개념을 차용한 것이었다. 그러나 스타크와 카터는 실상은 갑작스런 인도 힌두교 주입보다 훨씬 복잡한 것이었다고 생각한다.

"인도화가 아니었습니다. 그것은 세계화였습니다."

카터는 영향이 아시아의 여러 부분에서 왔음을 지적한 뒤 이렇게 덧붙였다.

"게다가 앙코르가 나타날 무렵에는 캄보디아에서 천 년에 걸친 토착 문화의 발전이 있었습니다."

바탐방 같은 곳에 살던 현지 주민들은 밖에서 들어온 사상만큼이나 앙코르의 발전에 중요했다.

크메르의 역사에서 고고학자들의 눈에 띄는 이행의 순간이 하나 있다. 자야바르만 2세가 이 지역을 자신의 기치 아래 통합하기 수백 년 전에 사람들은 시신 매장 풍습을 버렸다. 대략 서기전 500년에서 서기 500년 사이의 동남아시아 정착지들에는 무덤이 수두룩하다. 부장 인공품들도 많아 고고학자들은 이에 의지해 자기네가 연구하는 문화에 대해 가늠한다. 그러나 서기 1000년으로 접근해가면서 묘지는 사실상 사라졌다. 시신은 화장하거나 도시 밖으로 내보내 밀림에서 육탈이 되도록 했을 것이다. 학자들은 이런 매장 풍습의 변화가 힌두교 및 불교의 등장 때문인 것으로 보고 있으나, 다른 전통으로 인한 것일 수도 있다. 앙코르의 종말과 마찬가지로 이 도시의 기원은 매우 복잡하고 점진적인 것이어서 그 시작이 언제부터인지 규정할 간단한 방법은 없다.

그러나 인구라는 측면에서 보면 바탐방에서 볼 때 호수 건너편의 땅에서는 9세기에 인구가 늘어나기 시작했다. 하와이대학의 인류학 연구자인 피팔 헹Piphal Heng은 자야바르만 2세가 차지한 땅으로 사람들이 모여든 원인에 대해 두 가지 기본적인 이론이 있다고 내게 말해주었다.

첫 번째 이론은 수천 년 동안 사람들이 땅을 다룬 방식으로 거슬러 올라간다. 헹은 이 지역의 오래된 공동체들이 모두 비슷한 배치로 이루어졌음을 강조했다. 집들이 한데 모여 있고 논이 그 주위에 뻗쳐 있다는 것이다. 헹은 이렇게 말했다.

"이것이 의미하는 바는 핵심부를 제외한 도시 전체가 정착지와 논 어느 쪽도 될 수 있다는 것입니다."

논으로 가득 찬 도시를 가진다는 것은 이중의 이점을 제공한다. 이는 분명히 농사를 짓지 않는 상류층과 그 가족들에게 더 많은 음식이 제공됨을 의미한다. 이는 또한 이 도시가 맨해튼처럼 밀집한 형태보다는 로스앤젤레스처럼 뻗어나가는 형태에 더 가까워지리라는 의미이기도 하다. 그리고 그것은 앙코르의 지도자들이 사방에 숨어 있는 적들에 비해 전략적 이점을 가질 수 있도록 했다. 헹은 이렇게 지적했다.

"그들은 더 먼 곳에 있는 땅까지 통제할 수 있었습니다. 호수까지, 또는 북쪽과 서북쪽으로도요."

그 구성 요소로 농경지를 포함하고 있는 도시는 정말로 더 크고 더 인상적이다. 차탈회윅처럼 빽빽하게 채워 넣은 도시가 할 수 있는 것보다 훨씬 먼 곳의 사람들을 통합할 수 있다.

그러나 사람들이 왜 앙코르로 모여들었는지에 대한 두 번째 이론도 있다. 그리고 그것은 농경지 면적을 재는 것에 비해 훨씬 더 어렵다. 사람들이 더 많이 모여들자 지배층은 도시의 수자원 기반시설을 만들고 유지하는 데 충분한 노동력을 동원할 수 있는 기회가 생겼다. 앙코르 이전 도시들은 건기 동안에 물을 저장하기 위해 일반적으로 바라이 baray라는 커다란 저수지에 주로 의존했고, 그래서 이것이 오래 유지돼 온 전통이었다. 그저 어마어마한 규모다. 앙코르에서는 논에 연중 물을 충분히 댈 수 있도록 하기 위해 세상에서 일찍이 볼 수 없었을 만큼 큰 바라이와 수로망이 필요했을 것이다. 우리는 9세기의 바로 그 순간에 자기강화 주기가 시작됐음을 볼 수 있다. 앙코르의 인구가 늘면서 물을 저장할 필요가 생겼지만, 물을 저장하는 시설은 막대한 노동력을 투입하지 않고는 유지될 수 없었다. 도시는 갈증을 해소하기 위해 계속 커져야 했다.

이 도시가 명맥을 유지하고 있던 동안에 그 수리 시설은 논을 유지하기 위한 실용적인 방법이기만 한 것이 아니었다. 이들은 또한 이 도시의 의례가 치러지는 기념물이기도 했다. 이 도시 사원들을 찾는 참배자들은 배를 타고 인간이 만든 저수지와 해자를 건너 그곳에 가곤 했다. 앙코르와트는 힌두교 신 비슈누에게 봉헌된 것이었다.

비슈누 신은 이 사원의 가장 유명한 돋을새김 가운데 하나에 묘사돼 있다. 신들과 아수라Asura, 阿修羅(악마) 사이의 극적인 전투 한가운데에 있는 모습이다. 거대한 뱀을 밧줄 삼아 줄다리기를 하고 있는 이 싸움으로 우유의 바다가 거세게 튀어 오르고 있다. 비슈누는 여기에 개입해 우주를 아수라의 손아귀에서 해방시킨다. 이것이 크메르인들의 기원 설화가 됐다. 이 때문에 앙코르의 특급 공예품들은 대개 비슈누가 우유의 바다에 떠서 세계의 탄생을 연출하는 것을 묘사한다.

앙코르와트의 가장 유명한 기념물 가운데 하나는 비슈누가 자신의 네 팔 가운데 하나에 기대어 있는 모습의 6미터 길이 청동상이었다. 그는 정사각형 연못 안에 있으며, 그 둘레는 정사각형의 인공 섬이다. 그것은 다시 직사각형의 서바라이 저수지 안에 있다. 이것이 바로 내가 프롤로그에서 묘사한 바로 그 섬이다. 에번스는 우주론적 디자인이 언제나 수리공학적으로 잘 구현되는 것은 아니라고 투덜거렸었다.

거대한 도시 기반시설 사업이 모두 그렇듯이, 앙코르의 운하와 저수지 시설은 거듭, 그리고 떠들썩하게 실패했다. 이는 도시가 어떻게 생태계를 만들고 파괴할 수 있는지에 관한 교훈적인 이야기다. 동시에 앙코르의 노동정치학 역시 생태계이며, 우리가 보게 되겠지만 그것은 매우 미묘한 문제였다.

8장

물의 제국

13세기 말 앙코르를 방문한 몽골 사절 주달관은 이 도시의 날씨에 혀를 내둘렀다. 그는 이렇게 썼다.

이곳에는 여섯 달 동안은 비가 내리고, 여섯 달 동안은 비가 전혀 오지 않는다. 4월부터 9월까지는 매일 비가 내린다.

오늘날 기상학자들은 캄보디아가 두 개의 서로 다른 계절풍계의 영향을 받는다고 말할 것이다. 5월부터 10월까지는 서남 계절풍이 타이만과 인도양으로부터 큰비를 가져온다. 톤레삽강이 제방을 넘어 앙코르의 논으로 흘러넘쳐 거센 물결 위로 나무 꼭대기만 겨우 보인다. 그리고 11월부터 3월까지는 동북 계절풍이 히말라야산맥에서 쏟아져 내려와 인도의 일부를 강타하지만, 동남아시아는 '계절풍 기압골monsoon trough'로 알려진 독특한 저기압대의 영향 아래 놓인다. 이 기압골의 주변부는 때로 맹렬한 열대성 폭풍우에 휩싸이기도 하지만, 그 중심부에서는 날씨가 매우 덥고 건조해진다. 캄보디아는 강력한 이 두 계절풍 세력의 영향으로 두 가지 극단적인 기후 사이를 왔다 갔다 한다. 앙코르에 백만 가까운 인구를 유지하기 위해 크메르인들은 수자원 통제를 바탕으로 하는 사회 조직을 건설해야 했다.

채무노예와 그 후견자들

자야바르만 2세가 *스스로*를 신성한 왕으로 선언하고 약 백 년 뒤인 900년대 초, 야소바르만Yasovarman 1세(재위 889~910) 왕은 수도를 약간 동북쪽으로 옮기고 앙코르 사람들에게 거대한 저수지를 파도록 명령했다. 동바라이로 알려진 저수지다. 황제들은 보통 자신의 즉위를 축하하기 위해 바라이를 건설했지만,[1] 이 경우는 달랐다. 우선 이것은 거대했다. 동바라이는 길이 7.5킬로미터, 폭 1.8킬로미터의 규모의 긴 직사각형으로, 대략 5000만 세제곱미터의 물을 담을 수 있었다. 올림픽 수영 경기장 2만 개에 해당한다. 이를 채우기 위해 일꾼들은 시엠립 강의 물길을 앙코르 중심부로 돌리는 수로를 건설했다.

　동바라이는 신전이 있는 둔덕, 말뚝 위에 지어진 집들, 톤레삽 서안을 따라 산재한 논 등이 조합된 밀도가 낮은 도시 중심부에서 압도적인 위치를 차지했을 것이다. 이것이 이 대도시의 초기 모습이었다. 이는 일꾼들이 사암을 잘라 앙코르와트의 거대한 탑을 건설하기 200년쯤 전이었을 것이다. 야소바르만은 자신의 기념비적인 사업을 위해 이 지역의 전체 주민들에게 고향을 떠나도록 명령해야 했다. 그는 또한 이를 건설하기 위해 군대를 소집하듯 사람들을 동원해야 했을 것이다. 그리고 그것이 동바라이가 이전 저수지들과 다른 또 하나의 요소였다. 그것은 성장하는 제국 전역에서 막대한 양의 인간 노동력을 요구한 앙코르의 첫 번째 기반시설 사업 가운데 하나였다.

내가 갔을 때 동바라이는 사라져 다시 밀림으로 되돌아가 있었다. 그리고 오랜 세월을 거치면서 흙으로 만들었던 그 옹벽이 뭉개져 나무가 빽빽하고 곳곳에 경작지들이 있는 완만한 경사의 구릉지로 변해 있었다. 이곳이 한때 사치스러운 의식의 중심지로 야소바르만이 수행단을 이끌고 풍성한 볼거리를 제공하던 곳이라고는 상상하기 힘들었다.

아마도 그것이 요점일 듯하다. 오직 대규모의 노동력만이 이 황무지를 네모반듯한 연못으로 탈바꿈시킬 수 있었다. 이제 그 일꾼들은 사라져버렸고, 바라이도 마찬가지로 사라졌다. 앙코르에서 정말로 놀라운 것은 그 일꾼들이었다. 그러나 역사 기록이나 앙코르 사원들의 담에 적힌 글들에는 그들에 대한 이야기가 거의 없다. 그들은 야소바르만의 의지를 실행한 이름 없는 대중들이었다.

나는 앙코르의 도시 계획에 관해 고고학자들을 인터뷰할 때마다 늘 바라이들을 건설한 것이 누구인지를 물었다. 나는 로마를 생각하며 그것이 노예였을 것이라고 상상했다. 그러나 그들의 대답은 복합적이었다. 로마와 크메르 제국에서 노동을 조직하는 방식을 쉽게 대응시킬 수는 없기 때문이다.

앙코르의 비문들은 왕과 다른 지배층들이 일꾼들을 거느렸음을 시사하고 있다. 그러나 이들 집단을 나타내는 일반적인 고대 크메르어 단어 '크눔khñum'은 광범위한 역할을 나타낼 수 있다.[2] 크눔은 종신 노예인 사원 노동자를 의미할 수 있다. 이들은 흔히 주달관이 '야만인'이라 부른 소수민족 출신 또는 전쟁 포로였다.[3] 그들은 또한 고용 계약을 맺은 노동자일 수도 있었고, 때로는 세금 납부의 한 형태로 일시적으로 매여 있는 채무노예를 의미하기도 했다.[4] 때로 이 노동자들은 사원 비문에 피륙, 귀금속, 동물 같은 다른 귀중품들과 함께 재산으로 나열되기도 한다. 크눔은 로마의 노예와 마찬가지로 육체노동자에서 박식한 학자에 이르기까지 온갖 역할을 했다. 이 노동자들은 또한 고gho, 그발gval, 타이tai, 랍lap, 시si 등 여러 칭호로 나타난다. 이들은 '노동자'나 '하인'에서부터 '노예'나 '평민'에 이르기까지 여러 가지 의미로 사용된다. 편의상 나는 이들을 크눔이라 부르겠다.

크눔에 대한 채무노예설은 비인도적으로 들릴지 모르겠지만 서방의 자본주의 국가 대부분에도 비슷한 제도가 있다. 미국에서는 많은 빚을 지고 대학을 졸업하기 때문에 평생 이를 갚기 위해 일하는 경우를 심심찮게 볼 수 있다. 또 어떤 사람들은 집세를 내거나 차를 사기 위해 빚을 진다.

물론 엄밀하게 말해서 우리 모두는 이런 빚을 갚기 위해 어떤 일을 할지를 선택할 수 있지만, 정확하게 자신이 하고 싶은 일을 하는 사람을 찾기란 쉽지 않다. 많은 사람들은 저 뒤에 있는 회사 책임자로부터 일을 강요받고 있다는 생각을 한다. 그게 싫으면 모든 것을 잃을 각오를 해야 한다. 그러나 우리는 자리를 박차고 일어나는 대신 여전히 일을 한다. 이유는 복합적이다. 아마도 삶이 비교적 편안하기 때문에 평지풍파를 일으키고 싶지 않을 것이다. 아니면 아이들을 병원에 보내기 위해 건강보험이 필요할 수도 있고, 회사가 상대하기에는 너무 버거워 보여서일 수도 있다. 크눔 역시 그런 생각들을 하며 순응했을 것이다.

앙코르 사회는 채무노예를 기반으로 한 사회였다. 그러나 채무라는 관념은 공적 생활의 구석구석에 스며들어 있었다. 사원과 궁궐 벽의 비문들을 보면 크메르 사회의 모든 사람들은 누군가에게 무언가를 빚지고 있었다.[5] 심지어 크메르 왕들도 신민들에게 식수와 도로와 기타 생활 편의 시설을 제공해야 하는 빚을 지고 있었다.

빚은 또한 크메르의 후견 체제를 통해 주변 왕국들의 지배자들과 정치적 관계를 강화했다. 외방 지배자들은 야소바르만에게 귀금속과 고급 직물, 그리고 유리한 교역 관계나 인간 노동력 공급 같은 덜 직접적인 공물을 제공했다. 그 대가로 야소바르만은 그들에게 경작할 너른 땅을 주었다. 경작지가 성에 차지 않는 왕이라면 야소바르만은 그를 궁정으로 데려다가 도시의 환락을 즐기게 해줄 수 있었다. 일부 왕들에게는 앙코르 궁정의 묘한 예우 관직을 주었다는 기록도 있다. 부채잡이, 이발사, 옷장 담당 같은 것들이다.[6] 아마도 이들은 그의 동맹자들에게 앙코르 궁정에 와서 빈둥거릴 구실을 제공해 훌륭한 보상을 해주는 한직이었을 것이다.

그러나 야소바르만은 휘하 귀족들과 전리품을 나누는 것으로 그치지 않았다. 그와 다른 왕들은 자주 앙코르를 떠나 복속국 궁정을 방문하는 위험한 여행을 했다. 표면적으로는 그들의 경배를 받기 위해서라고 했지만, 그것은 또한 자기네 백성들의 중요성을 인식시키는 방법이기도 했다. 왕은 강력하기는 했지만, 앙코르를 빛나는 국제도시로 변모시킨 그 모든 노동력이 없다면 아무것도 아니었다.

노동은 앙코르의 가장 귀중한 자산이었다. 그것은 크메르가 수준이 낮은 사회이기 때문이 아니었다. 사실 19세기에 이르기까지 내내 노예를 소유했던 사회는 흔히 부를 창출하는 데 자기네가 가진 노동력에 많은 부분을 의존했다. 사회학자 매슈 데스먼드Matthew Desmond는 미국 남부의 노예노동에 대해 쓰면서, 미국 내전이 시작될 무렵에 "노예노동의 총가치는 미국의 철도와 공장 노동력의 전체 가치를 초과"[7]했다고 지적했다. 크메르 황제는 사람들이 예속을 자기네 지도자에게 빚진 어떤 것처럼 느끼게 하고 이를 공적 의례에 집어넣음으로써 자신들의 노동을 정상적인 것으로 만드는 시스템에 의해 유지됐다. 미리엄 스타크는 이렇게 말했다.

지도자들은 강압하는 것 이상으로 회유했으며, 군부가 자기네의 지배를 정당화하기 위해 했을 법한 정도로 과시를 이용했다.[8]

그러나 앙코르의 여러 명소들은 오직 그 주민들이 그것들은 건설해야 한다고 느꼈기 때문에 존재할 수 있었다. 그들에게 아무것도 주지 않는 왕은 결국 아무것도 되돌려 받지 못하게 된다.

스타크는 이런 체제가 매우 불안정한 것이라고 강조했다. 그것이 사회 계층의 모든 단계에서 충성을 바치는 데 의존하기 때문이라는 것이 그 이유 가운데 하나다. 맨 꼭대기에는 왕과 그 가족이 있었다. 그 바로 밑에는 앙코르에 사는 다른 귀족 가문들이 있었다. 대신과 관료, 왕에게 조언하는 역할을 맡은 세습 성직자 계급도 있었다. 그리고 지방과 시골에는 반독립적인 현지 통치 조직이 있었다. 왕이 보낸 감독자 및 지방관과 함께 통치하는 것은 통상 촌장 및 마을 장로 협의체였다. 그리고 이들 모두의 아래에 가장 큰 집단인 크눔이 있었다. 노예, 평민, 하인으로 이루어진 집단이다.

왕은 제국을 확장하려면 이 모든 집단들이 필요했다. 그리고 승계에 관한 원칙이 없었기 때문에 맨 꼭대기에 있는 사람도 추락할 수 있고,

그들 아래에 있던 사람들도 올라설 수 있었다. 이 때문에 계승을 둘러싼 전쟁과 지역의 봉기, 주기적으로 되풀이되는 혼란이 일어났다. 이 도시가 결국 멸망했음을 숙고하며 스타크는 이렇게 말했다.

붕괴한 것은 환경이나 물리적 측면만이 아니라 사회적인 측면도 있지 않았을까?[9]

도시의 인구 폭발

동바라이를 건설하고 백여 년 뒤에 새로운 앙코르 왕이 긴 승계 싸움에서 승리했다. 11세기 초, 수리야바르만 왕은 국토를 확장한 앙코르의 첫 번째 왕이 됐다. 크메르 제국의 영토는 북쪽으로 라오스·타이, 남쪽으로 베트남의 메콩강 삼각주까지 확장됐다.

그가 이런 성과를 거둔 것은 부분적으로 지금의 남부 인도에 있었던 촐라Chola 왕국과 긴밀한 관계를 맺은 덕분이기도 했다. 촐라는 그의 재위 기간 동안 전시 동맹국 및 교역의 원천이었다. 그러나 수리야바르만이 왕으로서 성공한 것은 또한 그가 도시 건설에 끊임없이 초점을 맞추었던 덕분이기도 했다. 수리야바르만의 통치기에 톤레삽 강변은 물론, 메콩Mekong강, 센Sen강, 문Mun강을 따라 새로운 도시들이 속속 들어섰다. 이 강들은 모두 앙코르 지역에서 밖으로 퍼져나가는 자연 하천들이었다. 왕은 물길로 이어지는 도시 연결망을 늘려나가고 있었다. 그것은 고관들의 이동이나 교역에도 이용될 수 있었다. 볼Ball주립대학의 역사학 교수 케네스 홀Kenneth Hall에 따르면, 크메르 제국에

서 산스크리트어로 '도시'를 의미하는 '푸라pura'라는 말이 붙은 곳의
숫자는 수리야바르만의 재위 기간에 47개로 늘었다. 50년 전에는 12
개 도시에 불과했다.[10] 수리야바르만의 크눔은 광범위한 지역에 도로
와 사원을 건설했다. 때로는 그가 지배했다는 표시로 링가 신전을 남
겼다.

앙코르에서 수리야바르만의 도시 생활에 대한 열정은 아마도 그의
가장 잘 알려진 기념물로 표출된 듯하다. 지금까지도 현대 장비의 도
움 없이 건설된 가장 큰 저수지 가운데 하나로 알려져 있는 서바라이
다. 이것은 동바라이에서 몇 킬로미터 떨어져 있는데, 왕의 궁궐을 두
개의 크고 긴 인공 바다 사이에 박힌 보석으로 만들어주게 된다. 이 도
시에 대한 에번스의 라이다 지도를 보면 서바라이와 동바라이라는 긴
직사각형 두 개가 동서 축을 따라 잘 정렬돼 있음을 한눈에 볼 수 있
다. 물론 서바라이가 더 크긴 하지만 말이다.

동바라이에 비해 더 많은 노동력을 투입했음을 보여주는 서바라이
는 길이 약 8킬로미터, 폭 약 2.1킬로미터의 규모다. 그 제방을 산책하
는 기분으로 천천히 걷는다면 한쪽 끝에서 반대편 끝까지 가는 데 한
시간이 걸릴 것이다. 두 저수지를 일주하려면 반나절이 걸린다. 서바
라이에 물을 가득 채우기 위해 일꾼들은 이미 동바라이로 흘러들고 있
던 시엠립강의 물을 돌리기 위한 또 하나의 수로를 팠다. 일꾼들은 이
를 톤레삽과 연결하는 수로도 만들었다. 강물과 함께 우기에 내리는
빗물도 더해졌다. 서바라이는 가장 수위가 높을 때 아마도 5700만 세
제곱미터의 물을 담고 있었을 것이다.[11] 대략 올림픽 수영 경기장 2만
3000개에 해당하는 규모다. 공사는 매우 오래 걸렸기 때문에 10세기
중반 수리야바르만이 죽을 때까지도 마무리되지 않았다. 이 저수지는

지금 다시 물을 일부 채웠다. 20세기의 재건 덕분이다.

서바라이가 완성된 뒤에도 그것과 함께 도시의 기타 수자원 기반시설을 보수하는 작업은 계속되고 있었을 것이다. 우리는 수리야바르만이 이 작업을 위해 멀리 떨어진 여러 왕국들에서 인력을 데려오는 데 후견자의 지위를 이용했을 것으로 상상해야 한다. 일부는 지역 지배자들이 왕에게 공물로 보냈을 것이고, 일부는 자기네의 세금 납부 차원에서 일을 했을 것이다. 서바라이 건설 공사는 불안정한 정치적 위계를 공고히 하는 방법 가운데 하나였다.

그것은 또한 역사의 변혁을 위해 도시 디자인을 사용하는 수리야바르만의 방식이었다. 저수지를 파는 크눔은 야소바르만의 옛 궁궐 주변에 건설된 모든 주거지와 도로와 경작지를 깡그리 파괴해야 했다. 그 과정에서 아마도 주민들을 쫓아냈을 것이다. 그리고 수리야바르만의 건설 일꾼들은 저수지의 가장 깊은 곳에 이르렀을 때 차탈회윅의 고고학자 이언 호더가 말한 '역사 속의 역사'를 뿌리째 뽑기 시작했다. 서바라이의 바닥 바로 밑에는 3000년 된 정착지의 유적이 있었다.[12]

이러한 사실은 2004년 5월 서바라이가 말라버렸기 때문에 알게 됐다. 그리고 프랑스극동학원EFEO 이사 크리스토프 포티에Christophe Pottier가 그곳을 발굴할 기회를 얻었다. 그가 지휘하는 팀은 지표 바로 밑에서 분명한 인간의 무덤, 부서진 질그릇, 그리고 심지어 천 조각과 청동 제품도 발견했다. 그것들은 서기전 제1천년기 초에 사람들이 그곳에 살았음을 시사하고 있었다. 11세기의 수리야바르만의 일꾼들은 이 특정 유적을 보지는 못했을 테지만, 수리야바르만의 저수지가 매우 오래 전에 있었던 초기 도시들 위에 건설됐다는 다른 증거는 발견했을 가능성이 매우 높다. 서바라이 건설은 수천 년 된 역사 속의 정착지를 파낸 뒤에 그것을 수천만 리터의 물 아래에 다시 묻어버린 일이었다.

수리야바르만은 왕실 바깥 출신으로 왕위에 올랐으며, 크메르 제국의 첫 번째 불교도 왕이기도 했다. 아마도 그는 새로운 시대가 열렸음을 알리고 싶었던 듯하고, 역사를 인공적인 창조의 바다 밑에 묻음으로써 이를 지워버리는 방식으로 해냈다.

고고학자들 사이에서는 서바라이가 실용적인 것이었는지 장식적인 것이었는지를 놓고 논쟁이 불붙었다. 이 물은 분명히 식수나 농업용으로 중요했을 테지만, 이것이 어느 정도나 실제로 주민들의 가정이나 경작지로 갔는지에 대해서는 확실하게 말할 수 없다. 이 도시에는 이미 다른 수로들이 수두룩했고, 도시의 각 구역에는 물을 모으는 독자적인 저수지가 있었다. 그것은 라이다 지도에 작은 구멍의 무리처럼 나타난다. 따라서 서바라이가 대체로 의례용이었다고 보는 것도 불가능한 일은 아니다.

이런 해석은 서바라이가 아마도 어떤 쓸모없는 것이었음을 시사하는 증거와 부합한다. 서바라이는 동바라이가 만들어놓은 동서 축에 정확하게 맞추기 위해 경사지 위에 건설됐고, 이에 따라 서쪽 끝은 물속에 있고 동쪽 끝은 물 위에 있는 형태가 됐다. 물이 가득 차 있는 경우는 드물었던 듯하다. 이런 형태는 오늘날에도 이어진다. 저수지는 일부가 허물어진 직사각형이고, 그 물은 왕궁으로 가는 의례용 도로에까지는 거의 미치지 않는다.[13]

앙코르의 전성기에 이 도시에 있던 저수지들의 크기를 가늠하기 위해 에번스와 나는 앙코르톰 사원 부근의 둔치에서 작은 배를 타고 중간 크기의 한 저수지로 들어갔다. 지금은 비어 있는 동바라이는 한때 우리가 배를 타고 있는 물의 바로 남쪽에 있었을 것이다. 가는 비가 부근의 수련 잎에 떨어지고 있었다. 이 저수지는 야소바르만이 만든 거대한 동바라이의 절반 크기였지만, 천연 호수에서 배를 타고 있다고 느껴질 정도로 충분히 넓었다. 에번스는 주변을 자세히 보며 저수지 옹벽이 잘 건설됐음을 지적했다. 그 이야기에서 우리는 서바라이의 토목 공사가 부실했다는 이야기로 다시 돌아갔다.

나는 궁금증을 입 밖에 냈다. 천 년 전 왕이 서바라이를 동서 축에 맞추라고 명령했을 때 결사반대한 기술자는 없었을까? 에번스는 웃으며 말했다.

"그런 일은 기록에 남을 수 없었을 겁니다."

그의 즉흥적인 농담은 앙코르의 도시 생활을 연구하는 데서 제기되는 문제 하나를 끄집어냈다. 우리가 볼 수 있는 대략 1200개에서 1400개에 이르는 이 문명과 관련된 사찰 비문들은 이 도시에 관한 이야기의 극히 일부분만을 전하고 있다. 우리는 힌두교와 불교의 영적 전통이 이 도시의 동서 축 정향定向과 천체가 하늘을 가로질러 가는 궤적을 따른 배치에 영향을 미쳤음을 알고 있다. 그러나 분명히 한결같지 않은 저수지를 건설하면서 기술자와 건설 노동자들이 어떤 생각이었는지에 관해 말해주는 기록은 전혀 남아 있지 않다.

더욱 애석한 것은 크눔이 순전히 장식품에 불과했을 저수지를 만들기 위해 자기네 이웃들의 집을 허물어야 했을 때 무슨 생각을 했는지를 모른다는 점이다. 그러나 그들이 한 일에 근거해볼 때 많은 사람들이 앙코르의 채무와 보상 체계에 기꺼이 투자했음은 분명하다. 무엇이 그런 모든 공짜 노동을 할 만하다고 생각하게 만들었을까?

캘리포니아대학(로스앤젤레스) 고고학 교수 모니카 스미스는 고대 도시를 여럿 발굴했는데, 그들은 사회적 요인에 이끌렸다고 보고 있다.

스미스는 스타크와 마찬가지로 도시가 의례 중심지에서 발전한 것이며, 마을 사람들은 일생에 한두 번 여행길에 올라 낯선 사람들을 만나고 새로운 경험을 했다고 주장한다. 그러나 도시가 커지면서 사람들은 그런 식의 설렘을 연중 경험하고 싶어서 그곳에 정착했다. 그것은 더 이상 영적인 축제가 아니었다. 그것은 수많은 다른 사람들과의 일상적인 접촉과 관련된 것이었다. 스미스는 이렇게 설명한다.

> 오직 도시만이 그런 강렬한 접촉 기회를 영속적으로 만들 수 있고, 의례 공간에서 그려볼 수 있었던 것보다 훨씬 다양한 목적(사회적·경제적·정치적 목적이다)으로 할 수 있게 해준다.[14]

마을은 낯익고 같은 것들의 둥지였다. 그러나 "도시 정착지에서는 낯선 것이 인간관계의 척도가 됐다"라고 스미스는 쓰고 있다. 앙코르에서 일하기 위해 옮겨온 마을 사람들은 다른 이주 희망자들에게 그 나름의 유인誘因이었다. 현대 도시를 연구한 사회학자 사스키아 사센Saskia Sassen은 이런 정서를 그대로 이야기한다. 도시가 우연한 만남을 즐길 수 있고 무작위적인 접촉을 통해 인생을 바꿀 수 있는 장소라는 것이다.[15]

수리야바르만이 도시 기반시설 건설에 광분한 것이 그 자신은 이해할 수 없었던 어떤 목적에 기여했을 것이라는 점에 대해서는 생각해볼 가치가 있다. 그가 크눔으로 하여금 앙코르의 기반시설을 더욱 확충하게 하면 할수록 이 도시는 더 노동계급의 천국으로 변해갔다. 산타페 연구소SFI의 네트워크 이론가 제프리 웨스트Geoffrey West는 자신의 책 《스케일Scale》[16]에서 현대의 급성장 도시들에 관한 자신의 연구를 바탕으로 이 문제를 탐구한다. 그가 발견한 것은 도시의 기반시설에 비해 도시 인구가 더 빨리 성장한다는 것이다. 웨스트는 예컨대 한 도시의 수로 규모가 두 배가 되면 그 인구는 두 배 이상이 된다는 사실을 발견했다. 고밀도에서 자원을 공유하는 이점이 있기 때문에 도시 주민들은 인구 규모에 근거해 예상하는 것보다 약 15퍼센트 적은 기반시설이 필요하다. 요컨대 도시 인구는 자기네의 도시 공간에 비해 빠르게 증가한다.

수리야바르만이 앙코르에서 기반시설 건설에 집중하자 도시 인구 폭발이 가능해졌을 것이다. 저수지들은 쿨렌산맥에서 흘러나오는 강들의 물길을 돌리는 수로 시설에서 그저 가장 과시적인 부분을 대표하는 것일 뿐이었지만, 주달관은 이로 인해 앙코르 사람들이 매년 서너 차례 수확을 하는 혜택을 누릴 수 있다고 보고했다. 수자원 기반시설은 근사한 모습을 하고 있었고, 농경지는 늘어나고 있었으며, 강으로 연결된 크메르 제국의 도시들도 늘어가고 있었다. 도시 성장에 관한 웨스트의 이론이 옳다면 앙코르의 인구는 도시 공간이 확대되는 것보다 더 빠르게 증가했다고 추정할 수밖에 없다.

화폐 없는 경제

이 모든 도시 사람들은 농사를 짓거나 수로를 파는 일 외에 무슨 일을 했을까? 고대 앙코르 사람들의 생활에 대한 유일한 당대의 묘사는 13세기 말 주달관이 남긴 기록이다. 그는 이를 부분적으로 중국 독자들을 위한 크메르 여행 안내서로 썼다. 따라서 그의 책에서 이 도시의 일반

주민들이 무슨 생각을 했는지에 관해서는 알기 어렵고, 주달관이 앙코르의 화장실을 사용하는 데 얼마나 불편을 겪었는지나(휴지가 없었다!), 수천 명이나 되는 왕의 후궁들이 얼마나 매력적이었는지(그는 발코니에서 후궁들의 처소를 살펴보며 꽤 철저하게 조사했다고 주장했다) 같은 이야기들이 잔뜩 들어 있다.

크메르인들 스스로는 사원 벽에 천여 개의 비문을 남겨, 일부 앙코르 사람들이 자기네 세계를 어떻게 보았는지를 감질나지만 일별할 수 있게 한다. 유감스럽게도 이 글들은 사원 관계자들이 훌륭한 그 지도자들을 칭송하는 것이거나 사원에 대한 기부 내역을 알리는 것이 대부분이다. 그러나 최근 데이터고고학은 이 외견상 뻔한 기록들에서 사람들의 일상생활에 관한 실마리를 찾아낼 방법을 제시해주고 있다.

크메르 원주민들의 언어로 쓰인 비문을 통해 그들의 생활을 탐구할 수 있게 된 것은 비교적 최근의 일이다. 백여 년 동안 앙코르를 탐구하는 서방 사람들은 보다 쉽게 번역될 수 있는 산스크리트어 비문들에 집중했다. 시를 통해 신들을 불러내고 왕을 칭송하는 내용으로 이루어진 것이었다. 산스크리트어가 인도 지역에서 온 것이기 때문에 크메르 문화가 '인도화Hindouisé'된 것이라고 잘못 생각한 학자들은 이 비문들이 기본적으로 남아시아 사회의 판박이인 증거라고 생각했다. 앙코르의 역사를 제대로 파악하게 된 것은 크메르어 학자 사브로스 포우Saveros Pou(1929~2020)가 고대 크메르어 비문을 번역한 이후였다.

고대 크메르어는 이 지역에만 있는 것이었고, 우리가 알 수 있는 이 언어의 사례들은 오직 앙코르의 것들뿐이다. 포우는 캄보디아에서 나오기 시작한 이 암호들에 매혹됐고, 20세기 중반에 프랑스로 이주해 언어학자 조르주 세데스George Cœdès(1886~1969)와 함께 연구했다. 세데스는 동남아시아에서 수십 년을 산 뒤 앙코르의 산스크리트어 비문 대부분을 번역했고, 앙코르가 '인도화'됐다는 생각을 대중화시킨 영향력 있는 책을 출간했다.

포우는 현대 크메르 문화에 좀 더 뿌리가 있었기 때문에 다른 길을 뚫고 나아갔다. 1960~70년대에 포우는 크메르 특유의 언어 전통이라는 생각에 집중했다. 크메르어판 〈라마야나Ramayana〉(고대 인도의 양대 서사시 중 하나)에 몰두한 끝에 마침내 이제까지 나온 유일한 고대 크메르어 사전을 만들었다. 그 과정에서 포우는 고대 크메르어의 음역音譯 체계를 새로 만들어내야 했다. 이 고대 언어는 별도의 자모가 있었기 때문이다. 그런 뒤에 앙코르 시대의 비문들을 힘들여 프랑스어와 영어로 번역해 현대 학자들에게 제공했다. 포우의 작업과 '인도화' 가설에 대한 수정이 없었다면 우리는 아직도 앙코르 사람들이 어떻게 노동력을 조직화했는지에 대해 이해하기에 애를 먹고 있을 것이다.

고대 크메르어 비문들은 산스크리트어로 된 시들이 전혀 언급하지 않는 앙코르 사람들의 생활에 관한 핵심적인 세부 사항들을 많이 담고 있다. 이 비문들은 산문체인데, 경제생활에 대해서는 물론 때로 누가 누구에게 어떤 빚을 졌는지 하는 따위의 따분한 세부 사항까지도 들어 있다. 사원의 일꾼들이 종교 같은 고상한 이야기는 산스크리트어로 쓰고 일상적인 일들은 고대 크메르어로 썼다는 점은 시사적이다. 상거래는 왕과 종교 지도자 등 상류층의 일과는 다른 언어로 이루어졌다. 사원에 세금이 납부되기는 했지만, 사람들은 영적인 일과 경제적인 일을 같은 방식으로 기록하지 않았다.

1900년, 프랑스 탐험가 에티엔 아이모니에Étienne Aymonier(1844~1929)는 크눔에 관한 비문을 "그 끝없이 이어지는 노예 명단"이라고 일축했다. 그의 이러한 태도는 앙코르에 관한 20세기의 연구 대부분에 반영됐다. 이 연구들은 거의가 전적으로 상류층의 생활에 초점을 맞추었다.

그러나 최근, 시드니대학 고고학 교수 아일린 루스티히Eileen Lustig는 데이터고고학 기법을 사용해 "끝없이 이어지는 명단"을 심층 분석했다. 모든 비문에 나오는 모든 단어의 상호참조 데이터베이스를 만들어 흥미로운 패턴이 있는지 찾아보았다.[17] 처음 발견한 패턴들 가운데 눈길을 끈 것은 사원 하인의 이름 가운데 60퍼센트가 여성이라는 점이었다. 차탈회윅까지 거슬러 올라가는 성별 분업의 역사를 감안해 루스티히는 농사와 기타 사원의 일들을 여성이 했으리라고 생각하고 있다. 크메르 여성들이 사원 밖에서도 농사를 책임졌음을 시사하는 증거도 있다. 따라서 우리가 예컨대 앙코르톰 구내에서의 생활을 상상할 때 여성들의 활약이 두드러졌으리라고 추정할 수밖에 없다.

앙코르에서 사람들의 노동은 1주 단위가 아니라 2주 단위였던 듯하다. 수리야바르만 시대의 한 비문은 한 사원 노동자 집단을 나열하고 있는데, 2주 단위로 조직돼 있다.

제공돼야 할 노예는 타이tai 칸소Kanso, 또 다른 타이 칸소, 타이 캄브륵 Kaṃvṛk, 타이 트콘Thkon, 타이 칸찬Kañcan, 시si 브르디푸라Vṛddhipura, 이상은 보름까지의 2주간이다. 보름 이후의 2주간은 타이 칸단Kandhan, 타이 캄브Kaṃbh, 시 캄빗Kaṃvit, 타이 사마쿨라Samākula, 시 삼압Saṃ'ap, 시 캄바이Kaṃvai다.[18]

칸소 또는 삼압 같은 각 사람은 타이(여성 노예/하인)나 시(남성 평민)

등의 칭호와 보름 이전의 2주 또는 보름 이후의 2주 같은 교대 근무 시간이 지정돼 있다. 사원에서는 또한 달의 위상位相에 맞추어 축제와 의례를 열었다. 11세기의 한 사원에서는 사원 노동자들이 신들에게 어떤 종류의 봉헌물을 바쳐야 하는지에 대해 이런 지침을 내렸음을 알 수 있다.

달의 위상이 변할 때마다 녹인 버터 2파다pāda, 응유凝乳 2파다, 꿀 2파다, 과즙 2바르'var, 산크란타sankrānta에 백미白米 1틀반thlvañ, 달의 위상이 변할 때마다 백미 1제je만…[19]

여기서 양은 '파다'나 '틀반' 같은 단위로 측정했음을 알 수 있다. 그 크기는 시기에 따라 달랐을 것이다. 크메르 제국 전역에서 통용되는 표준화된 도량형이 있었던 것 같지는 않다. 더구나 학자들은 산크란타 축일이 언제인지를 놓고 논쟁을 벌였다. 아마도 2주 간격이거나 연례적인 것이었을 듯하고, 지역에 따라 달랐을 것이다.

급료 역시 그들의 근무와 마찬가지로 2주 단위로 지급됐다. 일부 비문은 사원에서 2주마다 쌀과 기타 음식물을 크눔에게 나눠주었음을 밝히고 있다. 정치 주기조차도 2주 단위로 산정됐다. 일부 비문은 국가의 수장이 중요한 경제 행위를 달의 주기에 맞추도록 요구했음을 시사한다. 예컨대 세금 납부와 토지 대여 같은 것들이다. 우리는 앙코르가 특정한 일정을 바탕으로 운영됐다고 볼 수밖에 없다. 2주 단위의 작업이 축제일 및 정치와 깊숙이 연관돼 있는 곳이었다.

사원의 근무자 가운데는 천문학자가 포함되기도 했는데, 이들은 달의 운행을 기록하고 근무 교대와 축제일을 파악하고 있었다. 그들은 또한 보름 동안에 가장 좋은 길일이 어느 날인지를 판단했고, 사람들이 중요한 거래를 하거나 지역 사원에 기부할 때 의문을 품지 않도록 했다.

2주 단위의 지불 일정은 노동자들이 어떻게 살아남았는지에 대한 의문을 제기한다. 크눔이 매달 2주 교대 근무를 바탕으로 쌀을 지급받았다면 다른 2주 동안은 음식을 구하기 위해 어떤 일을 했을까? 사원에서 일하는 더 높은 사람들은 2주마다 신들에게 바쳐지는 맛나 보이는 것들을 먹을 수 있었고, 지역 유지들 또한 사람들이 사원에 선물을 퍼붓는 축제일에 그 일부를 얻을 수 있음은 알려져 있다. 아마도 크눔 역시 이렇게 바쳐진 것 가운데 남는 쌀을 가져갈 수 있었을 것이다. 그러나 더 가능성이 높은 것은 그들이 그냥 집으로 돌아가 비번인 2주 동안 가족과 함께 살았으리라는 것이다. 앙코르에서는 그것이 특히 쉬웠을 것이다. 사원 주위의 담이 둘러쳐진 구역들은 주거 지역이었기 때문이다.

이는 땅에 쓰인 증거를 바탕으로 알 수 있다. 에번스의 라이다 탐사를 보면 집터의 흙 둔덕이 사원 주위에 정연하게 배치돼 있음을 알 수 있다. 앨리슨 카터는 더 알고자 하는 호기심이 발동해 2015년 앙코르 와트 담장 안의 이 둔덕들 가운데 하나를 파봤다. 벽돌 난로의 잔해로 보이는 것이 나왔고, 요리용 질그릇까지 있었다.[20] 화학 분석을 해보니 포멜로 열매의 껍질, 생강나무류의 씨, 쌀알 화석이었다. 이것은 고고학자들이 '지상검증地上檢證, ground-truthing'이라 부르는 것이며, 사원들은 상업, 농업, 직물 제조, 기타 가내 작업에 종사하는 사람들로 가득 찬 주거 지역의 한가운데 있었음이 추가로 확인됐다. 그곳에 사는 사람들은 노동으로 세금을 바쳤다. 최소한 일부의 시간이라도 말이다.

그러나 그들은 또한 세속 공동체의 일원이기도 했다. 이 사원 주거 단지에서 여성들은 자기네 왕에 관해 산스크리트어로 시를 짓는 승려들 바로 곁에서 농사를 지었다.

이 주거 구역들은 사원 담장 너머의 주거지들과 완전히 똑같지는 않았겠지만, 2주마다 출근하던 칸소나 캄빗 같은 사람들의 삶이 어떤 모습이었는지를 어느 정도 알려준다. 스타크가 경고했듯이 이런 곳들은 제국을 위대하게 만든 곳이지만, 제국의 취약한 부분이기도 했다. 사람들이 질서를 유지하도록 하는 것은 물을 저수지에 가둬놓는 일보다 훨씬 어려웠다.

루스티히의 비문 데이터에서 나타난 또 하나의 강력한 신호가 있다(그것은 신호의 부재라고 부르는 게 더 정확하겠지만). 고대 크메르어로 된 경제 관련 기록 가운데 돈을 언급하는 경우는 없다. 동시에 비문들은 사원에서 값비싼 것들을 팔았음을 보여준다. 기록된 거래의 대략 75퍼센트가 큰 규모의 땅에 관한 것이었고, 18퍼센트는 크눔, 7퍼센트는 땅의 경계 표시(앙코르판 지가 산정 같은 것이다)와 관련된 용역에 관한 것이었다. 나머지 극소수는 사원의 물자 공급이었을 것이다.[21]

앙코르 사람들이 돈에 관해 아직 몰랐던 것은 아닌 듯하다. 그들은 다른 왕국들과 주화를 사용하는 거래를 했고, 금속이 풍부해 돈을 주조하고자 하면 할 수 있었다. 이전의 크메르 사회에서는 돈을 사용했을 것이라는 증거도 있다. 루스티히는 필사자가 논과 노예 여성의 가치를 표현하기 위해 특정한 은의 단위를 사용한 앙코르 이전 시기 비문 몇 개를 찾아냈다.[22] 크메르인들은 또한 혁명적인 0의 개념 등 고급 수학과 함께 부채, 이자율, 교환을 측정하는 정교한 방식들을 알고 있었다.

그러나 자야바르만 2세가 앙코르를 건설한 뒤에는 은이나 다른 교환 단위로 가치가 매겨진 상품이나 사람을 볼 수 없다. 그러면 앙코르에서 현금에 해당하는 것은 무엇이었을까? 아마도 돈 대신에 사용될 수 있는 널리 인정된 가치 있는 물품 목록이 있었을 것이라고 일부 역사학자들은 말한다.[23]

12세기 초의 일부 거래에서 땅 한 필지가 "금반지 두 개, 은사발 하나, 은 여러 단위, … 그릇 하나, 물병 두 개, 접시 다섯 개, 밥그릇 하나, 촛대 하나, 고급 천 20큐빗, 민첩한 황소 두 마리, 새로 짠 10큐빗짜리 천 두 필, 염소 세 마리"에 팔렸다. 크눔 하나와 그 아이 네 명은 "옷 60벌"에 팔렸다. 보통 가치는 이런 품목들의 명부로 매겨졌다. 동물, 사람, 금속, 잘 만들어진 가재도구들이 섞여 있다. 돈은 필요 없었을지도 모른다. 표준적인 사치품들을 그때그때 적당히 꿰맞추어 거래할 수 있었기 때문이다. 이를 통해 짐작할 수 있는 것은 상류층의 재산이 땅과 그것을 움직이는 데 필요한 도구들(사람 포함)로 측정됐다는 것이다.

크눔 계급의 일상적인 금융 거래는 달랐다. 13세기 말 주달관이 앙코르를 방문했을 때 여자들이 도시 거리에 줄지어 앉아 땅바닥에 담요를 펴놓고 음식과 기타 물건을 팔고 있었다. 사는 사람들은 중국 등 여러 나라에서 온 주화와 함께 쌀, 곡물, 피륙 등을 돈 대신에 사용했다. 비싸지 않은 물건은 현금으로, 특히 이런 간이 시장에서 산 것으로 보인다. 물론 부유한 앙코르 사람들이 돈을 사용했을 가능성도 얼마든지 있으며, 비문을 쓴 사람들은 화폐 가치가 너무도 명백하기 때문에 그것을 기록할 필요가 없다고 생각했을 수 있다. 앙코르의 시장에서 모든 거래는 여성에 의해 이루어졌다는 주달관의 관찰이 시사하는 또 하나의 가능성은 돈으로 하는 거래가 여성의 일에 속해 언급할 가치가 없었으리라는 것이다.

사원의 비문과 주달관의 관찰을 종합해보면 앙코르 국가의 내밀한 모습이 드러난다. 경제적 거래에 대한 통일된 형태의 통제는 없었던 듯하다는 것이다. 지역 왕국들은 사원의 토지와 크눔에 대해 독자적으로 가변적인 가격을 매길 수 있었고, 반면에 보통 사람들은 물물교환과 외국 주화를 섞어 그럭저럭 거래를 했다. 모든 것을 화폐로 거래하는 사회에서 자란 우리에게는 이런 방식이 불편해 보이겠지만, 토지와 노동력이 누군가가 소유할 수 있는 가장 가치 있는 품목이었던 문명에서는 동이 닿는 이야기다.

분명히 앙코르의 지도자들은 자기네의 금과 은을 아꼈지만(그리고 아마도 그 물건들을 탐내는 외국인들과 귀금속을 거래했겠지만), 그들은 돈을 비축하지는 않았다. 그 대신에 그들은 땅을 변화시키는 데 사용될 수 있는 납세자들을 비축했다. 대부분의 앙코르 왕들은 타이 캄브륵이나 타이 트콘 같은 사람들로부터 공짜 노동을 끊임없이 공급받음으로써 부유해졌다.

돌의 취약성

수리야바르만의 일꾼 부대가 서바라이의 공사를 한 지 거의 200년 뒤에 수리야바르만 2세가 왕위에 올랐다. 같은 이름의 1세와 마찬가지로 그는 왕위를 물려받은 것이 아니라 피비린내 나는 승계 전쟁을 벌여 차지했다. 현재의 타이에 있던 한 구석진 왕국의 왕자였던 그는 앙코르 생활을 시작한 뒤 이 도시의 가장 유명한 기념물 가운데 하나를 남 겼다. 바로 커다란 두 저수지 남쪽에 위치한 거대한 사원 단지 앙코르 와트다.

수리야바르만 2세는 영토를 확장한 왕도 아니었고 특별히 훌륭한 군사 지도자도 아니었지만, 앙코르를 제국의 다른 지역 및 그 너머의 땅들과 연결시키는 수로와 도로를 유지하는 데 특히 업적을 냄으로써 기억에 남는 왕이 됐다. 수리야바르만 2세가 앙코르와트의 여러 엄청 난 돌을새김에 매우 자화자찬적인 자신의 모습을 집어넣도록 채근하 기도 했다는 사실이 별 문제 될 것은 없을 듯하다. 그는 자신을 그림으 로 그리도록 한 앙코르의 첫 번째 왕이었고, 궁궐에서 많은 하인들이 여러 겹의 양산을 자신의 머리 위에 드리우고 있는 가운데 그가 부드 러운 양탄자 위에 앉아 있는 모습은 잊기 어렵다.

수리야바르만 2세가 자신을 화려하게 표현한 것도 재미있지만, 나 는 양산을 들고 있는 사람들에 관해 더 알고 싶었다. 그래서 나는 어느 조용한 아침에 대미언 에번스와 함께 앙코르와트가 만들어졌던 곳을 찾았다. 앙코르 동북쪽 50킬로미터 지점에 있는 벵밀리아Beng Mealea의 담으로 둘러쳐진 단지는 수리야바르만 2세의 여러 건설 사업 가운데 또 하나의 것이었다.

오늘날 이곳을 찾는 사람은 별로 없고, 복원 노력은 그 안에 있던 사 각형 미술관과 도서관, 전체 사원과 그 중심부의 궁궐을 가로질러 흐 르며 잘 꾸민 통로 사이의 반짝이는 내의 바닥을 이루던 수로로부터 막 시작됐다. 오래전에 그 옆에는 단지의 두 배 크기의 저수지가 있었 다. 그러나 오늘날 저수지와 벵밀리아 주위의 깊은 해자에는 한때 그 담장을 이루었던 거대한 돌들이 쌓여 있다. 궁궐로 들어가기는 어려웠고, 에번스는 나를 서쪽 뒷문으로 이끌었다. 우리는 길을 벗어나지 않으려고 조심했는데, 밀림 속에 지뢰가 깔려 있다는 경고를 받았기 때문이다.

우리 주변의 지형은 간간이 둔덕이 있어 울퉁불퉁했다.

"여기에는 비자연적인 지형이 있어요."

에번스는 이렇게 말하며 다시 인위개변지형학의 개념을 언급했다. 인간이 땅의 모습을 바꾸었다는 얘기 말이다. 우리는 한때 벵밀리아를 둘러싸고 있던 목조 주택으로 이루어진 평민 주거 구역의 잔존물들을 보고 있었다. 단지의 허물어진 담까지 왔을 때 에번스가 걸음을 멈추었다. 그는 간단하게 말했다.

"우리는 밀집된 시내 한가운데에 있습니다. 주변에는 사원에서 일하는 사람들의 집이 있습니다."

나는 우리 주위에서 높이 치솟은 나무들이 사라지고 그 대신 길들 옆에 말뚝 위의 초가집이 정연하게 줄지어 있는 모습을 상상했다. 조금 높여 만들어진 그 생활공간 아래에 놓인 난로에서는 연기가 나오고 있었다. 아이들은 소리를 지르고 가축들도 툴툴거린다.

그런 뒤에 우리는 튼튼한 나무 계단을 올라갔다. 이끼가 끼고 무너진 복도를 지나 사원 단지로 이어지는 길이었다. 아치형 천장이 회랑을 덮고 있었고, 회랑의 긴 창들에는 차일 역할을 하는 석제 난간동자가 설치돼 있었다. 각 난간동자는 물결치듯 파인 모양으로 깎여 복잡한 그림자를 드리우고 있었다. 단지 중앙에는 기둥 위에 돌 널판을 올려 물이 그 아래로 떨어지도록 했다.

에번스는 우리가 문간에서 쏟아져 나온 돌들을 지나 올라갈 때 나와 합류했다. 나무 계단이 우리 발아래서 약간 삐걱거렸다. 우리가 한 바깥 옹벽 위에 이르렀을 때 나는 돌로 된 깊은 수로를 내려다보았다. 그것은 한때 벵밀리아의 바깥 해자의 일부였다. 오늘날 그것은 코끼리 크기의 돌덩이들과 함께 흘러가는 느낌을 주었다. 시간이 어떻든 이 구조물을 그 자신의 말라버린 수로로 쓸어내기라도 한 것처럼 말이다.

시간은 아직 이른 아침이었고, 거대한 돌무더기 사이로 자란 나무들 아래서 공기는 시원했다. 들리는 것이라고는 새와 곤충들의 울음소리뿐이었다. 에번스가 이 단지의 라이다 지도를 펼쳤을 때 나는 마음속으로 폐허를 재건했다. 수많은 크놈이 바쁘게 우리를 지나 동서남북의 정방향을 향한 긴 산책로로 들어가거나 떠나고 있었다. 그들은 이 해자 너머의 자기네 거주 구역 농경지와 벵밀리아의 여러 간선도로의 중심지에서 빈둥거리고 있는 상류층들 사이를 오갔다. 그들은 사원을 보수하고 농사를 지으며 정원(그곳의 향기로운 꽃들은 2주마다 열리는 여러 의례에서 중요한 역할을 한다)을 관리하는 등의 온갖 통상적인 일을 하고 있었다. 그러나 이 지역은 지방의 평범한 변경이 아니기 때문에 인구가 매우 밀집돼 있었다.

벵밀리아는 수리야바르만 2세가 특별한 관심을 가지고 있던 한 가지 산업에 전문화돼 있었다. 이곳은 두 개의 주요 도로와 몇 개의 수로가 교차하는 전략적인 지점에 위치하고 있었다. 길 하나는 북쪽으로 쿨렌산맥의 사암 채석장으로 이어져 있었고, 또 하나의 길은 서쪽 콤퐁스바이Kompong Svay의 프리아칸Preah Khan 사원에 있는 철 가공 센터로 연결됐다.[24] 벵밀리아와 앙코르와트는 모두 쿨렌의 사암으로 건설됐는데, 나는 그 사암들이 지금 내 주위에 쌓여 있는 것을 볼 수 있었다. 막 산에서 가져온 듯했다.

이곳 벵밀리아에서 크놈은 선적과 하역, 그리고 때로는 상품 가공도

맡아 일했다. 사암이 수로를 통해 이 단지에 도착하면 그들은 이를 잘라 토막으로 만들고 자기네 사원 단지에서 쓸 수 있도록 보관하거나 앙코르로 보냈다. 프리아칸에서 철이 도착하면 그들은 이를 거룻배에 실어 크메르 제국의 인공 수로를 통해 앙코르까지 먼 거리를 내려 보냈다. 그들은 배후의 생산지에서 앙코르로 향하는 쌀이나 기타 산품들도 같은 방식으로 받아서 보냈던 듯하다. 스스로 이 지방 도시들 가운데 하나에서 자랐던 수리야바르만 2세는 자신의 제국에서 벵밀리아가 핵심적인 역할을 한다는 사실을 잘 알았을 것이다.

일부 연구자들은 벵밀리아가 앙코르와트의 시험판이었다고 보고 있다. 이곳은 건설자들이 앙코르와트 곳곳에 있는 새로운 종류의 아치형 통로와 높다란 담장을 처음 실험한 곳이었다. 도시 디자인에서도 일부 유사성이 발견된다. 에번스는 라이다가 앙코르의 것과 매우 비슷해 보이는 벵밀리아 주위의 대칭적인 도시 구획을 드러내고 있음을 내게 보여주었다. 하지만 이곳 배후지에서는 주거 구역이 형태와 배치에서 더욱 다양한 모습을 보여준다. 그렇지만 앙코르 사람들은 틀림없이 이곳 거리에서 저수지 양쪽에 있는 자기네의 연립주택들에 대해 편안함을 느꼈을 것이다.

벵밀리아의 주된 사업이 무엇이었는지를 알 수 있었던 것 역시 라이다 덕분이었다. 이 기술로 쿨렌산맥의 깊숙한 사암 채석장을 찾아낸 뒤 연구자들은 수로를 연결시키고 앙코르와트와 벵밀리아를 건설한 그 모든 사암이 어디서 왔는지를 알아내는 일이 쉬워졌다.

우리가 아직 모르는 것이 많다. 라이다 조사를 통해 이전에 보지 못했던 구조물 두 개를 찾아냈는데, 아직 아무도 이에 대해 설명할 수 없었다. 첫 번째는 '코일', '나선', '지상그림'이라 불리는 복잡한 직사각형의 미로 패턴이다. 이것들은 2012년 조사 동안에 앙코르와트의 해자 밖에서 처음 발견됐으나, 2015년 조사에서는 벵밀리아와 프리아칸의 담장 밖에서 비슷한 코일이 모습을 드러냈다. 처음에는 그것이 급수 시설로 보였으나, 에번스와 그 동료들은 이런 생각을 일축했다. 그것이 너무 얕고 도시의 일반 급수 시설과 단절돼 있기 때문이다. 우세한 가설은 이 직선의 코일이 사원의 의례에 사용될 초목을 재배한 특화된 정원이었다는 것이다. 때때로 흘러넘치는 수로에는 연蓮이 있었을 것이고, 에번스와 그 동료들은 돋운 지역에서 "백단白檀 같은 향료 식물"[25]이 자랄 수 있었다고 썼다.

더욱 알 수 없는 것은 앙코르의 일부 가장 큰 저수지와 수로 부근에서 발견된 이른바 둔덕 지대다. 카터와 그 동료들이 발굴한 주거 둔덕들과 달리 이들 둔덕에는 질그릇과 음식 잔류물이 들어차 있지 않았다. 이들은 그냥 둔덕이었고, 분명히 높은 구조물(들)을 위한 토대였다. 그 위치로 보면 도시의 급수 시설과 관련된 것으로 보이나, 상관관계가 인과관계와 같은 것은 물론 아니다. 코일과 둔덕 지대는 고대 크메르인들이 자기네 도시를 어떻게 건설했는지에 대해 우리가 여전히 이해하지 못하고 있음을 일깨워주었다.

수리야바르만 2세와 그 이전의 왕들은 사암을 잘라내고 철을 제련하고 벼를 수확하고 이런 것들을 수도로 운송한 그 모든 평민과 크눔이 없었다면 아무 일도 하지 못했을 것이다. 내가 앙코르와트를 찾았을 때 사원의 화려한 탑들을 반짝이는 창조의 바다 위에 우뚝 솟은 전설 속 우주의 중심 메루Meru산(수미산須彌山)으로 보기는 어려웠다. 대신에 나는 계속해서 채석장과 수많은 무임금 노동자들의 작업장에서 만들어진 돌의 무더기를 보았다. 나는 관광객 무리와 함께 경계선 벽 안으로 들어가 돈을 내고 도시의 정령(사원 단지의 옛 탑 위에 앉아 있는 금으로 치장한 부처에 깃들여 있다)에게 향을 올렸다.

　나는 수리야바르만 2세가 오늘날 타이의 참Cham과의 전쟁에 나가는 모습을 그린 유명한 돋을새김을 자세히 조사하면서 주로 그의 가마를 들고 있는 남자들의 몸을 바라보았다. 앙코르의 크눔이 더 많은 기반시설을 건설할수록 그들의 왕은 그것을 유지하기 위해 더 많은 책임감을 느꼈다. 그리고 스타크가 경고했듯이 후견과 부채 체계는 언제나 붕괴 직전에 있었다.

9장
제국주의의 잔재

앙코르는 너무도 여러 번, 너무도 여러 가지 방식으로 버려졌다. 그래서 상실이라는 것이 이 도시의 정체성과 동의어가 돼버렸다. 그러나 그것이 '사라진 도시'로서 유명한 데는 프랑스 탐험가 앙리 무오가 책임져야 할 부분이 어느 정도 있다고 할 수 있다. 그는 1860년 앙코르와트 방문에 관한 유명한 기록을 남긴 사람이다. 사후에 출간된 그의 여행 일기는 선풍을 일으켰고, 프랑스에서 캄보디아 문화에 대한 매혹을 촉발했다. 그러나 이는 매우 특별한 종류의 매혹이었다.

무오가 그곳을 여행한 직후 프랑스는 캄보디아를 자기네 보호국으로 삼아버렸다. 한 용감한 프랑스 박물학자가 프랑스가 새로 획득한 식민지의 부를 '발견'했다는 이야기가 고국에서 잘 먹혔고, 이는 특히 현대 캄보디아인들이 자기네 스스로의 보물을 알아보지 못한다는 암시를 무오가 준 때문이었다.[1] 실제로 무오는 현대 캄보디아인들이 그런 도시를 만들기에는 너무 미개해서 그것은 고대 이집트인이나 그리스인들이 건설했을 것이라고 암시했다. 캄보디아인들 자신은 그것이 밀림 속에서 썩어 나가게 놔두었으니 앙코르를 연구하는 것은 유럽 과학자들에게 맡겨야 했다. 그것은 백인의 책무의 일환으로서의 고고학이었다.

그것이 이후 수십 년 동안 서방에서 앙코르에 관한 대화를 주도한 정서였다. 이런 식의 생각은 사실 측면에서도 틀렸을 뿐만 아니라, 또한 앙코르가 거대한 수도에서 불교 승려들이 살고 있는 외진 순례 장소로 변한 복잡한 역사를 말살하는 것이기도 했다. 이 도시는 심지어 15세기 초 왕실이 이곳을 떠난 뒤에도 비어 있던 적이 없었음을 인식하는 것이 중요하다.[2]

이 도시가 '사라진' 것으로 간주되던 16세기에 캄보디아 왕 앙찬Ang Chan 1세(재위 1516~1566)는 앙코르와트의 부분 개수를 완성하도록 명령했다. 수십 년 뒤 포르투갈 수도사 안토니오 다마달레나António da Madalena(?~1589?)가 이 도시에 대해 묘사했다. 무오보다 대략 300년 앞선 것이며, 그는 아마도 유럽인으로서는 처음 이곳을 찾은 사람인 듯하다. 17세기에는 한 일본인 순례자가 앙코르와트 지도를 그렸고, 18세기에는 캄보디아의 한 고관이 앙코르와트 구내에 자기 가족을 위한 탑을 건립했다. 이 모든 증거 사례들은 전 세계의 사람들이 앙코르에 관해 알고 있었으며 그곳은 사람들이 많이 찾는 순례지였음을 시사한다. 19세기에 이곳에 온 프랑스 식민자들은 여기에 살고 있던 승려 집단을 내보내야 했다. 무오의 기록은 수리야바르만이 옛 앙코르를 몽땅 서바라이 밑에 묻어 말소한 것만큼이나 대담하고 오래간 역사 변개 행위였다.

무오에 의해 촉발된 프랑스의 동남아시아 문명 열풍은 1878년 절정에 이르렀다. 그해 파리에서 열린 세계박람회에서는 프랑스 학자들이 앙코르와 기타 크메르 제국 유적지들에서 가져온 고대 크메르 미술품들을 특별 전시했다. 1900년, 일군의 프랑스 연구자들은 하노이에 프랑스극동학원EFEO을 설립함으로써 동남아시아를 상주지로 삼았다. 그리고 1907년에 EFEO는 앙코르에서 고고학 연구를 지휘하는 일을 맡았고, 그들의 역할은 지금까지도 이어지고 있다. 이로써 20세기 초에, 프랑스인들이 앙코르를 발견했고 그곳에 대해 가장 잘 안다는 대중적 관념에 학술적 신뢰성이 더해졌다. 이는 또한 프랑스 학자들로 하여금 앙코르가 유럽식 성곽 도시였으며 크메르에는 분명한 독자적 문화 전통이 없다는 그릇된 추정을 하게 만들었다.

1907년 이래 많은 변화가 있었다. 대미언 에번스는 라이다 지도 작성 사업을 이끌 때 EFEO와 제휴하고 있었다. 이 사업은 앙코르가 거기서 나온 비문들이 이야기하는 것처럼 큰 도시가 아니었다는 유럽 학자들의 주장과 상반되는 결과를 내놓았다. 한편으로 여러 현대 학자들은 앙코르가 어떤 이유에서건 사라졌으며 그곳을 식민지로 삼은 국가 사람이 우연히 그곳을 발견해 그 동료들이 사원에서 약탈한 것을 때맞춰 세계박람회에 가져왔다는 생각의 잘못을 바로잡았다.

늘 그렇듯이 진실은 전설보다 더 기묘하고 더 복잡하다.

첫 번째 범람

앙코르의 옛 공간에 쓰여 있는 것은 이 도시에서 무엇이 잘못됐는지에 대한 극적인 징표다. 라이다 촬영과 발굴에서는 모두 이 도시의 수로,

제방, 해자, 저수지가 수백 년 동안 부산스럽게(그리고 갈수록 복잡하게) 수리되고 개조됐다는 사실이 드러났다. 우리가 서바라이를 찾았을 때 에번스가 지적했듯이 이러한 개조의 일부는 왕과 성직자들이 도시 경관을 한 우주론의 이상화된 비율에 맞추기를 원했기 때문에 필요한 것이었다.

그러나 일부는 기후 불안정으로 인한 것이었고, 기반시설을 수많은 사람들이 이용하면서 당연히 생기는 손상 때문이기도 했다. 그러나 결국 14세기 앙코르에 치명적인 홍수가 일어났을 때도 사람들은 이 도시가 결코 완전히 회복되지 못할 것이라고 생각지는 않았던 듯하다. 앙코르 사람들은 더 심한 경우도 많이 겪었고, 심지어 이전보다 더 큰 제국을 건설하면서 거기에서 빠져나왔기 때문이다.

야소바르만이 수도를 현재 앙코르가 자리 잡고 있는 곳으로 옮기고 불과 수십 년이 지난 928년, 자야바르만 4세(재위 928~941)라는 왕이 즉위했다. 그는 우리가 정확하게 알 수 없는 어떤 이유들로 인해 온 조정을 이끌고 수도를 다시 옮겼다. 이번에는 동북쪽의 코케르Koh Ker라는 북적거리는 도시였다. 왕은 휘하 크눔에게 현지에서 채석한 거대한 사암 블록들로 그곳에 궁궐과 관청을 짓도록 명령했다. 그의 최고 업적은 물론 아무도 그에 비견되는 것을 보지 못했을 저수지일 것이다. 노동자들은 롱기아Rongea강 유역에 7킬로미터에 이르는 제방을 건설해 몇 개의 큰 강을 막았고, 넓은 바다처럼 보이는 것을 만들었다.

자야바르만 4세의 일꾼들은 제방 정남쪽에 맞추어 왕국에서 가장 높은 사원인 프라삿톰Prasat Thom을 건설했다. 이 인상적인 피라미드는 계단으로 된 옆면의 각 층이 저 멀리로 사라져가는 듯한 환상을 자아낸다. 층층대 경사면처럼 말이다. 프라삿톰의 꼭대기에는 거대한 링가가 있었다. 청동 또는 나무로 만들었던 듯한데, 오래전에 없어져 버렸다. 남아 있는 것은 피라미드뿐인데, 각 층마다 초목이 무성하게 자랐다. 강가인 이곳에는 천여 년 전 몇 년 사이에 두 번 강물이 제방 위로 범람하고 이후 제방이 완전히 파괴되면서 날린 벽돌들이 아직도 흩뿌려져 있다.

자야바르만 4세가 이 도시를 찾는 사람들에게 아주 특별한 체험을 하게 해주고 싶었던 것은 분명한 듯하다. 코케르는 앙코르와 오늘날 라오스의 왓푸Wat Phu를 잇는 간선도로상에 있었다. 제방은 단순히 물을 가두는 시설만은 아니었다. 그것은 또한 앙코르로 가는 길에서 코케르의 사원 구역 중심부로 곧바로 이어진 멋진 산책로였다. 저수지를 따라 수도를 향해 남쪽으로 여행하는 사람들은 곧 자신의 시야 바로 안에서 프라삿톰 위에 올려진 거대한 링가를 보게 된다. 그것은 7킬로미터의 전 구간을 걷는 내내 멀리서 거대한 모습을 드러냈을 것이다. 생식력과 성스러움과 힘의 상징으로서 말이다.[3] 당연한 이야기지만 자야바르만 4세의 의도는 실용적인 것에 못지않게 정치적인 연극이기도 했음이 분명하다. 그는 이 제방이 기존 도로들과 연결되기를 원했고, 그것이 사원들과 정렬되기를 원했다. 그것은 서바라이와 마찬가지로 튼튼한 토목 공사이기보다는 열망을 실현하는 수자원 관리였다.

자야바르만 4세는 왜 그렇게 많은 정력을 쏟아 또 하나의 도시를 건설했을까? 앙코르를 계속 확장할 수 있었는데도 말이다. 프랑스 고고학자 조르주 세데스가 한 가지 이론을 내놓았다. 자야바르만 4세가 왕위를 찬탈한 탓에 앙코르에 관심을 두지 않았다는 것이다.

그러나 프놈펜왕립대학 역사학 교수 두옹키오Duong Keo는 한때 유행했던 이런 생각은 서방 학자들이 동남아시아 문명들의 승계 원칙을 오해한 사례 가운데 하나라고 주장한다. 역사가들은 왕이 죽으면 그 아들이나 형제가 물려받는 것이 '적절한' 절차라는 선입견 때문에 이런 식의 가족 승계가 앙코르의 원칙이 아닌 예외라는 사실을 알아차리지 못했다.[4] 두옹키오는 보다 현실적인 가능성을 제시한다. 자야바르만 4세는 코케르 출신이었고 그곳에 이미 멋진 궁궐을 건설해놓았다. 뭣하러 옮긴단 말인가? 이런 해석은 이 지역 환경에 대한 최근 연구와도 부합한다. 사람들은 이곳이 크메르 제국의 수도였던 시기로부터 수백 년 전과 후에도 농사를 짓고 있었고 불을 피워 땅을 개간했음이 밝혀진 것이다.[5]

자야바르만 4세가 앙코르 출신이 아니라고 하더라도, 그것은 수리야바르만 1세 및 2세 같은 영토를 확장한 크메르의 다른 여러 왕들과 다를 바가 없다. 그들 역시 먼 지방 출신이었다. 통상 이 외부 출신의 왕들은 이질적인 지역들을 통합할 수 있었는데, 이는 부분적으로 그들이 이런 지역들과 개인적인 연결고리가 있었기 때문이다.

코케르에서도 비슷하게 충성을 만들어내는 방식이 있었다는 증거가 발견되지만, 그 동맹체계는 사뭇 다르다. 코케르에도 "끝없이 이어지는 노예 명부"가 있고(수천 명에 이른다), 비문 전문가 아일린 루스티히는 그것이 자야르바르만 4세가 어떤 생각에 동조하고 있는지를 암시한다고 주장한다. 이 시기는 이 지역이 매우 불안정하고 내분이 일어난 때였으며, 크메르 제국은 아주 쭈그러들었다. 앙코르보호관리국 APSARA의 연구원 쿤티아 츠홈Kunthea Chhom은 코케르의 명부가 잘 짜인 이 도시의 사회 구조를 보여준다고 말한다.[6] 크눔에 대한 다양한 칭호가 그 한 예다.

루스티히는 자야바르만 4세가 '시'라 불리는 평민 계급과 손을 잡았을 가능성이 있다고 보고 있다. 이들은 코케르 비문들에서 '고'라 불리는 평민보다 우월한 것으로 나타난다. 자야바르만 4세는 특정 노동계급 사람들을 승격시켜 자신의 동맹자 역으로 삼았을 것이다. 이 노예 명부는 갑자기 더 이상 "끝없이 이어지는" 것이 아니었고, 대신에 노동계급 안의 계층을 이해하는 방법이 됐다. 왕이 '시'와 동맹을 맺은 것은 또한 크메르 사회계급의 중대한 변화를 의미하는 것일 수 있다. 어떤 면에서 로마 제국 초기 리베르투스의 역할 변화와 비슷하다. 루스티히는 이렇게 썼다.

> 중심지를 앙코르에서 코케르로 옮긴 것은 반대 집단을 약화시키고 '시' (평민)와 손잡아 권력 기반을 강화하려는 자야바르만 4세의 전략으로 가장 잘 이해할 수 있을 것이다. 코케르에서 앙코르로 되돌아간 이후 사회적·정치적 권력구조의 변화(아마도 여러 관리와 '고' 평민들의 영향력 증대에서 보이는)가 분명해졌다.[7]

이웃의 귀족들은 그들끼리 티격태격하고 있었지만 자야바르만 4세는 물러나 코케르에서 평민들과 함께 살았다. 그의 다음 행동은 그 자신의 크눔의 일파인 '시'와 손잡고 새로운 종류의 도시를 만들어 자신의 권력을 강화하는 것이었던 듯하다. 그의 치세가 끝나고 수도가 다시 앙코르로 옮겨가자 '고'라는 크눔의 다른 집단이 권력을 잡았다. 루스티히는 노예 이름을 면밀하게 살핌으로써 귀족층이 서로 다른 노동자 집단과 제휴했음을 알아낼 수 있었다.

그러나 코케르의 호시절은 짧게 끝났다. 제국 최대의 저수지에 무슨 일이 일어났는지를 알아내기 위해 일군의 고고학자들과 토목공학자들은 현대의 댐 구조물에 관한 지식을 사용해 이 도시의 북쪽 경계 노릇을 했던 제방 겸 도로에 무슨 문제가 있었는지를 재현해냈다. 많은 문제가 있었지만 가장 중요한 것은 건설자들이 적절한 방수로를 만들지 않은 일인 듯했다. 폭우가 쏟아지는 계절에는 물이 예상보다 빠르게 흐르고 수위가 높았다. 결국 제방은 물이 넘치는 정도로 그치지 않았다. 손상된 석축은 급류에 침식되고 뜯겨 나갔다.[8]

사람들이 추후에 문제가 생긴 방수로를 보강하려고 했던 흔적이 있었다. 터진 곳 부근의 장벽 높이를 수백 미터 올리려 한 것이다. 그러나 보수 공사는 마무리되지 않았다. 몇 년 지나지 않아 물이 다시 방수로 위로 넘쳤다. 도시 일부가 완전 침수됐고, 왕은 자신이 만든 거대 저수지를 포기했던 듯하다. 944년, 수도는 다시 앙코르로 옮겨졌다. 소수의 사람들이 수백 년 동안 계속해서 축소판 코케르에 살면서 농사를 지었다. 수도 앙코르와는 길로 연결돼 있었다.

코케르 이야기는 결국 앙코르에 일어나게 되는 일의 축소판이다. 외부로부터의 정치적 문제에 시달리고 내부에서는 기반시설이 붕괴하면서 이 도시는 인구가 밀집된 중심지에서 농촌 마을이 아무렇게나 펼쳐져 있는 곳으로 변했다. 그러나 앙코르는 수백 년 동안 확장을 거치고 나서야 코케르와 완전히 같은 길을 걷게 된다. 그 시기 동안에 수리야바르만의 일꾼들은 제국의 교역로와 관료제를 건설했고, 수리야바르만 2세는 기반시설을 개선했다.

그리고 1181년에 앙코르는 가장 분명한 도시화를 경험했다. 새로운 왕이 즉위했다. 아직도 종종 '대왕'으로 불리는 자야바르만 7세(재위 1181~1218?)다. 그의 일꾼들은 수많은 도로·병원·학교를 건설했다. 그의 치세는 앙코르 역사에서 너무 많이 언급되기 때문에 고고학자들은 그를 'J7'이라는 별명으로 부른다.

　그는 앙코르의 가장 성공적인 확장 군주였다. 그는 또한 아웃사이더로서 여러 해 동안 오늘날의 베트남에서 참족 사람들 사이에서 망명 생활을 하다가 크메르-참 전쟁 동안에 앙코르로 돌아왔다. 그는 참족 군대 내부 출신의 동맹자와 일하면서 평화를 중재해 참족의 앙코르 침입을 중지시킨 뒤 왕좌에 올랐다. J7은 그의 사원 필사자에게 자신의 평화를 위한 헌신을 증언하는 비문을 짓도록 명령했다. 그러나 그는 한편으로 참 영토 상당 부분을 무력으로 점령하기도 했다. J7은 모순 덩어리이기도 했지만, 크메르 제국을 개조했다. 그리고 오늘날 고고학 자들이 연구하는 유적은 그의 도시 계획에 따라 만들어진 것이다. 그의 정권이 끝난 뒤 앙코르의 변화는 마지막 국면으로 들어서게 된다.

천의 얼굴을 가진 왕

피팔 헹은 캄보디아에서 성장하던 시절부터 앙코르 고고학에 매료되기 시작했다. 그는 자신이 아이였던 1990년대 초에는 J7 왕의 유명한 바욘Bayon 사원이 있는 앙코르톰에 관광객이 거의 없었다고 내게 말했다. 그는 이렇게 회상했다.

　"내가 열한 살 때 우리 가족은 부근에 있는 탑을 찾았습니다. 가족들이 불공을 드리고 있을 때 나는 사원으로 올라갔어요. 나는 중앙탑까지 갔다가 길을 잃었습니다. 겁이 났죠. 거기엔 아무도 없었고, 내 주위에는 커다란 얼굴들뿐이었어요."

　나는 곧바로 그 얘기를 알아들었다. 그로부터 거의 30년 후에 내가 바욘 사원을 찾았을 때 그곳은 관광객 천지였다. 그러나 그곳은 여전히 매우 혼란스러운 곳이었다.

자야바르만 7세의 건축에 관한 여러 업적 가운데 하나인 바욘 사원은 담장이 없었다. 마구 뻗쳐 나간 회랑에는 기둥들이 빽빽한 숲을 이루고 있었고, 위에는 부풀어 오른 꽃봉오리 모양의 탑들이 서로 다른 높이로 서 있었다. 멀리서 보면 그것은 밀림처럼 하늘을 가리고 있었다. J7의 재위기에 이곳은 흰색과 금색으로 칠해져, 깔끔하게 정리된 주거 구역(수많은 성직자, 수공업자, 하인, 왕의 시종 가족들이 살던 곳이다) 한가운데서 연한 연꽃처럼 빛이 났을 것이다. 오늘날 회갈색의 늙어가는 나무가, 이끼가 잔뜩 박힌 사암 사이로 보인다.[9] 마구 자란 나무들이 한때 이곳 사람들과 순례자들이 산책하던 정원과 연못을 집어삼켰다. 그러나 위쪽 테라스로 올라가면 경외심과 두려움이 동시에 느껴진다. 그것은 얼굴들 때문이다.

J7이 왕위에 오르면서 그는 수리야바르만에 이어 크메르 제국의 두 번째 불교도 왕이 됐다. 중요한 차이가 하나 있었다. 수리야바르만은 자기네 신민들이 힌두교를 믿는 것을 용인했다. J7은 불교를 공식 국가 종교로 삼았다.[10] 비문들을 보면 J7은 자신을 붓다의 화신으로 선언했던 듯하다. 자신의 먼 선대 왕 자야바르만 2세가 802년 스스로 힌두교의 신왕神王이라고 선언한 것과 흡사한 방식이다.

J7은 재위하는 동안 궁정 조각가들과 기술자들에게 명령해 왕국을 붓다의 모습으로 가득 채우도록 했다. 많은 학자들은 그 얼굴이 왕의 모습이라고 보고 있다. 보다 가능성이 높은 것은 그 의도가 J7의 얼굴과 보살의 얼굴을 합쳐 국가권력과 종교권력의 완벽한 조합을 나타내려는 의도였다는 것이다. 이 합성된 얼굴 200여 개가 바욘 사원을 가

득 채우고 있는데, 대부분 크기가 성인의 키 정도다.

모든 기둥들에는 네 개의 J7의 얼굴이 들어 있다. 각기 동서남북 정방향을 향하고 있으며, 더없이 행복한 휴식의 감정을 나타내고 있다. 내가 그것을 멀리서 처음 보았을 때 평화로운 모습이라는 느낌을 불러일으켰다. 그러나 발걸음을 옮겨 중앙탑으로 올라가면서 그 얼굴을 다시 보게 되면 내가 감시를 받고 있다는 느낌이 들기 시작했다. J7이 크메르인들에게 자신들이 왕의 주시하에 있으며 그의 판단에 따라야 함을 알리고 싶은 듯했다. 신전 꼭대기에 도착할 때쯤에는 모든 지면이 한 얼굴인 듯이 느껴졌다. J7은 보살과 합쳐진 것이 아니었다. 그는 도시 기반시설 자체와 합쳐진 것이다.

사람들이 구경거리 때문에 앙코르에 이끌렸다는 미리엄 스타크의 말이 사실이라면 바욘 사원은 그들이 가장 보고 싶어 한 장소 가운데 하나였다고 생각할 수밖에 없다. 수많은 사람들이 수백 년 동안 그 메시지에 노출돼 있었다. 그러나 그 메시지는 곳곳에 있는 왕의 얼굴에만 있는 것은 아니었다. 모든 사람이 바욘 사원에 가기 위해 거치는 시내의 길에도 있었다. J7의 후견을 받고 있는 먼 지방의 귀족들을 위해 그는 그들이 계속 자신의 영역으로 돌아오도록 하는 영리한 계획을 고안했다. 스타크에 따르면 바욘에는 개인 조각상을 넣을 439개의 벽감壁龕이 있었다. 스타크는 이렇게 썼다.

학자들은 이 조각상들이 자야붓다마하나타Jayabuddhamahānātha의 모습(관음보살Bodhisattva Avalokiteśvara의 조각상)이 아닐까 생각하고 있다. 왕이 비문에 기록된 최소 23개 지역 중심지에 보낸 것이다. 그 관리자는 연례 봉헌을 위해 이 상을 앙코르로 가지고 와야 했다.

이것은 지역 지배자들에게 J7의 본거지로 와서 보고하도록 요구할 수 있는 완벽한 구실이었고, 그것이 앙코르톰을 성스러운 순례 장소로 바꿔놓았다. 이 의식을 보는 앙코르 사람들은 먼 곳의 지배자들이 바욘 사원에 와서 자기네들이 하는 것과 똑같은 방식으로 경배함을 알게 됐을 것이다. 모든 사람은 왕의 종이었다.

하늘에서 보면 바욘 사원은 정방형 블록을 쌓아놓은 것처럼 보인다. 그 둘레는 앙코르톰의 더 큰 정방형 담이고, 앙코르톰은 서바라이와 동바라이 사이에 위치한 J7의 호화로운 궁전이었다. 보통의 순례자는 앙코르톰 주위를 둘러싼 담의 동문으로 들어와 이 문과 바욘 사원을 연결하는 아주 똑바른 길을 따라갈 것이다. 그들은 현기증이 날 정도로 많은 조각상(부채꼴을 이루는 여러 개의 뱀 머리가 있는 나가naga, 강인한 독수리 날개를 활짝 펼친 오만한 가루다garuda, 줄지어 있는 악마와 신들) 옆을 걸을 것이고, 멀리 J7의 가족을 위한 멋진 정원, 수영장, 집을 일별하게 될 것이다.

그러나 방문자들은 앙코르톰 구내로 들어가기 전에 이미 도시의 일부를 지났을 것이다. 남쪽으로는 훨씬 보잘것없는 앙코르와트 구내가 담을 두르고 있다. 널찍하게 자리 잡은 이 도시의 두 직사각형 거대 저수지(동바라이 및 서바라이) 북쪽에는 J7이 자신의 저수지인 자야타타카Jayatataka를 추가해놓았다. 여기에 앙코르톰의 동벽을 따라 흐르는 넓은 수로가 있다. 이는 사실 시엠립강 지류의 물길을 돌려놓은 것이다.

J7의 시대에 이 도시에 온 사람들은 또한 도시 중심부의 주거 구역이 고급스럽고 담이 둘러쳐진 사원 주거 구역만큼이나 정연함을 알아차렸을 것이다. J7은 이전의 영토를 확장한 왕들과 마찬가지로 노동력을 수도로 끌어왔다. 이 사람들이 도시의 배치를 바꾸고 오늘날 대도

시에서 익숙한 바둑판 모양의 분명한 격자형 가로를 만들었던 것으로 보인다. 거리는 목조 주택이 밀집해 있으면서도 정연한 줄을 이루어 형성됐을 것이다. 이런 정도로 조정이 이루어지려면 중앙 집중의 도시계획 당국이 필요했을 것이라고 헹은 추측한다. J7의 아들이 쓴 한 짧은 비문은 이것이 의미하는 바를 짐작할 수 있게 해준다. 헹은 간단히 이렇게 말했다.

"거기에는 자야바르만 7세가 땅을 강제로 수용했다고 돼 있습니다."

보다 유기적인 모습을 띠고 있던 도시의 주거 구역을 격자로 바꾸기 위해 왕의 군대가 그 신민들을 이주시켰다. 이런 식의 강압적인 도시계획은 또한 반란을 억제하는 좋은 방법이기도 했다. 영토 확장에 주력하는 왕에게는 그것이 상존하는 골칫거리였다. 헹은 이렇게 말했다.

"반란을 분쇄하는 한 가지 방법은 사람들의 재산을 빼앗고 그 가족을 사원의 하인으로 삼는 것입니다."

J7은 도시 건설의 업적을 남기기 위해 배후지 사람들의 재산을 몰수했으며, 유명한 공공사업을 벌이기 위해 노동자들을 자신의 제국 전역으로 보냈다. 그는 앙코르의 위대한 왕이었다고는 하지만, 역사는 그가 사상누각을 무너뜨렸을 것임을 시사하고 있다. 바로 크메르 제국의 부채와 후견 체제라는 누각이다.

기후 재앙

1218년 무렵 J7이 죽자 그 아들 인드라바르만Indravarman 2세(재위 1218?~1243)가 잠시 왕위를 이어받았다. 그는 앙코르가 중심 도시에서 작은 순례지로 서서히 변모하는 과정의 첫 단계에 해당하는 시기의 왕이었다. 이후 200년 동안에 크메르의 국세는 엄청나게 쪼그라들었다. 제국은 지금 라오스·베트남·타이로 불리는 지역에 있던 왕국들에게 영토를 빼앗겼다.

그러나 앙코르는 여전히 명백하게 크메르일 수밖에 없는 땅의 한가운데 있었고, 앙코르 사람들은 중국이나 그 너머의 나라들 같은 이웃들의 긴밀한 교역 상대였다. 이 도시에 사는 사람들에게 삶은 여전히 매우 즐거운 것이었고, 특히 상류층이라면 더욱 그러했다. 주달관이 앙코르에 관한 그의 유명한 기록을 쓴 것은 13세기 말임을 기억할 필요가 있다. 그는 이곳이 융성하고 문화적으로도 활기에 넘쳤다고 썼다.

그러나 크메르가 영토의 상당 부분을 잃은 데서 입증되듯이, 후견 체제는 스스로의 무게를 이기지 못하고 허물어지고 있었다. 크메르 왕들은 대폭 줄어든 노동력에 의존했을 것이다. 주로 앙코르와 그 가까운 주변에서 동원했을 것이다. 그러나 도시에 사는 낙관론자들은 주변을 둘러보고 붐비는 거리와 계속 늘어만 가는 수로망을 보며 모든 것이 잘 돌아갈 것이라고 스스로 말하기는 어렵지 않았을 것이다.

이 도시의 변모를 분명히 정리하기 위해서는 계속 변하는 수자원 기반시설을 들여다볼 필요가 있다. 13세기 동안에 일꾼들은 수로망을 더 많이 만들고 더 복잡하게 만들었다. 인공 수로를 더 만들어 북쪽으로 더 멀리까지 미치게 했고, 도시를 쿨렌산맥에서 흘러나오는 강들과 연결시켰다. 그리고 서쪽으로 흐르던 본래의 물길을 남쪽으로 돌렸다. 산에서 오는 물이 시계에 닿으면 여러 수로와 저수지로 돌렸다. 흘러내리는 물은 대체로 동남 방향이었다. 그러나 문제가 있었다.

지질학자들은 산에서 흘러나온 토사가 수로망의 중요한 길목을 막기 시작했음을 발견했다. 강이 도시로 들어오는 곳이었다. 그것은 물이 도시의 중심 수로망으로 흘러들기 전에 중단된다는 얘기였다. 이 문제 때문에 미친 듯이 수로를 더 건설했다. 그러나 14세기 말에서 15세기 초가 되자 다른 방향으로 이어지는 수로가 갑자기 급격하게 늘었다. 이 새로운 수로들은 넘쳐나는 물을 다량으로 도시 기반시설로부터 빼내 톤레삽으로 넘겨버렸다.[11] 앙코르의 멸망으로 이어진 환경 요인을 탐구한 시드니대학의 지구과학자 댄 페니Dan Penny는 이를 "연속적인 네트워크 오류"[12]라고 불렀다. 요컨대 네트워크의 한 결정적인 연결점에서 일어난 문제가 하류 부문에서 여러 가지 파멸적인 실패를 초래했다는 것이다.

이 네트워크 오류의 원인은 기후 변동이었다. 페니는 14세기 말에서 15세기 초에 앙코르 사람들이 믿기 어려운 도전에 직면했다고 썼다. 십여 년에 걸친 가뭄으로 사람들은 산에서 가능한 한 물을 많이 뽑아오기 위해 수로를 자꾸 건설했다. 그러나 가뭄은 갑자기 끝나고 이례적으로 비가 많이 내리는 우기가 몇 년 동안 이어지자 두 가지의 파멸적인 영향이 나타났다. 첫째로 되도록 많은 물을 도시로 끌어오도록 설계된 체계가 비를 감당하지 못해 홍수를 일으켰고 이 엄청난 지표수를 톤레삽으로 보내는 수로가 필요해졌다. 둘째로 장맛비는 금세 건조한 흙투성이의 땅을 파내고 수많은 쓰레기를 수로망으로 쓸어 넣었다. 이 때문에 퇴적물이 쌓이고 물이 필요할 때 공급되지 않았다. 앙코르의 고통은 이어졌다. 홍수 뒤에 다시 십여 년에 걸친 가뭄이 찾아왔다.

지금 현대 세계에도 비슷한 일들이 많다. 캘리포니아대학(버클리)의 공공정책 연구자 솔로몬 샹Solomon Hsiang은 고대와 현대의 사례들을 함께 이용해 기후 재앙의 경제적 효과를 연구한다. 그는 어떤 지역에 계속해서 폭풍우가 몰아닥치면 "그 나라가 아무리 부유하더라도 … 본래의 국내총생산GDP을 회복하기가 어렵"다고 내게 말했다. 기반시설을 보수하는 비용이 너무 많이 들어 이전의 경제 수준으로 돌아가기가 불가능하다. 그리고 새로운 폭풍우가 닥칠 때마다 그들의 GDP는 더욱 줄어든다. 그는 이를 '모래성 감가減價, sandcastle depreciation'[13]라 부르고, 어떤 문명이라도(그것이 어느 수준에 있든 상관없이) 그 반복적인 공격 아래서 서서히 사라져가게 될 것이라고 지적했다. 앙코르는 어떤 형태의 '모래성 감가'를 겪은 것으로 보이며, 기반시설이 타격을 입을 때마다 이 지역은 전반적으로 쇠퇴했다.

샹의 설명은 앙코르를 덮친 완만한 재앙이 환경 위기로 악화된 일련의 경제적 후퇴로 이어졌음을 상상할 수 있게 해준다. 코케르에서 일어난 홍수는 앞으로 닥칠 일들의 첫 조짐이었지만 왕은 이 문제의 처리를 피하고 수도를 다시 앙코르로 옮겼다. 이후의 지배자들은 수자원 부족과 토사 퇴적 문제를 처리하기 위해 더 많은 수로를 건설했다. 왕이 일꾼들을 동원해 새로운 수로를 또 하나 팠다면 그것은 가뭄으로 농경지가 타들어 갔거나 수자원 기반시설이 망가졌던 것으로 이해할 수 있다. 바로 그 시점에 앙코르 사람들은 농사짓기 더 쉬운 곳으로 이주하기 시작했다고 봐야 한다. 그리고 그들은 해마다 노동력으로 세금을 낼 필요가 없어졌다. 매번 도시가 기후 위기를 겪을 때마다 사람들이 떠나가는 것은 돈을 잃는 것이나 마찬가지였다.

도시에 홍수가 여러 차례 일어났지만 재빨리 새로운 수로를 건설할 크눔이 충분히 있었다. 그래서 홍수 유출에 대처하는 기반시설은 겹치기로 만들어졌다. 그러나 미친 듯이 작업을 하는 것으로 충분치 않았다. 집과 농경지가 파괴되자 더 많은 사람들이 재해를 덜 입을 만한 곳으로 이주했던 듯하다. 라이다를 가지고 지속적인 변화를 겪었던 이 도시의 수로를 추적했던 대미언 에번스는 앙코르 역사의 이 시기를 지금 도시들이 다루고 있는 일에 비유했다. 도시계획가들은 "전래의 기반시설"(기후 위기가 일으키는 극한적인 상황에 견딜 수 있도록 만들어지지 않은 것이다)의 시대 문제로 고심하고 있다. 에번스는 이렇게 말했다.

"고고학은 이것이 반복적인 문제임을 알 수 있는 곳에서 이런 관점을 제공합니다."

하수도와 수로는 바꾸기 어렵다. 특히 그것이 도로와 도시 블록의 지하에 매설돼 있는 경우에는 더욱 그렇다. 그리고 그것은 새로운 환경 속에 처하게 될 때는 조정하기가 엄청나게 어렵다. 이 시점에서 앙코르에는 그 어느 때보다도 경제적 기회가 줄었고, 이 도시는 매혹적인 낯선 사람들과의 교제를 추구하는 사람들에게 더 이상 등대가 아니었다.

설상가상으로, 오늘날 타이에 있던 아유타야Ayutthaya의 군대가 앙코르의 문 앞에 와 있었다. 공격할 절호의 기회였다. 도시는 노동력을 잃고 있었고, 방어는 허술했다. 아유타야 군대는 1431년 이 도시를 공격해 몇 년 동안 점령했고, 이 도시의 고통의 목록에 정치 불안을 추가했다. 하인 부족, 끝없는 홍수, 외국 군인들의 요구에 신물이 난 크메르 왕실과 궁정은 지쳐버렸다. 그들은 15세기 중반에 수도를 앙코르에서 프놈펜 부근 지역으로 옮겼다. 아유타야 또한 떠났다.

널리 퍼진 여러 기록들의 말해주는 것과는 달리, 이것이 이 도시의 '멸망'은 아니었다. 상층 계급은 그곳을 버렸고, 이와 함께 채무노예에 관한 법도 사라졌다. 미술가·성직자·무용수들은 다른 도시로 떠났다. 일부는 아유타야로 갔다. 그러나 도시의 노동계급은 남았다.

에번스는 앙코르 사람들이 15세기에 큰 다리를 수리했다고 지적했다. 14세기 사원의 돌을 재사용한 것이었다. 옛 앙코르의 방식은 쿨렌에서 돌을 채석하고 벵밀리아에서 하인들을 시켜 이를 가공했으며, 그런 뒤에 수로를 통해 앙코르로 보냈다. 도시의 지배자들이 사라진 뒤에는 재활용이 수리하는 사람들에게 훨씬 끌리는 방법이었다. 야소바르만은 전에 동바라이를 만들기 위해 평민 주거 구역을 없애버렸다. 500년 뒤에 평민들은 자기네 조상들이 건설한 기반시설을 수리하기 위해 지배층의 기념물들을 파괴했다.

그 부분을 입증하기 위해 스타크는 앨리슨 카터 및 피팔 헹과 손을 잡았다. 그들은 몇몇 다른 연구자들과 함께 2019년 앙코르와트 사원 구내 주거 구역에서 새로 발견한 것들에 관한 논문을 발표했다.[14] 발굴 과정에서 그들은 왕실이 건물을 떠난 뒤 사람들이 오랫동안 살았던 흔적을 발견했다. 크눔 공동체는 여전히 남아 있었고, 도시의 이른바 멸망 이후에도 건재했다.

같은 2019년에 댄 페니는 논문 하나를 발표했다. 에번스 및 다른 두 연구자인 지구과학자 테건 홀Tegan Hall, 고고학자 마틴 포킹혼Martin Polkinghorne과 함께였다. 그들은 라이다와 지상검증을 통해 앙코르의 성쇠에 관한 20년 동안의 증거를 종합했다. 그 제목은 그들의 발견을 잘 요약하고 있다. 〈캄보디아 앙코르에서 나온 고고지질학적 증거는 15세기의 붕괴가 대재앙이라기보다는 점진적인 쇠락이었음을 보여준다〉가 그 제목이다.[15]

이 두 논문이 잇달아 나오면서 앙코르에 관한 설명이 달라졌다. 갑작스런 계기는 없었다. 도시는 서서히 쭈그러들었고, 그곳에 살던 사람들은 수백 년에 걸쳐 빠져나갔다. 이 연구자들 가운데 누구도 앙코르의 멸망에 대해 부정하는 사람은 없다. 그것은 아주 느린 속도로 이루어졌을 뿐이다. 그 원인은 잘못된 지배층과 잘못된 도시 계획과 잘못된 운수가 유해하게 결합한 쓰레기장의 불이었다.

피팔 헹은 앙코르의 변화가 캄보디아의 불교 신앙의 변화를 반영하고 있는 듯하다는 데 관심이 끌렸다. 즉, J7의 대승불교에서 오늘날 캄보디아에서 널리 믿는 상좌부 불교로의 변화다. 그는 내게 이렇게 말했다.

"오늘날 불교는 여전히 궁정이 중심입니다. 그러나 붓다는 하나뿐이에요. 왕은 붓다가 아닙니다. 그것은 다른 사고방식입니다."

다른 것은 또 있었다. 상좌부 불교의 탑은 지역사회 소유였다. 불교를 믿는 이 새로운 방식은 여러 세대에 걸쳐 사원과 연관을 맺어온 부유한 가문과 성직자들을 지켜온 상속의 고리를 끊어버렸다. 대승불교에서는 사원이 귀족 가문에 의해 승계되고 그들이 사원을 통해 땅과 노예의 소유권을 주장해왔다고 헹은 설명했다. 그러나 상좌부 불교에서는 "승려의 가족 유대가 단절"된다고 헹은 말했다. 승려는 더 이상 사원을 가족에게 물려줄 수 없다. "사원은 공동체에 속하고 공동체는 사원에 속하"기 때문이다. 헹은 신앙의 변화가 13~14세기 동안 앙코르에서 일어난 변화에 핵심적인 역할을 했다고 보고 있다.

고고학자들이 도시 탈주라 부른 과정을 통해 앙코르 주민들이 떠나면서 그들은 상좌부 불교 탑을 중심으로 한 마을 생활로 돌아갔다. 밀집된 도시 중심부에서 코냐 평원의 작은 마을들로 사람들이 흩어진 차탈회윅과 비슷한 현상이 여기서도 나타난 것이다. 스타크는 메콩강 하류 유역에는 온통 "부락과 작은 마을을 이룬 지방 농업 사회가 들어찼으며, 그 농부와 공인들은 이전 방식의 삶(아마도 국가의 직접적인 간섭이

덜했을)을 이어갔다"라고 썼다. 붕괴한 것은 앙코르 문명이 아니라 "귀족층의 정치 핵심부 및 도시 핵심부"[16]였다.

심지어 이러한 변화가 일어난 이후에도 왕가가 16세기에 앙코르로 돌아오려고 노력했다는 증거가 있다. 동남아시아교육각료기구SEAMEO 지역고고미술연구소 소속 고고학자 노엘 이달고 탄Noel Hidalgo Tan은 앙코르 발굴에 연구자로 참여해 작업하면서 우연히 이런 사실을 발견했다. 고대 암각화 전문가인 그는 하루 휴식을 취하기 위해 발굴 현장을 떠나 사원 위쪽 지역을 돌아다니고 있었다. 거기서 그는 어떤 표시를 발견했다. 그의 훈련된 눈에 희미해진 바위그림과 매우 흡사해 보였다. 그는 사진을 몇 장 찍어 연구실로 가지고 돌아왔다.

그는 상관확장분석correlation stretch analysis이라는 특수한 디지털 기법을 사용해 안료의 색깔을 선명하게 할 수 있었다. 갑자기 그의 눈에 코끼리, 악단, 말을 탄 사람들의 모습이 보였다. 앙코르처럼 보이는 지역이었다. 추상적인 디자인과 한때 힌두교식 탑이 서 있던 곳에 있는 불교식 탑의 모습도 보였다. 이 그림들은 이 사원의 역사에서 특별한 국면이었던 서기 16세기의 것으로 보였다. 사원은 이 시기에 힌두교 용도에서 상좌부 불교로 전환돼 있었다.

탄은 방콕에 있는 사무실에서 전화로 내게 이렇게 말했다.

"나의 작업가설은 앙코르가 버려졌다고 하는 시점 이후에 수도가 남쪽으로 옮겨갔다는 것입니다. 그러나 앙찬 왕은 16세기에 앙코르를 다시 수도로 삼기 위해 그곳으로 돌아갔습니다. 16세기에 앙코르에서 갑자기 활동이 늘어났다는 다른 증거들이 많은 듯합니다. 왕이 앙코르를 불교 사원으로 바꿔놓았다고 말하는 이 시기의 비문들이 있습니다."

그는 이 비문들과 불탑의 모습은, 이 그림들이 앙코르를 부흥시키려는 불교도 왕의 노력을 말해주는 분명한 징표임을 보여준다고 생각한다. 분명히 이 노력은 실패했고 앙찬은 프놈펜에 있는 수도로 돌아갔다. 그러나 이는 앙코르 주민 대부분이 마을 생활로 돌아갔지만 그 일부는 여전히 남아 있었다는 추가적인 증거이기도 하다. 이 도시는 계속 존재했지만, 갈수록 그 과거의 영광에 대한 기념물로서의 성격이 짙어져 갔다.

내가 시엠립에서 본 가장 감동적이고 믿을 수 없는 기념물 가운데 하나는 사원도 아니고 궁궐도 아니었다. 그것은 앙코르에서 나온 귀중한 조각상들을 보관하는 창고(대부분 야외의)로 쓰이고 있는 허름한 현대풍의 크메르 건물 단지였다. 조각상 중 일부는 복원된 것이지만, 대부분은 약탈자로부터 보호하기 위해 이곳에 둔 것이었다. 일부에는 상처가 나고 표시가 돼 있다. 약탈자들이 떼어낸 뒤에 관계 당국에 압수된 것이다.

에번스가 현지 고고학 관계자들과 연줄이 있어 나는 창고 안으로 들어가 많은 조각품들을 볼 수 있었다. 붓다의 두상, 아수라의 두상, 비문 등이었다. 이곳이 미국의 간선도로 옆에 붙어 있는 잊힌 저장소와는 정반대라는 사실이 금세 분명해졌다. 그것은 크메르 역사에 대한 생생한 봉헌물이었다. 거의 성지나 마찬가지였다. 붓다는 황금 띠를 하고 있다. 그 발치에서는 향과 초가 타고 있다.

수백 년 된 특별한 불상을 모신 사당이 있었다. 에번스는 그 불상이 폴포트Pol Pot의 군대인 크메르루주의 공격에서 살아남았다고 말했다. 폴포트는 습관적으로 불상을 파괴했다. 전하는 이야기에 따르면 그들은 이 특별한 불상에 지뢰 한 다발을 묶었지만 파괴되지 않고 온전하게 남았다는 것이다. 붓다의 머리 위에서 가리개 역할을 했던 머리 일곱 달린 나가만이 날아가 버렸다. 창고의 일꾼들이 나가를 복원했고, 불상을 향과 초가 타는 탑 안에 안치했다. 발치는 연꽃 공양으로 장식됐다.

나는 에번스와 함께 프리아비히르Preah Vihear에 있는 비슷한 종류의 사당을 찾았다. 10세기에 수리야바르만 1세의 명령으로 만든 거대한 마애磨崖 사당이었다. 천 년 뒤에 이곳은 크메르루주 군대의 마지막 거점이 됐다. 그들은 거기서 1998년 항복했다. 나는 계속 올라가며 다섯 개의 사원(각각은 절벽의 더 높은 곳에 있었고 올라갈수록 더 화려했다)을 지난 뒤 캄보디아와 타이의 들판이 내려다보이는 급경사면에 도착했다. 다섯 번째 사원 뒤의 초원에는 벙커와 무기 은닉처, 거대한 포를 위한 포가砲架가 있었다. 탑 모양과 흡사한 포가는 사당으로 개조돼 있었다. 거기에는 꽃과 금속제 리본, 불붙인 향, 기타 봉헌물들이 쌓여 있었다.

프리아비히르는 아직 분쟁 중인 지역에 있다. 캄보디아 병사들이 여기저기 어슬렁거리며 때로 친절하게도 나이 든 크메르 방문자들이 위아래 신전 사이(그 계단이 무척 높았다)를 오르내리는 것을 도와주기도 했다. 우리가 고대의 조각품 사진을 찍고 있을 때 경비병 하나가 휴대전화로 유튜브 동영상을 보고 있었다. 나는 최근의 사건들과 먼 역사의 교차로에 서서 모든 도시는 맹렬한 확장과 폐기의 순환을 오가며 끊임없이 휘둘리도록 돼 있는 것이 아닐까 생각했다.

나는 프놈펜에 돌아와서도 이 문제를 생각했다. 이곳은 1970년대 중반 크메르루주가 대규모의 도시 디아스포라를 획책했던 곳이었다. 그렇게 활기찬 도시에서 주민들을 내보낸다는 것은 상상하기 힘들었다. 오늘날 프놈펜 거리는 차량들로 혼잡하다. 커다란 SUV와 윙윙거리는 스쿠터에서부터 관광객을 태운 툭툭과 삼륜택시에 이르기까지 다양하다. 단 한 뼘의 공간까지도 보도로 사용되고, 거기에는 사람들이 즉석 식당을 만들어 벽돌과 석탄 더미 옆에서 음식을 만든다. 손수레 행상들은 과일과 빵에서부터 휴지와 커피에 이르기까지 모든 것을 판다.

톤레삽강 너머로 멀리 보이는 비싼 고층 건물을 제외하고는 빈 건물이 없다. 옛날 영화관은 복잡한 빈민가로 변했고, 이전의 프랑스 백화점은 아파트 밀집 지역이 됐다. 우아한 그 지붕 안에는 새로 빤 세탁물이 줄에 걸려 있다. 사람들은 이 도시에 돌아오자 폐허의 어느 곳에든지 집을 지었다. 거대한 대성당 지붕 아래나 불교 사원 와트wat에도 마찬가지였다. 성벽과 거리와 골목 등 내가 보는 모든 곳은 활기가 흘러 넘쳤다.

그러나 크메르루주 희생자들을 위한 기념물들이 입증하듯이 이 도시는 불과 수십 년 전 모든 시민들을 난폭하게 축출했다. 도시인들이 킬링필드Killing Fields로 불리게 되는 곳으로 보내져 일을 하게 됐고, 이 강제노동 수용소는 공동묘지 구실도 했다. 고등학교와 사원은 고문과 구금이 자행되는 장소가 됐다. 그 생각을 하니 J7이 떠올랐다. 그는 수도를 개조했고, 백성의 땅을 빼앗았으며, 수많은 일꾼들을 제국 각지에 보내 자신의 명령을 수행하게 했다.

정치적 재난은 자연재해와 마찬가지로 땅 위에 분명하게 그 흔적을 남겼다. 그러나 시간이 지나면서 그 흔적들은 사람들이 살아남은 방식을 입증하는 다중의 증명서가 됐다. 크메르인들은 그들의 왕이 떠난 뒤에도 오랫동안 앙코르에서 계속 살았고, 그 땅을 개조해 마침내 700년대에 그곳을 차지했던 농경지 및 마을과 같은 모습이 됐다.

마찬가지로 크메르인들은 폴포트의 군대가 북쪽 프리아비히르로 달아난 뒤 프놈펜으로 돌아와 새로운 방식으로 이 도시를 점유했다. 이를 반복된 망각과 어두운 역사의 반복이라고 부르고 싶어진다. 그러나 그것은 너무 지나친 단순화다. 또 다른 가능한 설명은 크메르의 도시 전통이 이를 해체한 세력들보다 더 강력하다는 것이다. 앙코르는 사라진 문명이 아니다. 그것은 포기하기를 거부한 보통 사람들의 살아 있는 유산이다.

4부

카호키아

광장

CENTRAL CAHOKIA

'수도사 둔덕'

← 우드헨지 방면

'대광장'

쌍둥이 둔덕

스프링레이크
일대 방면

1km

블러디섬

이스트세인트루이스
지구(도시 지역)

'큰 둔덕'과 웨스트세인트루이스 지구
(도시 지역)

10장
아메리카의 고대 피라미드

천 년 전, 오늘날 이스트세인트루이스가 자리한 미국 일리노이주 남부 지역에 거대한 피라미드와 흙 둔덕들이 있었다. 위풍당당한 도시 건조물이 미시시피강 범람원의 끈적끈적한 진흙 위에 우뚝 솟아 있었다. 그리고 고가 보도가 꽉 들어찬 주거 구역과 공공 광장, 주변 농경지 사이로 구불구불 이어져 있었다. 그림이 그려지고 의례용품으로 장식된 의식용 기둥이 표지판과도 같이 둔덕 꼭대기에 박혀 있었다.

이 도시는 매우 인상적이어서 그에 대한 소문이 위스콘신에서 아래로 루이지애나까지에 이르는 미시시피강 및 그 지류 유역 위아래로 널리 퍼졌다. 많은 사람들이 공들인 파티와 가장행렬, 게임에 관한 이야기에 이끌려 이 도시에 왔다. 어떤 사람들은 즐기러 왔지만, 또 어떤 사람들은 새로운 종류의 문명을 찾아왔다. 찾아왔던 많은 사람들이 매우 깊은 인상을 받아 이곳에 눌러앉았다.

이 도시는 이민자들의 안식처가 됐다. 그 주거 구역은 미국 남부 전역의 여러 사회에서 온 사람들로 넘쳐났다. 1050년 이 도시의 전성기에 인구는 3만 명까지 폭증했다. 나중에 북아메리카로 알려지게 되는 지역에서 콜럼버스 시대 이전에 가장 큰 도시였고, 당시의 파리보다도 큰 도시였다.

특히 장대한 구조물 하나가 시내의 중심부를 이루었다. 오늘날 '수도사 둔덕'이라고 알려진 토축 피라미드다. 그것은 도시 상공으로 30미터나 솟아 있었다. 그 남쪽 사면으로 세 개의 분명한 층을 이룬 지역이 자리 잡고 있었다. 거기에는 각기 의례용 건물들이 있었다. 전체 둔덕이 터 잡고 있는 면적은 대략 이집트 기자Giza에 있는 대피라미드의 바닥 면적과 비슷했다. 맨 위층에 서서 연설하면 그 남쪽 바닥의 20만 제곱미터에 이르는 '대광장' 어디에서도 들을 수 있었다. 1킬로미터 길이의 의례용 둑길이 '수도사 둔덕'에서 남쪽으로 뻗쳐 있었다. 이 돋운 길이 침수된 땅을 지나 또 하나의 거대한 토축 구조물에서 끝난다. 고고학자들이 '방울뱀 둔덕Rattlesnake Mound'이라 부르는 곳이다.

피라미드의 서쪽 옆에는 키 큰 나무 기둥들이 원을 그리고 서 있었다. 우드헨지Woodhenge라 불린다. 그것은 동지와 하지를 표시한다. 동쪽에는 이 도시의 여러 깊은 웅덩이 가운데 하나가 있다. 취토장取土場으로, 카호키아인들이 둔덕을 만들기 위해 흙을 파낸 곳이다. 대부분의 취토장은 알록달록한 흙이 드러나 있고, 계절적으로 물을 담을 수있도록 설계돼 있다. 이 인공 산과 웅덩이, 보도, 시간을 알리는 기둥들은 남북 축을 따라 정렬돼 방문자들로 하여금 이 도시가 사람들뿐만 아니라 다른 세계(인간 세계의 위와 아래 세계다)에서 온 존재들도 사는 곳이라는 느낌을 준다.[1]

이 도시의 가장 두드러진 유적은 둔덕이지만(그리고 그것은 크고 작은 것 수백 개가 몇 킬로미터에 걸쳐 널려 있다), 그 중심은 광장이다. '수도사 둔덕' 발치에 있는 '대광장'에서 도시 주민들은 땅을 고르고 자갈을 얇게 깔았다. 의식과 운동 경기 때문에 오는 사람들의 편의를 위해서였다. 이곳은 대략 미식축구 경기장 38개에 해당하는 면적이며, 이 도시에 있는 더 작은 여러 공공장소의 본보기다. 더 작은 일부 광장들은 주거 구역의 여러 채 집들에 둘러싸인 안뜰 정도에 지나지 않는다. 또 어떤 것들은 '대광장'에 필적할 만한 것도 있다.

도시 사람들은 여러 가지 사회적 행사들을 위해 이 모든 광장들을 계속해서 개방하고 청소했다. 광장은 도시 계획의 중요한 부분이었다. 이 공동체는 특정한 종류의 공공 영역 형성을 기반으로 건설된 것이었기 때문이다. 생각이 땅의 모습을 바꿀 수 있고 또한 땅이 생각을 바꿀 수 있는 곳이었다. 모든 도시는 그 주민들에게 공적 정체성을 체험할 기회를 제공한다. 차탈회윅에는 역사관이 있었고, 폼페이에는 거리가 있었고, 앙코르에는 사원 단지가 있었다. 그러나 카호키아에는 시내 곳곳에 특별히 만들어진 구조물들이 있었다. 전적으로 대중을 위해 만들어진 것이다.

광장은 사람들이 모일 수 있는 장소다. 운동 경기를 보거나 설교를 들을 수 있다. 이것들이 카호키아 사회를 규정했다. 거리 쇼핑이 폼페이를 규정한 것과 마찬가지다. 이곳은 공적 생활이 변화에 미치는 힘을 신봉하는 도시였다. 곳곳에 꼼꼼하게 만들어진 만남의 장소가 있었고, 여기서 개인들이 함께 모여 그들 자신보다 더 큰 무언가가 될 수 있었다.

이 도시는 장엄했지만 그 본래의 이름은 시간 속에서 잊혔다. 그 문화는 '미시시피' 문화로 알려졌다. 유적들이 대륙의 남부와 북부를 이어주는 이 커다란 강 전체를 따라 발견되기 때문이다. 17세기에 유럽인들이 일리노이를 탐험할 때 이 도시는 수백 년 동안 버려져 있었다. 당시 이 지역에는 카호키아Cahokia족이 살고 있었다. 일리노이연맹Illinois Confederation에 속하는 한 부족이다. 유럽인들은 이 부족 이름을 따서 이 고대 도시를 부르기로 했다. 카호키아족 스스로는 이 도시를 건설했다고 주장한 적이 없는데도 말이다. 그리하여 카호키아라는 이름이 고착됐다.

수백 년 뒤에 카호키아가 반짝 성장했다가 사라진 것은 수수께끼로 남았다. 1400년 무렵에 그 주민은 대부분 흩어졌고, 완전히 인간의 손에 의해 지구공학地球工學, geoengineering적으로 만들어진 풍광 속에 여기저기 산재한 마을들이 남아 있다. 미시시피 문화는 수Sioux족, 특히 오세이지Osage족의 전통에서 발견할 수 있고, 둔덕은 여러 부족 계통의 현대 토착민들에게도 계속해서 영감을 주고 있다.

그러나 이 도시가 어떻게 해서 만들어졌고 버려졌는지는 여전히 수수께끼다. 실마리를 찾기 위해 고고학자들은 카호키아인들이 한때 자기네들의 둔덕을 만드는 데 사용했던 두텁고 눅눅하고 다루기 힘든 흙을 팠다. 1미터의 흙 아래 묻혀 있는 것은 천 년 된 건물 토대, 쓰레기 구덩이, 신비로운 공공 의례 유적, 무덤의 층위들이다. 이와 함께 그것들은 처음부터 일시적인 것으로 설계됐던 것일지도 모르는 문명의 이야기를 들려준다. 카호키아인들에게 도시의 폐기는 실패나 손실이 아니었고, 오히려 예측된 도시 생명 주기의 일부였다.

운동 참여

로마력曆으로 계산해서 900년대 말에 사람들은 카호키아의 첫 기념물을 건설하기 시작했다. 당시 유럽 문명은 중세의 미신과 잔혹한 군주들이라는 수렁에 빠져 있었다. 그러나 북아메리카에서는 중세 귀족제가 확립되지도 않았고 사라진 위대한 문명을 암시하는 고대 라틴어 문서도 없었다. 대신에 일시적으로 부족과 국가를 통합하는, 강력하지만 끊임없이 변화하는 사회 운동들이 있었다. 현대에서 그것과 가장 유사한 것은 정치 혁명이나 종교 부흥일 것이다. 그리고 이 운동들은 살아 있는 미국 도시의 역사를 배경으로 전개돼 거대한 토목 공사와 석조 기념물로 구현됐다. 그 기원은 수천 년 전으로 거슬러 올라간다.

토착민 구술사와 18~19세기 유럽인들의 관찰을 통해 알 수 있는 것을 바탕으로 하자면 카호키아는 영적·문화적 재탄생을 약속한 지도자들(또는 카리스마가 있는 한 사람의 지도자였을 수도 있다)에 의해 건설됐다.[2] 일부에서는 카호키아가 종교를 기반으로 건설된 도시라고 말한다. 그러나 그 기원은 그보다 더 복잡하다. 아마도 이를 가장 잘 표현하려면 이 도시가 미시시피강 연안인 미국 남부와 중서부를 휩쓴 사회 운동에 의해 탄생했다고 하면 될 것이다.

카호키아인들은 문자 기록을 전혀 남기지 않았기 때문에 이 운동이 어떤 것이었는지를 정확히 말할 수 없다. 그러나 이것은 북아메리카의 역사에 대한 건설자들의 지식으로부터 영감을 받았다. 둔덕에 도시를 세우는 것은 대륙의 이 지역에서는 오랜 전통이었다. 카호키아 이전 수천 년 전으로 거슬러 올라간다.

북아메리카의 토목 공사로서 최초라고 알려진 곳은 루이지애나다.

왓슨브레이크Watson Brake[3]로 불리는 가장 오래된 유적지는 5500년 전으로 거슬러 올라간다. 이집트의 첫 피라미드가 건설되기 수백 년 전이다. 또 하나는 파버티포인트Poverty Point라는 곳에 있다. 루이지애나 북부 미시시피강 부근에 3400년 전에 건설됐다. 오늘날에도 여전히 파버티포인트의 초승달 모양 둔덕을 볼 수 있다. 둥지를 튼 거대한 둔덕이, 지금은 말라버린 강바닥을 굽어보며 절벽 위에 우뚝 솟아 있다. 파버티포인트가 버려지고 천 년 뒤에 호프웰Hopewell 문화 계통의 사람들은 오하이오와 동북쪽 일대에 걸쳐 더욱 놀라운 둔덕 도시들을 건설했다.

카호키아 사람들은 조상들의 역사를 통해 이들 둔덕들에 관해 알고 있었을 것이다(그리고 미시시피강 유역에서 그것들을 볼 수 있었을 것이다). 그러나 그들은 또한 훨씬 남쪽 마야Maya 및 톨테카Tolteca 대도시에 있는 동시대 피라미드의 영향도 받았을 것이다.

카호키아의 건설자들은 아마도 이런 이전 문명들을 닮은 도시를 건설할 생각이었을 것이다. 그들은 또한 이를, 열광적인 신앙에 휘둘리기라도 한 듯이 매우 빠르게 건설했다. 어배너-샘페인Urbana-Champaign의 일리노이대학UIUC 고고학 교수 티모시 포케타트Timothy Pauketat는 일생의 대부분을 카호키아 연구에 쏟았다. 그는 이 둔덕들이 고고학 기록에 매우 갑작스럽게 나타나, 오늘날 동부 우드랜드Eastern Woodlands 부족들로 불리는 사람들이 살던 작은 마을들이 모인 곳 위에 곧바로 건설한 것처럼 보인다고 말한다.[4] 도시가 커지면서 농경지도 늘어났고, 경작지가 카호키아에서 일리노이 산지로까지 확대돼 나갔다. 미시시피 문화의 흔적은 이 강 유역 전체에서 발견되는데, 그곳의 마을과 작은 도시들은 둔덕을 건설했고 일부 의례는 카호키아와 공통된 것이었다. 앙코르의 건축 양식과 행정 체제의 영향은 어떤 부분에서는 도시에서 수천 킬로미터 떨어진 곳에까지 영향을 미쳤는데, 카호키아도 그런 면모가 있었다.

카호키아는 다른 측면에서도 앙코르를 닮았다. 그 도시 설계는 열대 도시의 그것이었다. 주거 구역들 사이에 경작지가 넓게 뻗쳐 있고, 도시의 중심이 되는 토축 둔덕이 있었다. 카호키아의 초기 주민들이 미시시피강 양안으로 퍼져나가 농작물과 토목 공사를 통해 그 땅들의 모습을 변화시켰다. 도시는 넓게 자리 잡고 있었고, 고고학자들은 때로 이 대도시에 몇 개의 '구역'이 있었다고 말한다. '수도사 둔덕' 주변의 인구가 밀집된 중심부, 이스트세인트루이스에서 발견된 또 다른 중심지, 오늘날 세인트루이스시가 있는 또 다른 곳 등이다. 이들은 별개의 도시는 아니었던 듯하다. 이는 시내 주거 구역들이 농경지에 의해 분할된 모습이었을 가능성이 더 높다.

카호키아는 순전히 인간의 노동력으로 건설됐다. 일꾼들은 깊은 구덩이(그곳은 나중에 취토장이라 불린다)에서 흙을 파내기 위해 석제 도구들을 사용했고, 엮어 만든 바구니에 이를 담아 점점 커져가는 둔덕으로 날랐다. 흙을 부은 뒤에는 이를 다져 산처럼 굳고 튼튼하게 만들었다. 수백 년 뒤 '수도사 둔덕' 측면을 파 들어가던 고고학자들은 무리를 이룬 흙의 덩이들을 여전히 식별할 수 있었다. 덩어리마다 색깔이 약간씩 달라 어디서 바구니의 흙을 부었는지 표시가 났다.[5] 이 유적을 만든 카호키아인들의 등골 빠지는 작업은 일종의 의례였을 것이다. 아마도 그들은 단지 도시의 위대함과 힘을 키우기 위해 흙을 파고 날랐을 것이다. 또는 그들이 어쩌면 앙코르의 크눔과 마찬가지로 채무노예였을 수도 있다.

폼페이와 달리 카호키아에는 줄지어 가게가 들어선 거리가 없었다. 고고학자들이 이 도시의 도시 계획에 관해 알아낸 바에 따르면 상설 시장이나 상점은 없었다. 그러나 20세기 초의 인류학자들은 그렇게 큰 도시가 상업이나 장삿속을 중심으로 돌아가지 않았다는 사실을 믿기 어려워했다.

그들의 생각은 부분적으로, '신석기 혁명' 개념을 만들어낸 V. 고든 차일드에게 사로잡혀 있었다. 차일드는 도시에 당연히 돈, 조세 제도, 장거리 교역이 있어야 한다고 보았다.[6] 그리고 그들은 앙코르를 초기에 탐험한 유럽인들과 마찬가지로 세계의 모든 고대 도시는 중심부에 시장을, 주위에 성벽을 건설했다고 추정했다. 그러나 지난 수십 년 동안 포케타트 같은 고고학자들은 이 도시가 교역 중심지가 아니라 영적 중심지라고 주장해왔다. 그는 그 증거로서 사람들이 카호키아에서 고향으로 가지고 간 어떤 물건들을 제시했다.

사람들이 이 도시에서 가져간 가장 흔한 물건 가운데 하나는 레이미 Ramey라는 독특한 형태의 의례용 질그릇이었다. 카호키아에서만 만들던 것이었다. 레이미 항아리는 미적으로 아름답고 기술적으로 복합적이었다. 흙에 홍합 껍데기 간 것을 섞어 반죽하는데, 이것이 구울 때 매우 얇은 벽면에 균열이 생기는 것을 막아준다. 지하 세계를 상징하는 복잡한 디자인을 새긴 일부 레이미 항아리는 또한 정교한 동물 머리 모양의 손잡이가 있고 붉고 흰 색의 추상적인 소용돌이무늬가 생생하게 그려져 있다. 이들은 미시시피강 일대 정착지들에서 발견되며, 사람들이 카호키아에서 포도주를 담는 암포라나 특수한 도구 같은 실용적인 물품이 아니라 상징적인 물품들을 가져왔다는 추가적인 증거가 되고 있다.

고고학자들은 위스콘신이나 루이지애나 같은 먼 곳에서도 카호키아에서 가져온 다른 작은 기념품들을 발견했다. 소조각상, 장식용 화살촉, 의례용의 큰 잔 같은 것들이다. 이런 출토품들은 카호키아에서 음식·도구·천 같은 실용적인 물건보다는 사상과 종교 교리를 주고받았음을 시사한다. 틀림없이 사람들은 서로 소규모의 물물교환도 했겠지만, 이곳은 폼페이처럼 상업을 중심으로 만들어진 문화가 아니었다. 카호키아인들은 함께 하나의 문화적 세계관에 참여했고, 공공의 목표에 대한 정서를 공유해 하나가 됐다. 이 도시의 배치에 관심을 기울이면 그런 목표를 부분적으로 복원할 수 있다.

미시시피의 공적 생활

카호키아의 '대광장'은 거대하기는 하지만 대개 비워져 있었다. 마치 그 기능 가운데 하나가 사람들이 참여할 수 있는 온갖 방법을 암시하는 것이라는 듯이 말이다. 나무 가림판과 의례용 기둥은 여러 가지 활동에 쓰일 수 있었다. 그러나 이곳에는 가게나 사원 같은 상설 구조물은 전혀 없었다.[7]

어느 날인가는 사람들이 원반과 창을 가지고 하는 청키Chunkey라는 경기를 하기 위해 '대광장'이 치워질 것이다. 포케타트는 그것이 어떤 식으로 벌어졌으리라는 자신의 생각을 이렇게 묘사했다.

수장이 검고 다져진 흙으로 만든 피라미드 위에서 팔을 올린다. 아래의 넓은 광장에서는 천 명의 모인 사람들이 귀청이 터져라 소리를 질러댄다.

그런 뒤에 군중은 둘로 나뉘고, 두 집단은 광장을 가로질러 달리며 미친 듯이 소리를 지른다. 수백 개의 창이 굴러가는 작은 돌 원반을 향해 공중을 날아간다. 환호하는 관중 무리가 옆줄을 따라 모여들어 두 팀을 응원한다.[8]

카호키아 공인들이 인기 있는 청키 선수 조각품을 만들었다. 한 작품은 선수가 무릎을 꿇고 원반을 굴리는 모습인데, 머리칼은 뒤로 넘겨 둥글게 잘 묶었고 귓불은 장식용 귀고리가 달려 늘어졌다. 이런 조각품들과 다른 곳들에서 여러 형태의 청키 경기를 본 유럽인들의 기록을 근거로 하면 이 게임은 경기의 기량을 즐기는 것 못지않게 도박의 요소도 짙었다.[9] 청키 선수들은 원반을 경기장 안으로 굴려 넣고 동시에 자기네 창을 던졌다. 창으로 원반이 멈추게 되는 곳에서 가장 가까운 곳을 맞히는 선수가 승자였다.

그러나 아마도 진정한 승자는 그 선수에게 건 모든 사람이었을 것이다. 그들은 뭐든 주어진 상품을 들고 집으로 돌아갔다. 분명히 경기는 아주 천천히 진행됐을 것이고, 많은 도박과 관중 참여가 동반됐을 것이다. 그것은 남들과 어울릴 핑곗거리를 찾는 사람들을 하나로 만들어주는 완벽한 경기였다. 경기가 많은 사랑을 받은 만큼 청키에 사용되는 원반조차도 미술품으로 만들어졌고, 카호키아에 갔던 사람들은 곧잘 이 도시에서 만든 예쁘고 윤이 나는 원반을 가지고 자기 마을로 돌아오기도 했다.

카호키아는 또한 잔치 벌이기를 좋아하는 도시였다. 카호키아의 축제는 대개 모여서 먹는 것이 중심이었다. 사람들은 사슴, 들소, 다람쥐, 심지어 백조까지 구워 먹었다. 수백 년 뒤 고고학자들은 잔치의 흔적인 커다란 쓰레기 구덩이를 발견했다. 불에 갈라진 뼈와 깨진 접시 같은 것들이 가득했다. 사람들은 흥청대며 과일과 빵이 가득 담긴 예쁜 축제 음식 접시를 돌렸고, '검은 음료'(의례시에 환각과 구토를 일으키기 위한 카페인이 든 환각제다) 몇 모금을 마시기 위해 특수한 의례용 큰 잔을 사용했다.

이런 축제 동안에는 도시의 인구가 배로 늘었던 듯하다. 미시시피 전역의 여러 도시에서 사람들이 카호키아로 모여들었기 때문이다. 그것이 확실하다는 근거 가운데 하나는 '검은 음료'가 카호키아에서 수백 킬로미터 떨어진 곳에서 자라는 감탕나무로 만들어진다는 것이다. 그래서 사람들이 그것을 가져와야 했다. 방문자들은 집에서 다른 귀중한 것들도 가져와 나누었다. 카호키아 양식이 아닌 도구와 그릇들도 카호키아의 쓰레기 더미와 희생제의 불 속에 섞여 들어갔다.

나는 일리노이고고학조사회IAS 사무실을 방문했을 때 텍사스 지역의 남부 양식으로 조각됐으나 현지에서 채석된 카호키아 각암角巖으로 만들어진 화살촉을 보았다. 이는 이주자가 카호키아인들이 자기네 화살촉을 만드는 데 선호했던 돌을 사용했지만 자기 고향의 방식으로 무기를 만들었음을 시사한다. 이 돌 연장은 현대의 코리언타코Korean taco〔멕시코 음식인 타코에 한국식 재료를 섞어 만든 퓨전 요리의 하나〕 같은 것이다. 반갑게도 그런 물건이 남아 있는 것은 전적으로 문화 혼성의 역사 덕분이다.

그러나 도시의 흥청거림은 언제나 운동 경기, 고기구이, 화살촉 식의 융합 같은 것만은 아니었다. 대규모의 축제는 또한 사람들을 주술사나 정치가(또는 둘 다)에 대한 무아지경의 광신으로 몰아갈 수 있다. 유명 인사들은 '수도사 둔덕' 꼭대기에 서서 광장의 군중들에게 연설을 했다.[10] 그런 뒤에 구경거리가 펼쳐졌다. 연극과 의식을 혼합한 이 볼거리는 다산多産과 재생의 이야기를 중심으로 한 것이었다. 영웅과 신들 이야기도 있었다.[11] 여기에 참석한 사람들이 중세 유럽인들이 교회라 부른 어떤 것, 또는 현대 미국인들이 〈스타워즈Star Wars〉 영화라 부르는 어떤 것을 경험했는지는 분명치 않다. 아마도 두 가지가 약간씩은 있었을 가능성이 매우 높다. 상황에 따라서 말이다.

카호키아 사람들은 무대 같은 커다란 토축 기단을 만들었다. 여기서 신화 속의 인물처럼 옷을 입은 사람들이 추수 같은 연중 중요한 시기를 드러내기 위한 이야기를 연기했다. 이런 야외극 가운데 일부는 인간을 희생으로 바치는 것도 있었다. 이런 희생제는 여러 형태를 띨 수 있었지만(이 문제는 나중에 상세히 이야기하겠다), 인간의 생명이 이런 행사에서 카호키아인들이 신에게 바치는 유일한 공물은 아니었다. 고고학자들은 이런 희생제의 제물이 된 시신이 여러 공물들에 둘러싸여 있는 것을 발견했다.

그 가운데는 사람들이 새로 죽은 이들과 함께 다시 묻기 위해 파내 온 조상들의 뼈도 있었다. 그다음에 일어난 일은 터키 도무즈테페의 '죽음의 구덩이'를 생각나게 한다. 무대에 시신과 뼈와 재물들이 쌓이면 그것을 흙으로 덮고 다져서 '방울뱀 둔덕'에 있는 것과 같이 봉분 형태를 이루게 한다. 이 봉분 둔덕은 전형적인 카호키아 주택의 가파르게 봉우리진 지붕과 흡사하다. 때로 사람들은 이런 무대 겸 둔덕을 카호키아 시내 광장 구역의 변두리에 만들었고, 일부 고고학자들은 이것이 우리 세계와 죽은 이들의 세계 사이의 특수한 종류의 경계 표시 구실을 한 것이 아닐까 추측하고 있다.[12]

인간 희생은 카호키아인들에게 그리 특별한 일이 아니었다. 동시대

유럽인들에게 섬뜩한 이교도 처형이 그랬듯이 말이다. 이 시기 유럽과 아메리카 모두에서 희생제는 공개적으로 보여주는 것이었고, 사회 규범과 신분질서를 강화하는 데 사용됐다. 유럽 나라들에서는 마을 광장에서의 처형이 지배자가 자신의 권력을 보여주고 자신의 적들을 숙청하는 수단이었다. 카호키아인들이 인간 희생제를 중지한 지 수백 년 뒤에 잉글랜드 왕 헨리Henry 8세(재위 1509~1547)가 자신의 자문관과 아내 두 명을 공개적으로 처형한 것은 잘 알려진 일이다. 아메리카로 온 초기 유럽 이주자들 역시 플리머스Plymouth와 세일럼Salem 식민지에서 이교도를 공개 처형한 일을 기꺼이 기록했다. 이런 유럽인들의 처형과 마찬가지로 카호키아에서의 인간 희생제는 사회적 위계를 강화하는 데 기여했을 것이다(그들의 지배자는 '수도사 둔덕'의 꼭대기에 서 있었다).

카호키아인들의 도시 설계에는 그들이 천문학에 매혹됐다는 사실이 반영돼 있다. 카호키아 사람들은 별·달·해의 움직임을 추적했고, 흔히 자기네 집의 방향을 하늘에 있는 이 천체들의 위치에 맞추어 정했다. 이 도시의 인구가 가장 많이 불어났을 때 그 거리의 구획은 남북축과 정확하게 5도가 되도록 맞추어졌다. 포케타트와 그 동료들은 이것이 '달의 정돈停頓, lunar standstill'이라 불리는 천문 현상에 맞추어 방향을 정한 것으로 보고 있다. 이 현상에 따라 밤하늘에서의 달의 고도는 2주 동안 극적으로 오르내린다.[13]

이 도시의 호황기는 더욱 놀라운 천체의 사건으로 말미암아 시동이 걸렸을 것이다. 1054년, 이 도시가 성장하고 있던 바로 그때 한 초신성超新星이 거의 한 달 동안 하늘을 환하게 밝혔다. 이것은 너무 밝아서 낮 동안에도 볼 수 있었을 것이며, 밤의 보름달만큼 밝았을 것이다. 이 사건에 관한 기록이 전 세계에 남아 있다. 중국에서 쓰인 두루마리에 서부터 미국 뉴멕시코주 차코캐넌Chaco Canyon(또 하나의 토착 도시 문명이 일어난 곳이다)의 담에 그린 그림까지.

포케타트는 종교 또는 정치 지도자들의 진취적인 집단이 이 초신성을 급성장하고 있는 자기네 문명에 관한 소문을 확산시킬 시기라는 징조로 받아들였을 가능성이 있다고 보고 있다. 아마도 폭발하는 별이 이전에 별개였던 집단들을 공통의 목적 아래 통합한 새로운 신앙체계에 신빙성을 부여했던 듯하다. 그것이 나중에 미시시피 문화로 발전하는 것의 토대를 쌓았다.

카호키아의 지도자들이 무슨 일을 했든, 그들은 광범위한 대중의 관심을 끄는 데 엄청난 성공을 거두었다. 카호키아 주민의 3분의 1 이상이 도시에서 멀리 떨어진 곳에서 나고 자란 이주민이었다.[14] 과학자들이 안정동위원소 분석stable isotope analysis이라는 방법을 사용해 밝혀 낸 것이다. 그것은 한 사람이 어디서 자랐는지를 보여준다. 과학자들은 카호키아의 인간 유골에서 치아 법랑질의 화학 조성造成을 연구해 사람들이 어렸을 때 섭취한 음식과 물이 남긴 특정한 동위원소 기호를 식별할 수 있다. 이 과정은 때로 법의학에도 쓰이며, 형사들로 하여금 시신이 어디서 왔는지를 알아낼 수 있도록 한다. 고고학자들이 이를 이용하면 이주 유형을 알아낼 수 있다. 카호키아에 묻힌 어떤 사람이 먼 지역의 음식과 물을 섭취하면서 자랐다면 그는 십중팔구 이주해 온 사람이다.

카호키아가 정치적인 힘으로 사람들을 끌어들였을지라도, 도시는 또한 사람들이 매우 일상적인 일을 하는 장소이기도 했다. 농사를 짓고, 사냥하고, 기반시설을 보수하고, 가족을 건사하는 것 같은 일들이다. 고고학자들이 이곳을 발굴했을 때 주로 발견한 것은 이런 종류의 인간 활동에서 나온 물건들이었다. 부러진 괭이가 던져져 있고, 저녁에 먹다 남은 사슴 뼈, 깨진 오지 항아리, 누군가의 낡은 목조 주택의 귀퉁이임을 표시하기에 영락없는 깊은 말뚝 구멍도 있다.

그러나 카호키아인들은 이런 일상적인 물건들을 당시 북아메리카에서는 이례적일 정도의 규모로 만들었다. 이 도시의 농경지는 몇 종류의 기름진 곡물과 함께 과일·호박·콩·옥수수를 생산했는데, 이 도시의 전성기인 1050년에서 1250년 사이에 3만 명 이상을 먹여 살렸다. '수도사 둔덕'에서 미시시피강까지 대략 19킬로미터를 걷고 배에 올라 강을 건넌 뒤 계속해서 몇 킬로미터를 더 걸어가더라도 이 도시와 그 농경지를 사실상 벗어나지는 못했을 것이다.

북아메리카의 사라진 농작물들

카호키아는 '미국의 바닥American Bottom'이라 불리는 미시시피강 연안 여러 생태계의 누비이불 같은 곳에 자리 잡고 있다. 비와 홍수로 인해 이 일대에는 계절적인 연못과 늪이 많다. 그러나 주변의 벼랑들을 지나면 옥수수와 기타 녹말 곡물 등 주식용 작물을 재배하기에 완벽한 대초원이 있다. 이곳은 북아메리카에서 가장 비옥한 대지 가운데 하나이며, 카호키아인들은 자기네가 그렇게 기름진 곳에 사는 것이 특히 매혹적인 일임을 잘 알고 있었다.

카호키아에서 나온 흥미로운 소상塑像 가운데 하나가 '버거Birger' 조각상이다. 'BBB 자동차 유적지'(고속도로 건설 공사 중에 발굴됐기 때문에

그렇게 불렸다)라 불리는 동쪽 변경 농경 지역에서 발견됐다. 다른 의례
용품들과 함께 발견된 버거 조각상은 짙은 적갈색의 부싯돌에 무릎을
꿇고 농사일을 하는 여성을 조각한 것이다. 돌을 나무에 매달아 만든
괭이를 움직이느라 힘을 주면서 이를 악물고 있다. 그러나 밭을 가는
것은 아니다. 대신에 도구를 가지고 한 마리 뱀의 등을 자르고 있다.
퉁퉁한 뱀의 몸은 여자의 굽은 다리를 휘감고 있다. 여자의 억센 한쪽
손은 뱀의 머리를 누르고 있는데, 그 머리는 으르렁거리는 스라소니
같다. 여자의 등 뒤에는 뱀의 꼬리가 갈라져 덩굴을 이룬 채 조롱박을
가득 매달고 있다. 분명히 여자는 이미 뱀의 선물 일부를 수확했다. 여
자의 등에는 엮어 만든 바구니가 호박을 가득 담은 채 묶여 있다.

세인트루이스 워싱턴대학WUSTL의 인류학자 게일 프리츠Gayle Fritz는
버거 조각상을 히다차Hidatsa족의 구식 농부 에이미 모셋Amy Mossett에
게 보여주자 대번에 그것이 추수를 감독하는 강력한 정령인 '할머니'
또는 '불사不死의 노파'임을 알아보았다고 설명한다.[15] 여기서 미시시피
문화 사람들의 신앙이 현대 수족[히다차족은 수족의 일파다]의 신앙으로
이어졌으며, 농업은 미시시피인들에게 단순히 하나의 직업만은 아니
었다는 징표를 볼 수 있다. 이는 다른 세계의 힘을 이용하려는 위험한
노력이었으며, 어떤 사냥 또는 전투만큼이나 극적인 것이었다. 카호키
아에서 농업은 삶·죽음·우주와 연관된 진행 중인 연극의 일부였다.

카호키아 사람들은 남쪽의 토착민 농부들과 달리 도시 발전의 후반
기에 이를 때까지 옥수수를 재배하지 않았다. 대신에 그들은 명아주,
좀보리, 엉거시, 메이그래스, 직립마디풀(외래종인 친척 아시아마디풀과
는 다른 것이다) 같은 재배한 북아메리카 식물을 먹었다. 이들 식물은
때로 '사라진 농작물'로 불린다. 한때 집중적으로 재배됐지만 다시 야

생으로 돌아갔기 때문이다.

코넬대학 고고학자 나탈리 뮬러Natalie Mueller는 여러 해의 여름을 이들 사라진 농작물 가운데 일부, 특히 직립마디풀이라 불리는 것의 잘 잡히지 않는 흔적을 찾아내기 위해 보냈다.[16] 지금 미국의 강가에서 자라는 이것은 길쭉하고 평범한 식물처럼 보인다. 밝고 숟가락 모양을 한 잎이 달렸다. 그러나 카호키아가 건설됐을 때 마디풀은 남부 일대의 토착민들에 의해 천 년 동안 재배되고 있었다. 농부들은 여러 세대를 거치면서 크고 껍질이 얇으며 빨리 자라는 품종을 골라냈다. 역시 수천 년 동안의 선택 재배 과정을 통해 빨리 자라고 큰 옥수수 품종을 골라낸 것과 같은 방식이다. 뮬러는 이렇게 잘 재배된 씨앗이 수백 년 동안 저장돼 있던 곳이 미시시피강의 사람들이 살던 지역에 묻혀 있음을 발견했다.

재배한 마디풀은 탄수화물이 많고 매우 단단한 열매를 맺었다. 껍질은 질겼다. 카호키아인들은 그 열매를 팝콘처럼 잉걸불에 구워 먹었으리라고 뮬러는 생각한다. 열이 가해지면서 맛있는 영양 덩어리가 껍질 속에서 튀어나온다. 카호키아인들은 또한 니스타말화nixtamal-化로 불리는 고대의 처리 방식을 사용할 수 있었다. 직립마디풀을 라임(과일이 아니라 화학물질인 석회수다)에 담가 옥수수죽 같은 죽을 만드는 것이다. 아메리카의 여러 토착민 집단은 니스타말화를 통해 옥수수 껍질을 부드럽게 한 뒤 요리했는데, 카호키아인도 이 방법을 알았을 것이다. 카호키아인들은 마디풀 열매를 굽지 않을 경우 고기와 양념을 곁들여 걸쭉하고 맛있는 죽으로 만들어 먹었을 것이다.

마디풀과 그 밖의 사라진 농작물들은 물고기와 육고기를 빵, 죽, 기름, 볶은 견과, 스튜, 삶은 호박, 콩 등과 결합한 다양한 식단의 바탕이 됐다.

앞서 '할머니' 조각상의 의미를 설명해준 프리츠는 평생의 대부분을 카호키아가 탄생한 '미국의 바닥' 지역 토착민들의 음식을 연구하며 보냈다. 프리츠는 '수도사 둔덕' 옆의 커다란 쓰레기 구덩이를 뒤져 카호키아인들의 생활에 대해 알아낸 일을 회상했다.[17] 고고학자들은 층층이 쌓인 쓰레기 더미를 파내 잔치와 관련된 것들을 찾아냈다. 백조의 뼈와 기타 구운 동물들, 여러 가지 열매, 부서진 항아리, 심지어 쓰레기가 풀로 덮이고 불타기 전에 잔치를 벌이러 왔던 듯한 개미의 층도 하나 있었다. 프리츠는 이것이 이 도시의 초기, '수도사 둔덕'이 처음 생겼을 때 벌인 잔치의 흔적이라고 설명한다. 음식의 종류가 많고 상당수는 먹다 말고 버린 것이라는 사실은 카호키아 사람들의 식생활에 대한 실마리를 제공한다. 많은 식재료가 몇 킬로미터 떨어진 곳의 농장에서 왔다. 'BBB 자동차 유적지' 같은 곳들이다. 프리츠와 그 동료들은 그곳에서 집약농업과, 카호키아 의례 용품으로 가득한 작은 정착지들의 흔적을 찾아냈다.

쓰레기 구덩이를 채웠던 잔치는 또한 도시 거주자들이 농업노동을 어떻게 조직하고 계절에 따라 수확물을 어떻게 분배했는지에 대한 중요한 힌트를 제공한다고 프리츠는 주장한다. 프리츠는 이 복잡한 사회 체제를 복원하기 위해 식물의 잔류물과 르파주 뒤프라츠Le Page du Pratz(1695?~1775) 같은 유럽인들이 남긴 기록을 검토한다.

르파주 뒤프라츠는 1700년대 미시시피강 유역에서 둔덕을 건설한 농부들의 대규모 공동체인 나체즈Natchez족이 매달 축제를 벌인 일을 묘사했다. 두 자료는 모두 농부들이 축제 동안에 후배지에서 수확물을 도시로 가져와 분배한다는 패턴을 보여준다. 문제는 이 분배가 어떻게 운영됐느냐다. 프리츠는 미시시피 사람들이, 히다차족이 그랬듯이 친족관계를 통해 토지를 통제한 듯하다고 주장한다. 여러 가족이 같은 경작지를 공유했다는 것이다. 프리츠는 이렇게 썼다.

미국의 학생들은 사적이고 개별적인 토지소유권은 아메리카 원주민들에게 낯선 개념이었다고 배운다. 그러나 가족 또는 확대 친족 집단이 확고하게 경계가 정해진 땅뙈기에 대한 배타적인 사용권을 가지고 농사를 지었음은 분명하다.[18]

여성은 농장을 경영했다. 자기네 땅뙈기의 서로 다른 부분에 여러 농작물들을 약간씩 심었다. 반면에 남성은 도시 안의 집 부근에서 작은 담배 밭을 가꾸었다.

이들 멀리 떨어진 경작지에서 도시 거주자들의 식량을 댔다는 사실은 또 하나의 문제를 제기한다. 'BBB 자동차 유적지' 사람들이 '수도사 둔덕' 꼭대기에 사는 지배층에게 공물을 바치거나 농작물을 세금으로 바친 것일까? 나는 카호키아의 역사에 대해 이야기하기 가장 좋은 장소에 있는 몇몇 고고학자들에게 이 문제를 제기하기로 했다. 일리노이주 에드워즈빌Edwardsville에 있는 '스태거인Stagger Inn'이라는 술집이었다. 한 고고학자에 의해 설립된 이곳은 카호키아 연구자들에게 간단히 '고고학자 술집'으로 알려져 있었다. 매주 목요일이면 카호키아 전역에서 발굴 작업을 하는 사람들이 이곳에 모여들어 맥주를 마시고 햄버거를 먹고 맛있는 감자튀김을 먹는다.

나는 가수들이 준비하고 있는 무대 옆의 싸움의 흔적을 지닌 나무 탁자에 팀 포케타트 및 인디애나대학(블루밍턴)의 인류학자 수전 앨트

Susan Alt와 함께 앉았다. 나는 곧바로 카호키아의 경제 구조에 관해 그들에게 묻기 시작했다. 도시의 지배층들이 외곽의 농장에 사는 사람들에게 식료품을 가져오라고 설득했는지 궁금했기 때문이다. 어떤 식이든 교역망이 형성돼 있었을까? 포케타트는 그것을 묻는 내가 못마땅한 듯했다. 그와 앨트는 모두 카호키아가 교역 중심지였을 것이라는 생각에 대해 극력 반대했고, 이 도시를 경제적 실체로 보는 것은 잘못이라고 말했다. 포케타트는 내가 맥주를 더 권하자 이렇게 말했다.

"이 도시의 주된 목적은 교역이나 일이 아니었습니다. 영적인 거였어요. 부富는 정말로 그들이 지녔던 것을 정확히 표현하는 말이 아닙니다. 그건 부수 효과였을 뿐이죠."

앨트는 카호키아가 영성靈性에 바쳐진 곳이라는 추가적인 증거를 갖고 있었다. 앨트는 에메랄드Emerald라는 곳에서 영적 의식에 바쳐진 유적지를 발굴하고 있었다. 일리노이주 세인트클레어St. Clair 카운티에 있는 에메랄드는 심지어 카호키아 영성의 탄생지일 수도 있었다. 거기에는 미시시피 문화의 인공품들이 가득했지만, 카호키아의 인구 폭발 이전이었다. 앨트는 이렇게 말했다.

"사람들이 그곳에 왔고, 그런 다음 카호키아로 이주해 머물렀겠죠?"

만약 그것이 사실이라면 카호키아의 건설이 교역에 대한 관심에서라기보다는 신앙체계의 등장에서 생겨난 것이라는 또 다른 증거가 되는 셈이다.

그러나 어떠한 경제적인 체계가 있어야만 하지 않았을까, 나는 그렇게 주장했다. 어쨌든 어떤 사람들은 농작물을 재배하고 어떤 사람들은 그것을 먹었다. 강을 따라서 다른 도시들과 교역을 했거나, 시내 지역의 도구 제작자들이 산지에서 가져온 옥수수를 교역할 수 있는 시장이 있지 않았을까? 포케타트르는 관심 없다는 시늉을 했다.

"분명히 어떤 사람들은 분화된 일을 했고, 또는 다른 사람들로부터 식료품을 얻었겠죠. 그러나 실제는 각양각색이었습니다. 주거 구역마다 서로 다른 방식이 있었을 겁니다."

아마도 어떤 지역에 사는 사람들은 자기네가 만든 레이미 항아리를 가지고 매우 우수한 삿자리를 만드는 다른 지역 사람들과 거래할 수 있었을 것이라고 그는 넌지시 말했다. 또 다른 지역에서 온 가족은 자기네가 매일 농사지어 마련한 식료품을 여럿이 모이는 식사를 위해 보탰을 것이다. 그리고 아마도 어떤 공동체들은 그때그때 나오는 잉여물을 얻어가기 위해 변두리 농부들과 특별한 거래를 했을 것이다. 프리츠는 동의하며, 가족들이 자기네들끼리 분배를 했을 것임을 시사했다. 그 증거로서 제시한 것은 지배층들을 위해 곡식이나 기타 식료품을 쌓아두었을 커다란 창고 유적이 없다는 점이었다. 히다차족 같은 부족들에는 또한 수확물을 분배하는 데 친족관계를 이용했던 미시시피 문화 집단으로부터 내려온 문화적 유산도 있었다.

도시사학자 윌리엄 크로넌이 썼듯이, 한 도시는 그 건조물들과 농업을 모두 합친 것이다. 카호키아 농업의 다양성과 규모는 어느 모로 보든 그 거대한 둔덕만큼이나 놀라운 것이었다. 그리고 아마도 보다 민주적이었을 것이다. 사람들에게 연설하기 위해 '수도사 둔덕' 위에 서본 사람은 극히 일부일 테지만, 카호키아의 농경지는 모두를 위한 것이었다. 그것들은 도시의 많은 광장들과 마찬가지로 대중에게 열려 있었고 모든 사람에게 수확물을 제공했다.

집의 폐쇄

카호키아의 축제는 오로지 큰 둔덕이 있는 시내에서만 열린 것은 아니었다. 대개는 작은 광장과 공공건물에서, 희생제나 연설과 거리가 먼 주거 구역에서 벌어졌다. 물론 시내 '대광장'에는 모든 사람이 적합한 것이 아니었지만, 이런 지역 축제가 단순히 거기에 참석하지 못하는 사람들을 위해 열린 것은 아니었다.

대신에 그것은 카호키아의 다양한 문화적 성격을 반영한 것이었다. 이곳은 이민자들의 도시였다. 그들은 한 가지 언어나 전통체계를 공유하는 것이 아니었다. 특히 많은 사람들이 도시에 오는 축제 때에는 가족이 다시 만나거나 비슷한 배경을 가진 사람들이 모이는 일이 있었을 것이다. 그들은 시내의 큰 축제에 각양각색으로 참가했을 것이고, 아마도 자기네 지역 사람들이 선호하는 언어로 의식을 지휘할 수 있는 지역 지도자가 필요했을 것이다.

그런 의식 가운데 하나가 고고학자들 사이에서 그들 용어로 '폐쇄 closing up'로 알려져 있고, 이는 익숙하게 들릴 것이다. 차탈회윅의 디도의 집과 다른 여러 곳에서 일어난 일과 비슷하기 때문이다. 도시 전체에서 연구자들은 카호키아인들이 한 집이나 건물의 생명을 마감하는 특별한 의식을 거행했다는 증거를 발견했다. 우선 그들은 벽을 이루었던 나무 기둥들을 뽑아내 땔나무 용도로 재활용한다. 그런 뒤에 말뚝 구멍을 다채로운 흙으로 조심스럽게 채운다. 때로는 희미한 빛을 내는 운모를 넣거나 그 집의 지난 역사와 관련된 항아리나 도구들을 섞어 넣는다. 바닥은 물로 씻거나 흙으로 덮는다. 때로는 집을 불태우기도 한다. 사람들이 버려진 집의 바닥에 구덩이를 파고 거기에 단서가 될 수 있는 가재도구 유품들을 채운 것을 발견하는 일도 흔하다. 질그릇, 옥수숫대, 직조 깔개, 장신구, 깨진 돌칼 같은 것들이다. 이 모든 의식은 옛집을 봉하고 새집을 짓기 위한 공간을 만들어내는 것이었던 듯하다.

카호키아인들은 의례를 통해 이전 집의 바닥을 봉하고 바로 그 위에 새로운 집을 짓는 것을 좋아했다. 그들은 채워진 이전 집의 기둥 구멍에 새집 벽의 기둥을 박아 넣었다. 고고학자들은 집을 발굴하면서 여러 개의 바닥이 각 바닥 위에 꼼꼼하게 다져져 있는 모습을 자주 발견했다. 그 하나는 대략 한 세대의 거주자를 나타낸다. 이는 마치 사람들이 집의 장례식을 치러주는 것과 같다. 카호키아인들은 도시가 살아 있다고 믿었지만 그것 역시 수명은 유한함을 인정했다고 할 수 있다.

폐쇄 의식은 우리가 차탈회윅에서 본 것과는 사뭇 다르다. 차탈회윅에서는 집이 흔히 버려지고 무너지도록 방치한 뒤에 새로운 사람들이 그 위로 옮겨온다. 그리고 그것은 우리가 폼페이에서 본 것과도 또 다르다. 거기서는 새로운 세대의 리베르투스가 이전 사람이 살던 저택을 빵집이나 가게로 개조했다. 카호키아에서는 그 대신에 버린다는 생각을 도시의 기반시설 자체에 끼워 넣는 하나의 방식이었던 것으로 보인다. 둔덕과 취토장은 만들어져 영속했지만, 인간의 집은 유한한 것이었다.

아마도 이런 생각이 사람들로 하여금 도시를 떠나고 새로운 곳으로 옮겨가는 것을 더 쉽게 만들어주었을 것이다. 카호키아의 극적인 확장과 폐기를 생각할 때는 '폐쇄'라는 근본적인 관념을 염두에 둘 필요가 있다. 어쨌든 이곳은 유럽이나 동남아시아의 도시가 아니었다. 이곳은 아메리카의 토착 도시였고, 그 주민들은 도시 생활에 대해 바다 건너의 상대자들이 보는 것처럼 보지 않았다. 그들이 반드시 지구 전체로 확장되고 영원히 지속되는 문명을 창조한다는 목표를 가졌던 것은 아니다. 아마도 그들은 도시를 자기네 집의 한 변형으로 생각했던 듯하다. 시작에 그 끝이 붙박이로 들어가 있는.

11장

대부흥

카호키아 세계에 대해 더 많은 것을 알아내기 위해 나는 그곳의 고고학 발굴에 참여했고, 연속해서 두 해 여름을 할애해 현장의 연구자들을 방문했다. 이 발굴들은 카호키아 역사 전문가인 두 고고학자가 이끌었다. 이스턴코네티컷주립대학ECSU 교수 새라 베어스와 톨레도대학 교수 멜리사 발터스다. 현장연구협회IFR 소속의 연구원 엘리자베스 와츠Elizabeth Watts와 지칠 줄 모르는 여러 대학생들이 돕고 있었다. 그들은 함께 세 개의 커다란 도랑을 파내는 일을 하며 여름을 보냈다. '수도사 둔덕' 서남쪽, 그들이 하품 나오는 작은 주거 지역일 것이라고 생각한 곳이다.

그런데 파 들어갈수록 이곳이 보통 장소가 아니라는 것이 점점 분명해졌다. 그들이 발굴한 구조물들은 의례용품으로 가득 차 있었다. 신성한 불에 타 새까맣게 된 것들이었다. 축제의 흔적과 함께 황토층이 있는 희귀한 토축 구조물도 나왔다. 베어스와 발터스, 그리고 그들의 팀은 우연히 고고학적인 보물이 발에 걸린 것이다. 그것은 이 도시의 소멸과 관련이 있는 것이었다. 이 장소에 대한 이야기를 하려면 공적 생활이 급격한 변화를 겪고 있던 한 커다란 도시의 마지막 수십 년으로 돌아가야 한다.

이스트세인트루이스의 '재활용'

현대 세계에서 사라진 도시를 찾아내는 것은 〈툼레이더〉 속의 연기를 하는 것과 꼭 같지는 않다. 나는 밀림을 헤치고 들어가 용과 싸우는 대신 이스트세인트루이스의 노동계급 주거 지역을 구불구불 지나고 일리노이주 콜린스빌로 들어가 카호키아로 차를 몰았다.

1970년대만 해도 이 고대 도시의 고가 보도와 둔덕은 교외 개발 현장 밑에 파묻혀 있었다. '수도사 둔덕' 바로 서쪽에는 마운즈Mounds 자동차극장이 있었다. 수백 년 동안 농부들은 더 작은 카호키아의 유적들을 갈아엎었다. 둔덕들은 건설 사업으로 인해 무너져나갔다. 19세기의 건설 노동자들은 한때 세인트루이스 위에 우뚝 솟아 있던 '큰 둔덕Big Mound'이라 불린 거대한 피라미드를 뭉개버리고 그 흙을 철로 아래를 채우는 데 사용했다.

그 모든 것은 40년 전에 바뀌었다. 일리노이주는 카호키아를 주 역사 유적지로 선포했고, 국제연합 교육과학문화기구UNESCO는 여기에 세계유산 지위를 부여했다. 주 당국은 주민에게서 9제곱킬로미터의 땅을 사서 자동차극장과 작은 구획들을 철거했다. 지금 '카호키아 둔덕 주州 역사 유적지'는 이 고대 도시의 거대한 중심가 건조물의 유적을 보존하기 위한 것이다.

내가 카호키아에 도착했을 때 베어스와 발터스는 타는 듯한 남부 일리노이의 열기 속에서 이미 몇 주 동안 발굴을 하고 있었다. 나는 발굴지로 가기 위해 낡은 가스탱크 몇 개 뒤의 자갈길로 들어가 아무 표시가 없는 현장의 진창 잔디밭을 터덜거리며 걸어갔다. 이윽고 삽을 든 한 무리의 사람들이 세 개의 노천굴에 몰려 있는 것을 보았다. 오전 7시였지만, 나는 사실 조금 지각한 것이었다. 이 팀은 매일 오전 6시 30분에 일을 시작했다. 늦은 오후의 열기 속에서 일하는 것을 피하기 위해서였다.

베어스와 발터스는 와츠가 몇 달 전에 했던 자기磁氣 측정 조사를 바탕으로 '스프링레이크Spring Lake 지구'라는 이 평범한 지역을 발굴지로 선정했다. 와츠는 간편하게 어깨에 메는 자력계磁力計를 이용해 전체 현장을 꼼꼼하게 측정하며 고대 주거지의 흔적을 찾았다.

자력계는 파묻힌 구조물을 탐지해내는 데 딱이다. 지면의 이상, 불에 탄 물건, 지표로부터 몇 미터 아래의 금속 등 이상 징후들을 찾아낼 수 있기 때문이다. 와츠의 자기 측정 지도는 검은 네모꼴의 지점이나 이상 징후를 보이는 곳 등 발굴 유망 지점의 분명한 패턴을 보여주었다. 그들의 모양과 위치가 너무 정확해서 부자연스러울 정도였다. 그것들은 반원형으로 배열된 집의 바닥과 놀라울 정도로 흡사해 보였다. 아마도 안마당 둘레인 듯했다.

안마당 모양이 발터스와 베어스의 관심을 끌었다. 카호키아 역사의 말년에 도시의 배치에서 이해할 수 없는 변화가 일어났다. 사람들은 갑자기 남북 축의 격자에 맞추어 건축하던 것을 버리고 카호키아 건설 이전에 사용하던 마을 배치를 모방한 개방형 안마당 설계로 돌아갔다.

아마도 두 사람은 자기 측정에서 그 말기 주거 구역 가운데 하나를 보았을 것이다. '스프링레이크 지구'에는 또 하나의 매력적인 요소가 있었다. 고고학자들은 도시의 변혁기에 보통 사람들이 어떤 일을 했는지 알고 싶어 했는데, 이 지점은 '수도사 둔덕'의 지배층 영역에서 멀리 벗어나 있었다.

그래서 그들은 이상 징후를 보이는 별도의 세 지점 위에서 땅을 파 들어가, 결국 발굴 블록 EB1, EB2, EB3로 불린 세 개의 도랑을 만들었다.

내가 어슬렁어슬렁 발굴 현장으로 들어갔을 때 베어스와 발터스, 와츠는 EB1을 내려다보며 자기네들이 본 것에 관해 서로 이야기하고 있었다.

"어이구, 이게 뭐야?"

베어스가 천 년 가까이 빛을 보지 못했던 한 구조물의 바닥을 실망스럽게 바라보며 말했다. 나는 그 옆 조심스럽게 깎아 내린 구덩이 가에 무릎을 꿇고 이곳에 있는 건물을 상상해보려 애썼다. 와츠는 이렇게 주장했다.

"집터 재활용palimpsest이군요."

발굴 팀은 층층이 쌓여 있는 물건들을 파냈다. 이 한 장소에 시간을 두고 여러 개의 건물이 지어졌다는 얘기다. 팀의 대부분이 그랬지만 와츠도 맨발로 흙투성이 도랑에 서 있었다. 카호키아인들이 한때 걸어다녔던 땅을 훼손하지 않으려는 것이었다.

훈련이 되지 않은 내 눈으로 보아도 와츠가 중첩된 건물 바닥을 이야기하고 있음을 알 수 있었다. 진한 색으로 된 흙의 부분이 벽과 같은 사선에서 갑자기 끝나고 그 옆에는 숯과 인공물이 군데군데 박힌 균일한 색깔의 흙 부분이 있었다. 흙 속에 박힌 나무 기둥들로 만들어졌던 벽 자체는 오래전에 카호키아인들이 제거해 재활용했을 것이다.

EB1은 아담한 집 크기였다. 그러나 그 생애는 보통의 집들과는 거리가 멀었다. 이곳에서 의례로서의 소각이 적어도 한 번 있었다. 그 불꽃이 운모, 아름답게 짠 깔개, 먼 마을에서 사온 도자陶瓷 흙손, 카호키아 이전 사람들로부터 전해 내려온 옛 화살촉(그것이 여기에 묻힐 때 이미 수백 년이 됐을 것이다) 같은 값나가는 봉헌물들을 삼켜버렸다. EB2와 EB3도 비슷하게 특이했다. 축제를 벌인 것과 의례적인 정지整地 작업을 시사하는 것들이 발굴됐다.

베어스와 발터스가 생각한 것은 개인 주택 단지가 '특수용도 건물'(그 목적이 일상적인 범위를 벗어나는 모든 건물들에 대해 고고학자들이 즐겨 쓰는 용어)로 가득한 공공 지역으로 드러나리라는 것이었던 듯하다. 사람들은 이런 건물들을 온갖 용도로 지었다. 정치 토론과 친목 모임에서부터 영적 수행과 연회 장소에 이르기까지 다양하다. 주거 구역을 훑어보며 베어스가 한마디 툭 던졌다.

"이런 건 처음 보네."

그 시선을 따라가다 보니 내게는 이제 나무와 먼 곳의 가스탱크 너머의 빈 들판이 보이지 않았다. 대신에 그곳에는 회관, 중앙에 장식된 나무 기둥이 있는 넓은 안마당, 카호키아인들이 둔덕을 만들기 위해 흙을 파낸 성스러운 구덩이가 있었다. 사슴 뼈와 깨진 질그릇이 가득 쌓인 커다란 쓰레기 더미는 큰 잔치가 열렸음을 시사하고 있었다.

나는 시간적으로 내 주위의 조용한 들판이 수평선까지 사람과 집과 둔덕으로 가득 차 있었을 시대를 돌아보고 있었다.

'스프링레이크 지구' 상공의 하늘은 새파랬고, 열기는 눅눅함과 엉겨 있었다. 베어스와 와츠는 시원함을 유지하는 자신들만의 비법을 공개했다. 아침에 꽁꽁 언 물을 한 병 가져오면 한낮까지 다 녹지 않고 시원하다는 것이었다. 그것이 녹을 때 땀이 나는 이마에 대고 있어도 그만이라고 했다. 발굴 지역은 텐트를 쳐서 그늘져 있지만, 물을 들이키고 자외선 차단제를 덧바르기 위해 자주 휴식을 취해야 했다. 사람들은 모두 모자를 쓰고 있었지만 품질은 제각각이었다. 결국 얼마나 이상해 보일지는 중요한 것이 아니었고, 목과 얼굴이 타서 집으로 돌아가는 것보다는 나았다.

처음에 나는 발굴 구역 사이를 돌아다녔다. 베어스와 발터스가 그곳을 돌며 학생들의 작업을 점검하는 데 졸졸 따라다녔다. EB1과 EB2에서는 많은 것들이 발견됐다. 상당량의 의례 용기, 흙으로 재현한 작은 사람 얼굴, 화살촉, 엮은 깔개 파편, 한때 환각을 유발하는 '검은 음료'를 담았던 특수한 큰 컵의 삼각형 손잡이 같은 것들이었다. EB3는 여전히 수수께끼였다. 그곳은 자기 측정 조사에서 주거 구역을 둘러싸고 있는 말뚝 울타리의 일부처럼 보였다. 그러나 베어스와 발터스는 그것이 다른 무언가일 것이라는 생각을 하게 됐다.

두 사람은 각 발굴 구역의 끄트머리에 함께 쭈그리고 앉아 와츠 및 학생들과 서로 이야기를 나누었다. 때로 그들은 학생들에게 특히 중요한 발견물을 은박지에 싸거나 가방에 넣도록 지시했다. 모든 것은 꼼꼼하게 딱지를 붙였다. 심지어 흙조차도 퍼서 양동이에 넣었다가 나중에 체로 걸렀다. 빠뜨린 물건이 있으면 골라내기 위해서였다.

나는 베어스와 발터스가 여러 해 동안 발굴 현장에서 함께 일하면서 개발해낸 은어를 배우기 시작했다. '추적chasing out; following out' 전략은 흙 속에서 무언가가 나오면 곧장 진전시키는 것이다. 베어스는 EB1의

한 학생에게 이렇게 지시했다.

"이 불탄 흙의 줄을 추적해봅시다."

각 구조물의 바닥은 '분지basin'였다. 카호키아인들이 바닥을 우묵하게 해서 집을 지었기 때문이다. 건물의 벽을 발견하면 '끝을 잡았다caught its edge'라거나 '구석을 잡았다caught a corner'라고 한다. 우리가 달아나려는 역사의 뒤를 따라 달린다는 느낌이었다.

카호키아에서의 발굴은 거의 대부분 유물이 없는 30센티미터 정도 깊이의 땅을 '떠내는chunking out' 것으로 시작한다. 농부들이 여러 해 동안 땅을 갈았던 부분이다. 그 아래부터 도시의 배치가 나타나기 시작한다. 조금씩 흙을 파낼 때마다 고고학자들은 시간적으로 과거로 돌아간다. 도시의 마지막 국면 소멸기를 지나고, 솜씨 좋은 그릇과 미술품을 만들어낸 고전기로 들어간다. 내가 도착했을 때 일부 구덩이에서는 이미 약 1미터 깊이까지 내려가 있었다.

발굴은 특수한 기능이었고, 학생들은 그것을 일하면서 배우고 있었다. 수수께끼의 EB3에서 이상한 황토층을 지칠 줄 모르고 추적하며 일하고 있던 이스턴코네티컷주립대학 학부생인 에마 윙크Emma Wink는 자신이 너무도 일에 집중해 다른 모든 것을 잊었다고 내게 말했다. 윙크는 이렇게 농담을 했다.

"저는 원래 두더지 인간이에요."

그 위 EB1에서는 많은 인공물들이 나오고 있었고, 웨스턴워싱턴대학WWU 졸업반인 윌 놀런Will Nolan이 감질 나는 불탄 층을 추적했다. 그는 층들 사이의 차이를 느낄 수 있다고 말했다. 탄 곳은 "바삭거리고 입자가 거칠며 파기가 더 어려운" 느낌이었다고 말했다. 그는 이를 탄 부분을 지난 뒤에 알았다고 했다. 다음 층은 "부드럽고 끈적거렸기"

때문이다.

베어스는 내게 끝을 잘 벼린 삽 하나를 빌려주며, 파지는 말라고 설명해주었다. 나는 '긁기 삽질shovel scraping'을 해야 했다. EB2의 '분지'에서 얇게 한 층만 걷어내는 것이었다. 매번 긁어낼 때마다 내 삽에는 얇은 흙이 말려 있었다. 두껍고 더러운 두루마리 형태였다. 흙 속에서 삽이 나가지 않는 느낌이 들거나 무슨 소리가 나면 곧바로 멈추고 땅을 살펴보았다. 뾰족한 모종삽을 가지고 이상한 덩어리 주변을 살살 팠다. 내가 처음으로 발견한 것은 붉은 항아리 조각이었는데, 손가락으로 집자 부스러져버렸다. 베어스가 나를 안심시켰다.

"걱정하지 말아요. 그저 굽지 않은 흙이고, 그런 건 쉽게 부서져요."

나는 나중에 숯 덩어리, 노란색 안료 덩이, 구운 질그릇의 삐죽삐죽한 파편 몇 개, 불에 탄 사슴 뼈 몇 점을 발견했다.

뼈는 최악이었다. 너무 많이 나와 수십 번이나 발굴을 중단해야 했기 때문이다. 우리는 이것들이 사람의 뼈가 아닌지 판단하기 위해 세심하게 살펴야 했다. 사람의 유해라면 즉각 보고해야 하기 때문이다. 우리가 이미 사슴 뼈라고 판정했음에도 불구하고 고고학자들은 때로 '핥기 점검lick check'을 해서 그것이 그저 뼈 모양의 돌이 아닌지 확인했다. 핥기 점검이라고? 나는 어리둥절해서 베어스를 바라보았다. 베어스가 물었다.

"한번 핥아볼래요? 뼈에는 구멍이 많아요. 그래서 혀가 거기 달라붙을 거예요."

학생들이 나를 쳐다봤다. 저 이상한 기자가 과연 할까? 그래, 해주지. 나는 작은 뼛조각을 입으로 가져갔다. 짠맛이 났다. 그리고 혀가 약간 그 표면에 붙는 느낌이 들었다. 베어스가 됐다는 듯한 시늉을 하며 말했다.

"네, 뼈는 그런 느낌이에요."

한 시간쯤 긁기 삽질을 하자 물집이 잡히기 시작했고, 손가락에서 그것이 터졌다. 나중에 저녁 8시 반에 지쳐서 침대에 나가떨어졌을 때 나는 삽의 손잡이를 밀기 위해 넓적다리의 어떤 부분을 사용했는지 정확히 알 수 있었다. 900년 전 카호키아의 잔치에서 구워 먹었던 사슴 뼈를 내가 핥은 일이 머리에서 떠나지 않았다. 나는 내가 그곳에 있어서 잔치를 구경했으면 좋았겠다는 생각을 했다. 그러나 그것보다 더 좋았을 일이 있었다.

카호키아의 민주화

인터넷이나 책에서 카호키아를 재현한 그림을 찾아보면 거의 모두가 저지르는 잘못이 있다. 도시의 둔덕과 습지가 푸른 풀을 살짝 흩뿌린 듯이 보인다는 것이다. 거의 골프장과 같은 모습이다. 이렇게 진실을 왜곡하는 것도 없다. 일군의 고고학자들은《상상 속의 카호키아Envisioning Cahokia》라는 획기적인 책에서 이 도시와 그 유적이 초목 없는 검은 진창 위에 세워졌을 것이라고 설명한다. 도시 경계 안에는 초목이 전혀 남아 있지 않았을 것이다. 비록 많은 집들이 콩, 호박, 기타 주식들을 재배하는 밭으로 둘러싸여 있기는 했지만 말이다.

검고 질퍽거리는 진창 위에 나무로 얽고 이엉을 덮어 세운 카호키아의 집들은 깔개와 조각과 회반죽으로 장식해 다채로웠다. 카호키아인들은 공공장소에 나무 기둥을 박았는데, 아마도 모피, 깃털, 곡물 바구니, 그리고 기타 상징적인 물건들로 그림을 그리고 장식했을 것이다. 이 기둥들이 의례에 쓰인 것인지 푯말에 더 가까운 것이었는지는 확언할 수 없다. 아마도 둘 다였을 것이다. 고고학자들은 둔덕, 광장, 집의 앞마당 땅에 뚫린 깊은 원통형 구멍의 위치를 찾아냄으로써 그것들이 어디에 있었는지를 알 수 있다. 나무는 오래전에 썩어 없어졌더라도 그 모양은 남아 있고, 때로는 바닥에 의례에 쓰인 운모나 황토가 일부 남아 있는 경우도 있다. 기둥의 밑동 아래에 끼워져서 말이다.

고고학자들은 집들의 방향을 근거로 해서 이 도시의 연대를 추정한다. 로만Lohmann 시기(1050~1100)는 사람들이 처음 '대광장'과 '수도사 둔덕'을 건설한 시기인데, 이들은 집을 안마당 형태로 조직화했다. 몇 개의 집이 작은 중앙 광장을 향하도록 만드는 것이다. 스털링Stirling 시기(1100~1200)는 '고전기 카호키아'로 불리기도 하는데, 사람들이 집과 둔덕을 남북 방향에 맞추어 엄격한 격자 모양을 이루도록 건설했다. 이 시기는 또한 이 도시의 전성기로, 인구가 가장 많을 때였다. 마지막의 무어헤드Moorehead 시기(1200~1350)에는 사람들이 로만 시기의 안마당 형태 도시 계획으로 돌아갔다.

그러나 이와 같은 이 도시의 서로 다른 시기는 단순히 건축상의 유행만은 아니었다. 고고학자 수전 앨트는 이러한 변화가 "사회의 변화를 드러낸"다고 주장한다. 이러한 변화는 시내 중심부에서 가장 분명하다. '대광장' 위에 '수도사 둔덕'이 솟아 있는 곳이다. 이 중앙 집회소는 경이로운 토목 공사였다. 도시를 건설하면서 꼼꼼하게 경사 각도를 설정해 공공 행사가 치러질 때 물이 잘 빠져나가도록 했다.

이곳의 건축은 모든 측면에서 매우 계층화된 사회였음을 시사한다. 그 사회는 평탄해진 '수도사 둔덕' 꼭대기에 있는 카호키아의 확산처에 사는 카리스마 있는 인물들이 이끌었다. 도시의 보통 주민들은 의례의 하나로서 둔덕을 건설하기 위해 취토장에서 바구니에 흙을 담아 운반하는 일에 많은 시간을 쏟으며 살았다. 지도자들은 그 보상으로 지혜의 말을 들려주고 성대한 잔치를 열어주었다. 그러나 어느 시기가 되면 더 이상 그것으로 충분치 않게 됐다.

스털링 시기 말기에는 도시가 상당히 불안정했음에 틀림없다. '수도사 둔덕'의 지배자들은 '대광장'을 빙 둘러 거대한 나무 울타리를 세웠다. 사실상 자신들을 담으로 둘러친 주거 구역 안에 넣고 광장의 공공 공간을 보다 사적이고 배타적인 곳으로 바꾸었다. 이것이 더 많은 문제를 불러왔을 것이다. 사람들이 거대한 벽에 막혀 말 그대로 중심 지역에 들어갈 수 없었다면 "그들은 권리를 빼앗겼다고 느꼈을 것"이라고 발터스는 말한다. 그 직후에 '대광장'은 황폐해졌다. 앨트는 이렇게 썼다.

민가와 쓰레기 가득한 시설들은 광장 외곽 쪽으로 옮겨갔던 듯하다. 아마도 막 건설된 말뚝 울타리와 함께 카호키아 중심부에 대한 전체적인 재설계의 일환이었을 것이다. 1300년쯤에는 아마도 이 내부 성소聖所에는 주민이 거의 또는 전혀 없었을 것이다.

다시 말해서 피지배층은 이 외곽 지역으로 옮겨가고 심지어 쓰레기도 그곳에 버렸다. 이 시기에 사람들은 또한 동지와 하지를 표시하는 나무 기둥이 큰 원을 그리고 있는 우드헨지도 파괴했다.

무어헤드 시기에 도시가 모습을 바꾸면서 카호키아인들은 한때 대단한 것으로 여겼던 중심 지역의 사람들과 상징들을 맹렬하게 거부했다. 도시 주민의 대략 절반이 떠나가고 남아 있는 사람들은 자기네 주거 구역에 처박혀 작은 규모의 공개적인 의례와 행사를 가지기 시작했다. '스프링레이크 지구'의 안마당과 공공건물들은 이런 새로운 종류의 사회 조직을 반영한 것이다. 지역 공동체가 도시의 중앙권력을 대체한 것이다.

이 도시가 권위주의적 설계에서 보다 민주적인 어떤 것으로 옮겨갔다고 주장할 수도 있을 것이다. 오늘날의 멕시코 와하카Oaxaca주에 있던 원주민 도시들의 도시 발전을 연구하는 고고학자 레인 파거Lane Fargher는 1250년대(카호키아가 엄청난 부흥과 변화를 겪고 있던 시기다)에 건설된 틀라스칼란Tlaxcallan이라는 도시에 대해 묘사하고 있다. 언론인 리지 웨이드Lizzie Wade는 《사이언스Science》에서 파거의 작업에 대해 쓰면서 이렇게 설명한다.

대부분의 메소아메리카Mesoamerica〔멕시코와 그 남쪽 중앙아시아 일부가 공통의 문화 요소를 갖고 있다 해서 붙인 역사적 용어〕 도시들은 피라미드와 광장이 있는 거대한 핵심 지역을 중심으로 하고 있다. 틀라스칼란에서 광장은 각 주거 구역에 흩어져 있어 분명한 중심이나 위계가 없다. 파거는 틀라스칼란의 원로원이 왕들처럼 도시의 중심부에서 지배한 것이 아니라 도시 경계 1킬로미터 바깥에 있는(그가 발견했다) 거대한 건물에서 모인 듯하다고 생각한다. 이런 분산 배치는 … 정치권력 공유를 나타내는 것이라고 그는 말한다.[2]

틀라스칼란의 배치는 무어헤드 시기 카호키아의 경우와 상당히 비슷한 듯하다. 이때 사람들은 '대광장'을 버리고 주거 구역 안마당 공동체 안의 더 작은 자기네 광장을 건설했다. 광장이 여러 개 생긴 것은 카호키아 대중문화에서도 민주화의 흐름이 있었음을 가리키는 듯하다.

'붕괴'에 대한 대비

이 책에서 본 다른 모든 도시들도 그렇지만, 카호키아도 고정돼 있었던 것이 아니다. 그리고 그 유적은 수백 년에 걸쳐 몇 개의 시기를 거치며 역동적으로 변화한 문화의 이야기를 들려준다. 그것이 오늘날 많은 고고학자들이 문명은 '붕괴' 국면과 대비할 수 있는 '고전기' 내지 '절정기'가 있다는 생각에 의문을 표시하는 이유다.

붕괴 관념은 사라진 도시가 유럽 고고학자들에 의해 기적적으로 '발견'됐다는 19세기에서 20세기 초의 식민지 시대 전통과 같은 발상이다. 이런 전통에 따라 생각하는 사람들은 모든 사회가 유럽 문명들이 밟은 길을 그대로 따라 앞으로 나아간다고 생각한다. 시간이 흐르면서 더 커지고, 더 계층적이며, 더 공업화한다는 것이다. 시장경제를 받아들이지 않은 사회는 '미개발' 사회로 부르고, 확장을 멈춘 도시는 문화가 붕괴한 실패자로 낙인찍는다. 그러나 이런 시각은 증거와 부합하지 않는다.

1970년대에는 이미 고고학자들과 도시사학자들이 도시 문명에 정해진 발전 패턴이 있는 것은 아니라는 증거를 많이 축적하고 있었다. 많은 도시들은(앙코르와 카호키아도 여기에 포함된다) 비시장 원리에 따라 조직됐다. 대도시 지역은 시간이 지나면서 이주자의 물결을 따라 확장되기도 하고 축소되기도 했다. 한 도시의 주민이 작은 마을들로 쪼개지더라도 그것이 실패는 아니다. 그것은 그저 변화일 뿐이고, 흔히 정상적인 생존 전략을 바탕으로 한 것이다. 그 도시의 문화는 조상들을 이어받아 그곳에 사는 사람들의 전통 속에서 생명을 이어간다. 많은 사람들은 조상들의 방식대로 계속해서 새로운 도시를 건설할 것이다. 문명들은 수백, 수천 년을 거치면서 밀집된 도시 국면과 분산 국면을 여러 차례 순환할 것이다.

붕괴 가설은 재레드 다이아먼드Jared Diamond가 2005년 인기를 끈 책 《붕괴Collapse》를 출판했을 때 거의 소멸했다. 그는 주로 마야Maya나 라파누이Rapa Nui(이스터)섬의 폴리네시아인들의 문화 같은 곳에서 끄집어낸 일화성逸話性 증거를 바탕으로 사회가 환경적으로 그릇된 일을 할 때 '붕괴' 또는 실패한다고 주장한다. 그의 주장은 도시가 어떻게 작동하는가에 대한 많은 신화에 현혹된 것이다.

그 가운데 하나가 문화는 밀집된 정착지가 사라지면 소멸하는 것이라는 생각이다. 이 책에 나오는 도시들에서 보았듯이 도시를 버리는 것이 어떤 식의 문화적 죽음을 의미하는 것은 아니다. 이것은 통상 도시 사람들이 다른 곳으로 이주하고 그 도시의 가치관·미술·기술을 새로운 집으로 가져가는 것을 의미한다. 다이아먼드가 환경을 도시 해체에 영향을 미치는 요인으로 주목한 것은 옳았지만, 그것은 부분적인 진실일 뿐이다. 도시를 버리는 것에서 가장 중요한 측면은 그것이 정치적 과정이라는 것이다.

《붕괴》가 출간된 직후 많은 고고학자와 인류학자들이 앞 다퉈 나서 다이아먼드의 설명 속에 있는 착각과 오류를 바로잡으려 했다. 인류학자 패트리샤 매캐너니Patricia McAnany와 노먼 요피Norman Yoffee는 《붕괴를 묻는다Questioning Collapse》라는 책을 출판했다. 다이아먼드의 '붕괴' 개념이 과학적 근거가 부족함을 보여주는 확실한 자료를 내놓은 여러 학자들의 글을 모은 것이다. 그들은 라파누이섬의 문명 같은 것들은 식민 정책이라는 정치 과정에 의해 희생된 것이지 환경을 거스르는 일을 한 때문이 아니라고 주장한다. 마야 문명의 '붕괴'에 관해서는 멕시코에 아직도 수백만 명의 마야인들이 살고 있다고 그들은 지적한다. 아직도 번성하고 있는 문화를 정말로 붕괴했다고 말할 수 있을까?

꾸준히 사회 변혁에 관해 연구해온 인류학자 가이 미들턴Guy D. Middleton은 《붕괴 이해하기Understanding Collapse》라는 책에서 맞장구를 쳤다. 이 책에서 그는 도시가 버려지는 것이 한 가지 이유만으로 되지는 않는다고 주장했다. 그리고 더구나 사회는 대개 그들의 정착지보다 훨씬 탄력성이 있다.

오늘날 고대 도시를 연구하는 대부분의 고고학자들은 '붕괴'라는 용어를 쓰는 것 자체를 거부한다. 대신 사회 변화로 묘사하는 것을 선호한다. 많은 사람들은 다이아먼드의 작업이, 문명이 정말로 작동되는 방식에 관해 대중을 오도했다고 보고 있다. 대부분은 이의 교정을 위해 반증을 제시하는 쪽을 택했지만, 어떤 사람들은 진저리를 쳤다. 미국학 연구자인 데이빗 코레이아David Correia는 재지 않고 《씨× 재레드 다이아먼드F**k Jared Diamond》라는 제목으로 다이아먼드의 작업에 관한 에세이를 발표했다. 코레이아는 다이아먼드가 '환경결정론'에 빠졌다고 지적한다. 그것은 도시의 변화가 지닌 정치적 측면이라는 중요한 부분을 놓치고 있다는 것이다.

한편 인류학자 데이빗 그레이버David Graeber와 데이빗 윙그로David Wingrow는 문명이 절정에 있을 때는 언제나 계층적이며 그 위계는 환경 재난과 이 이후의 붕괴에 의해서만 제거할 수 있다는 다이아먼드의 주장에 이의를 제기한다. 그들은 이렇게 썼다.

재레드 다이아먼드의 주장과는 달리 하향식 지배구조가 대규모 조직의 필연적인 결과라는 증거는 전혀 없다. … 지배계급은 한번 자리를 잡으면 총체적인 재난의 경우를 제외하고는 몰아낼 수 없다는 것은 전혀 사실이 아니다. 많은 증거를 갖춘 사례 딱 하나만 제시하겠다. 서기 200년 무렵에 인구 12만을 자랑했던(당시 세계 최대급이었다) 멕시코 분지의 도시 테오티와칸Teotihuacan은 상당한 변혁이 이루어지고 있었던 듯하다. 피라미드 신전 및 인간 희생으로 대표되는 문화를 버리고 쾌적한 저택들(모두가 거의 같은 크기였다)을 잔뜩 짓는 문화로 변신한 것이다.[4]

여기서 그들은 무어헤드 시기 카호키아나 오늘날 멕시코의 틀라스칼란에서 보는 것과 비슷한 민주적 건축을 언급한다. 결국 그레이버나 다른 반붕괴론 학자들이 주장하고 있는 요점은 도시 생활과 사회 복합에는 하나의 길만 있는 게 아니라는 것이다. 더욱 중요한 것은 도시를 버리는 것이 사회 붕괴로 이어지는 것은 아니라는 점이다. 사람들은 회복력이 있고, 우리 문화는 화산 폭발과 홍수 후에도 살아남을 수 있다. 우리가 만든 도시는 소멸하더라도 말이다.

이 때로 치열한 논쟁은 결국 공적 공간과 그것을 사용하는 사회를 어떻게 규정하느냐의 문제다. 모든 도시는 건축술을 이용해 공적 영역을 만들어내는 실험이며, 다이아먼드의 환경결정론적 관점은 사람들이 자기네의 천연자원을 잘못 관리할 때 이 영역이 붕괴한다는 것을 시사하고 있다. 그가 잘못 생각한 것은 대중이란 다양하며 언제나 변하고 있다는 점이다. 그리고 때로 이러한 변화는 도시의 배치를 보면 알 수 있다. 다이아먼드는 이 변화의 가능성을 무시했기 때문에 도시 건설에 관한 이야기에 대중적 허무주의를 주입했다. 그는 어떤 문명은 실패할 수밖에 없고 어떤 문명은 불가피하게 성공할 것임을 시사한다.

아마도 도시를 바라보는 더 나은 방법은 그것을 구성 요소가 항상 변하며 그 경계는 당연히 확대와 축소를 거듭하는 생태계로 보는 것이다. 아마도 모든 도시는 집중과 분산 사이를 끊임없이 순환할 것이다. 아니, 어쩌면 우리의 엄청난 두뇌를 가지고 생각해볼 때 그것들은 인간의 공적 생활의 역사라는 긴 여정에서 일시적인 정류장일 것이다.

12장
의도적인 폐기

카호키아에서 발굴을 할 때는 천 년 전 이곳에 둔덕을 건설하는 것이 어떤 일이었는지에 대해 먼저 생각하게 된다. 삽으로 흙을 퍼서 양동이에 담고, 땀을 흘리고, 물을 마시고, 또 같은 일을 반복한다. 손에는 오물과 흙이 묻는다. 우리는 머리 위 해의 궤적을 보며 시간을 가늠하고, 언제나 먹구름이 다가오는 것에 주의를 기울인다. 물론 우리가 완전히 구식으로만 노는 것은 아니다. 발터스는 우리가 개별적으로 관측한 것에다가 자기 휴대전화에서 기상위성 애플리케이션 몇 가지로 보충한다. 하늘에 구름이 없어 보이는 때에도 '미국의 바닥'에서는 한 시간 이내에 폭풍우가 몰려올 수 있다.

어느 날 오후, 위험스런 우박이 내릴 것이라는 긴급 경고로 모두의 휴대전화에 불이 켜졌다. 날씨와 경쟁하며 우리는 군대식의 정확성을 기해 삽과 가방을 챙겼다. 어두운 회색 구름이 미시시피강 상공에 모이면 몇 분 안에 비를 퍼붓기 시작할 수 있다. 우리는 승합차로 몰려

들어가 부근의 멕시코 식당으로 대피했다. 인근의 이스트세인트루이스에서는 천둥이 창문을 때리고 바람은 나무를 뿌리째 뽑았다.

김 나는 엔칠라다enchilada〔옥수수 토르티야에 소를 넣고 만 뒤 매운 고추 소스를 뿌려 먹는 멕시코 음식〕접시와 시원한 마르가리타margarita〔과일 주스와 테킬라를 섞은 칵테일〕주전자를 놓고 나는 고고학자들에게 질문을 퍼부었다. 그 오래전에 어떤 사회 구조가 수만 명의 카호키아 사람들을 뭉치게 했는지에 관한 정보를 캐내려는 것이었다. 그 많은 사람들을 찌는 듯한 무더위 속에서 등골 빠지는 노동을 하도록 끌어낼 수 있었던 것은 무엇이었을까? 내 생각은 카호키아의 부흥 운동을 이끈 카리스마 있는 지도자에게 미쳤다. 나는 물었다.

"'수도사 둔덕' 꼭대기에 살게 된 사람은 누굽니까? 추장이었나요, 아니면 종교 지도자 같은 사람이었나요?"

고고학자들이 서로 쳐다보는 꼴을 보아하니 이것이 실마리가 되는 질문임을 알 수 있었다. 마침내 발터스가 웃으며 말했다.

"그것이 뜨거운 논쟁의 주제예요."

우리는 이 부흥이 한 사람의 가르침으로부터 나왔을 것이라는 상상을 했지만, 베어스는 모든 사람에게 자기 집을 특정한 방식으로 짓게 하거나 취토장에 다양한 색의 흙을 덧대도록 이끈 단일한 '수장'이 있지는 않았을 것이라고 경고했다. 베어스는 이렇게 설명했다.

"나는 수장을 생각하는 것이 마음에 들지 않아요. 내 생각에 권력은 그것보다 더 다양해요. 비위계非位階, heterarchy죠."

나는 그 낯선 말을 입속에서 되뇌어보았다.

"비위계라. 많은 사람에게 권력이 있다는 것 말고는 군주정 같은 건가요?"

알고 보니 이는 맞기도 하고 틀리기도 한 것이었다. 카호키아의 '비위계'는 많은 이질 집단이 의사결정을 하고 스스로를 통치하는 것이었던 듯하다. 아마도 직공 조합이나 주민 연합체 같은 것이 있었을 것이다. '스프링레이크 지구'가 의례용품 천지였음은 이미 보았다. 그러면 그들에게도 독자적인 지도부가 있었던 것은 아닐까? 발터스는 이렇게 말했다.

"카호키아가 종교 운동이었다면 사람들은 자기들 방식대로 그것을 했을 겁니다. 영성에 대한 그들의 생각은 자기네 고향에서 온 것이지 둔덕 꼭대기에서 오지 않았을 겁니다."

다시 말해서 카호키아의 보통 사람들은 이 도시의 영적인 힘에 관해 독자적인 해석을 가지고 있었으리라는 것이다. 그들은 자기네의 지역 지도자와 관습을 추종하면서 '수도사 둔덕' 위의 사람들도 바라보고 있었다.

'수도사 둔덕' 거부

과학자들이 아직 허락도 없이 아메리카 원주민 조상들의 묘를 파헤치곤 하던 1960년대에 멜빈 파울러Melvin L. Fowler라는 고고학자가 둔덕 하나를 파헤쳤다. 거기서 그는 몇몇 공개 의례의 유물들을 발견했다(인간의 시신도 250여 구나 있었다). 그것을 통해 우리는 스털링 시기 카호키아의 정치와 영성에 대해 약간의 감을 잡을 수 있었다.

파울러는 고전기 카호키아의 격자망이 대부분 남북 축에 맞춰져 있음을 알고 있었다. 그러나 거기에 맞지 않는 이상한 모양의 둔덕이 하나 있었다. 72번 둔덕은 이 도시에 별로 없는 '봉우리 둔덕' 가운데 하나였다. 네모난 둔덕에 뾰족한 봉우리가 지붕처럼 올라가 있다는 말이다. 그것은 '수도사 둔덕' 바로 남쪽에 있었지만 동서 축에서 30도 비껴나 동지와 하지의 방향을 정확하게 가리키고 있었다. 파울러는 이 둔덕이 어떤 특별한 것이리라고 생각했다.

파울러와 그 동료들이 파보니 72번 둔덕의 봉우리는 사실 이전에 있던 세 개의 둔덕 위에 건설된 것임이 드러났다. 세 둔덕은 모두 10~11세기 이 도시의 역사에서 중요한 순간을 표시하고 있었다. 그 가운데 한 둔덕에는 52명의 젊은 여성의 시신이 들어 있었다. 어떤 방식으로 희생됐지만 그들의 뼈에는 그 방법의 흔적이 남아 있지 않았다. 그 시신들은 흙 기단 위에 잘 정리된 두 개의 층으로 쌓여 있었다. 그 위를 의례에 따라 흙으로 덮었다. 또 한 둔덕은 짚 위에 남자들의 시신이 있었다. 배열 방식은 비슷했다. 그 유골들은 수백 년 동안 수천 킬로그램의 흙 밑에 묻혀 있었기 때문에 책장 사이에 넣어둔 꽃처럼 납작해졌다. 그들의 치아를 가지고 안정동위원소 분석(사람들이 태어난 곳을 정확하게 집어낼 수 있는 방법이다)을 해보니 이들은 모두 '미국의 바다' 출신이었다.

아마도 72번 둔덕의 가장 유명한 무덤은 두 사람의 시신이 위아래로 있는 무덤일 것이다. 이른바 '목걸이 장식 무덤'이라 불리는 것이다. 위쪽 시신은 값나가는 푸른 조가비 목걸이를 깔아놓은 위에 놓였고, 송골매처럼 보이도록 만들어진 외투를 입었던 듯하다. 이 무덤에는 수백 개의 화려한 의례용 화살촉과 기타 값나가는 봉헌물 더미도 있었다. 목걸이로 장식한 시신 옆에는 다른 몇 사람의 유해가 있었다. 그 가운데 일부는 머리가 없었다. 이 발견은 카호키아의 영적 믿음과

정치적 믿음에 관해 의문을 품고 있는 과학자들에게 감질 나는 장면을
제공했다.

목걸이 장식 무덤의 의미를 둘러싼 논쟁이 고고학계에서 수십 년 동
안 격렬하게 벌어졌다. 처음에는 목걸이 장식 유골들이 남성으로 묘사
됐다. 위쪽 사람은 '조인鳥人'으로 불렸다. 파울러와 다른 고고학자들은
조인이 유명한 지배자나 전사라고 생각했다. 아마도 당대 수족의 초인
超人 '붉은 뿔' 이야기의 기원일 것이라고 했다.

그러나 이런 해석은 2016년 일리노이주고고학조사소ISAS 이사 토머
스 에머슨Thomas Emerson과 그 동료들의 획기적인 연구가 발표된 이후
설 자리를 잃었다. 이것은 72번 둔덕 시신들에 대한 첫 번째의 포괄적
인 유해 분석을 정리한 것이었다. 그들은 전경의 중앙에 있는 두 사람
이 사실은 젊은 남녀로, 번식의 의례를 시사하고 있음을 발견했다. 이
런 해석은 그들과 함께 묻힌 다른 남녀 쌍들의 유해로 뒷받침됐다. 역
시 풍성한 번식을 나타냈을 것으로 보이는 52명의 젊은 여성도 마찬
가지다.

이제 목걸이 장식 무덤은 위대한 전사나 카호키아 건설자의 무덤을
표시하는 것은 아닌 듯했다. 대신에 그것은 사람들이 신화적 인물의
희생을 나타낸 공개 행사의 흔적일지도 모른다고 에머슨은 주장한다.
이 도시의 지배층이 행사를 주도했을 수 있다. 그들의 정치적·영적 힘
을 보여주기 위한 것이다. 같은 시기 유럽의 지배층들이 공개 처형과
십자군 운동을 벌인 것과 같은 방식이다. "이 장면은 매장이기보다는
기획된 희생제에 더 가까운 것으로 보인"다고 에머슨과 동료들은 썼
다. 그들은 이것이 도시에서 창조와 부활을 축하하는 행사였을 것이라
고 주장한다. 조가비 같은 많은 봉헌물들은 이 지역 아메리카 원주민

의 신앙체계에서 '지하계'와 관련이 있다. 그리고 '지하계'는 다시 농사 및 땅의 비옥함과 관련이 있다.

72번 둔덕의 것과 같은 희생은 카호키아의 권력 절정기에 창조 이야기를 기꺼이 개작한 것과 관련되었을 수 있다. 아마도 카호키아의 지도자들은 희생제를 이 도시의 경외를 불러일으키는 잔치 가운데 하나에 끼워 넣었을 것이다. 풍성한 수확을 축하하기 위해서다. 그러나 시간이 지나면서 이런 대량의 죽음은 분노를 유발했을 것이다. 특히 살리고 죽이는 결정이 높은 곳에서 지배하는 소수 사람들의 손에서 이루어지고 있었다면 말이다. 정치적인 반란이 일어났을 가능성이 있다는 이야기다. '대광장'의 쇠락에서 나온 증거는 이런 생각을 뒷받침하는 듯하다. 사람들이 중심 지역에 드나들지 않게 된 이후 그들 역시 인간 희생제 벌이기를 중단했다. 아마도 카호키아의 시민들은 '수도사 둔덕'을 차지하고 있던 정권을 축출하고 새로운 사회 모델을 만들었을 것이다.

타임머신이 없는 이상 카호키아의 정치 투쟁이 어떠했는지 정확하게 알 수는 없을 것이다. 그러나 그들이 세상을 어떻게 보았는지에 대한 약간의 단서는 있다. 그들이 남긴 상징들은 그들이 우주를 영과 조상들의 '천상계', 땅과 동물들의 '지하계', 그리고 그 사이의 인간 세계로 나누었음을 시사한다. 이 세계들은 완전히 분리된 것은 아니었으며, 이들이 뒤섞인 경계 공간은 대단한 힘을 지닌 장소였다. 세 세계를 아우르는 모습은 미시시피 문화 미술의 공통 주제다. 천둥 및 영으로 표현되는 천상계와 물 및 농사로 표현되는 지하계가 뒤얽힌다. 베이스와 발터스는 카호키아인들이 천상계와 지하계를 함께 그리기 위해 그들의 일상 의례에서 물과 불을 사용했다고 생각한다.

우리는 카호키아의 배치에 물의 변형 능력이 담겨 있음을 볼 수 있다. 눈길을 끄는 것은 도시의 둔덕이지만, 깊은 취토장도 도시인들에게는 그에 못지않게 중요했다. 이곳들은 비바람에 노출돼 계절에 따라 물이 차기도 했다. '수도사 둔덕'을 쌓을 흙을 파낸 취토장은 오랜 세월을 견뎌 오늘날에도 여전히 물을 채우고 있다. 의례용으로 쓰인 레이미 항아리 조각들에는 물과 물고기 그림이 뒤덮여 있다. 또한 미시시피 세계 곳곳의 봉분封墳들에는 조가비가 가득하다.

'스프링레이크 지구' 발굴 동안에 나는 한 주거 구역에서 물을 어떻게 일상 활동에 형상화했는지 볼 수 있는 기회를 얻었다. 베어스가 EB3에서 학생들이 판 깊은 구멍을 알려주었다. 황토가 덮인 비탈진 경사로가 1미터쯤의 깊이로 드러나 있었다. 이 황토층이 자연적으로 만들어지지 않은 것은 분명했다. 이 지역의 땅에서 발견되지 않는 것이었고, 정확하게 30도 경사를 이루며 아래쪽으로 이어지고 있었다. 베어스·발터스·와츠는 이것이 한때 얕은 취토장(이 주거 구역에서 필요한 흙을 퍼낸 곳이다)으로 가는 입구였다고 생각했다. 이 취토장의 침전물 층을 통해 그 역사를 알 수 있었다. 이곳 사람들은 처음에 이 구덩이를 계절에 따라 물이 고였다 빠지는 곳으로 버려두었다. 나중에 그들은 이곳을 꼼꼼하게 층을 만든 흙으로 채웠다. 거의 역逆으로 된 둔덕을 쌓는 셈이었다. 베어스가 씩 웃으며 설명했다.

"우린 의도적으로 채운 취토장의 끝을 잡은 거죠."

그것은 매우 이례적인 발견이었다. 이로써 구덩이가 카호키아인들에게 둔덕만큼이나 중요했다는 증거가 늘어났다.

불은 더욱 중요했다. 특히 이 도시 역사의 말기에 그랬다. 불은 세계들을 이을 수 있었다. 지상에서 탄 것은 연기를 통해 천상계로 올라가기 때문이다. 카호키아에서 고고학자들은 파는 곳마다 불에 탄 희생물들을 볼 수 있었다. 2013년 이스트세인트루이스에서 고속도로 공사를 하던 건설 노동자들이 카호키아 말기 주거 구역 하나를 발견했다. 전적으로 의례로서의 소각을 위해 만들어진 구역이었다. 수십 채의 작은 집들(곡물과 다른 귀중품들이 가득했다)이 빠르게 건설되고 이어 불로 태워졌다. 그 집들에는 사람이 산 적이 없었다. 이 전체 구역은 기본적으로 모형으로 만들어 불에 태운 것으로 보인다.

'스프링레이크 지구'에서는 발굴한 모든 블록이 주기적으로 소각돼 층을 이루고 있었다. EB1의 학생들이 땅을 충분히 판 덕분에 베어스와 발터스는 이 모든 포개진 구조물들이 한때 서 있던 곳을 알아낼 수 있었다. 가장 낮은 층은 카호키아의 권력 전성기인 스털링 시기의 흙바닥이었다. 그 바닥은 어느 시기엔가 불에 타고 흙을 한 층 더 깐 뒤 이후 구조물의 바닥으로 썼다. 나중의 구조물에서 사람들은 바닥에 구덩이를 파고 꼼꼼하게 깔개를 덮은 뒤 그곳을 큰 컵의 손잡이나 옛 우드랜드의 화살촉 같은 귀중품들로 채웠다. 사람들은 그 구덩이와 안에 든 것 역시 태웠다. 아마도 첫 번째 소각을 기념해서였을 것이다.

나는 베어스와 발터스가 조심스럽게 모종삽을 움직여 불에 탄 깔개의 잔해 파내는 것을 바라보았다. 한때 공물 구덩이에 깔았던 것이다. 말린 그 끄트머리는 흙 사이로 구불구불 이어져 숯에 박힌 열십자 무늬처럼 보였다. 우리는 실제로 깔개 자체를 보고 있는 것은 아니고, 그것이 불에 탈 때 땅속에 남긴 그 흔적을 보는 것이었다. 베어스는 이렇게 말했다.

"말도 안 돼요. 이런 건 본 적이 없어요."

EB2에서는 이렇게 만들어진 의례 소각의 층이 없었다. 그러나 구조물 자체는 이례적으로 큰 직사각형이어서 집이라기보다는 공적 공간임을 시사했다. 게다가 불탄 사슴 뼈와 깨진 레이미 항아리가 안에 널려 있다는 것은 여기서 어떤 식의 축하 행사가 있었다는 확실한 표지였다. 의례용으로 판 도랑(그 바닥에는 연한 황토층이 있었다) 옆에 우리가 EB1과 EB2에서 발견한 의식용 구조물이 있었다고 상상하는 것은 쉬운 일이었다.

이 주거 지구의 배치가 우리 주위에서 서서히 드러나고 있었다. 이곳은 정상적인 가정집들이 있는 지역이 아니었다. 여기에 살던 사람들은 도시의 정치적·영적 생활에 많은 시간을 할애했고, 정기적으로 의례를 치렀다. 그러나 이곳은 또한 고전기 카호키아 문화 말기의 추세를 반영하고 있다. 도시 거주자들은 공적 행사에 더 이상 '수도사 둔덕'과 '대광장'을 사용하지 않고 자기 지역에서 더 많은 의례를 치르기 시작했다. 더 작은 규모로 말이다. 지역 정체성이 도시 정체성을 잠식하고, 엄격한 도시 격자망이 카호키아 이전 시절의 안마당 배치로 돌아갔다.

이에 대한 인식은 또한 EB3에 있는 취토장의 중요성도 설명해준다. 그것은 '수도사 둔덕'에서 사용한 흙을 파낸 큰 취토장의 지역판이었다. 지역 사람들에게 지하계가 어떻게 자신들의 세계에 끼어드는지를 끊임없이 상기시켜주는 역할을 했다.

부흥과 그 이후의 멸망

베어스와 발터스는 그들의 전문 분야가 이 도시의 역사 전반에 걸치기 때문에 좋은 연구 팀을 이루었다. 베어스는 고전 스털링 시기를 중심으로 하고 있고, 반면에 발터스는 후기인 무어헤드 시기를 탐구한다. 그러나 두 사람은 모두 발터스가 '회춘기'라 부른 이 도시 존재 후반부의 시기에 매혹됐다. 카호키아는 1400년 완전히 버려지기 전에 마지막 소생의 움직임을 거쳤다. 이 움직임은 새로운 생활 방식, 새로운 동맹자와의 접촉, 또는 농업 및 지하계와의 새로운 관계를 제시하는 사람 또는 집단으로부터 시작됐을 것이다. 그 결과 카호키아는 신앙심에 불타는 듯한 사람들에 의해 빠르게 재건됐다.

그들은 카호키아의 이른 시절에 나타났던 안마당형 주거 구역 배치를 사용해 집들을 다시 건축했다. 발터스는 그들이 역사를 재검토하고 그것을 다른 시각에서 보았다고 생각한다. 카호키아인들은 땅을 팠을 때 종종 우드랜드 사람들(이 도시가 건설되기 전에 이 지역에 살았던 사람들이다)이 남긴 옛 화살촉이나 기타 물건들을 발견하곤 했다. 그들은 이런 물건들을 소중하게 여겼다. 오늘날의 사람들이 카호키아에서 나오는 물건들을 소중하게 여기는 것과 마찬가지였다. 카호키아인들은 이언 호더가 차탈회윅에서 묘사한 '역사 속의 역사' 같은 것을 상찬하고 있었던 듯하다. 발터스와 베어스는 EB1의 층들에 묻힌 의례 소각 속에서 우드랜드의 화살촉을 발견해 레미 항아리와 같은 정도의 존경심을 갖고 대했다. 그것은 마치 카호키아인들이 복고풍이나 전통적 가치관을 지니고 있는 듯했다.

마지막 소생의 시기에 사람들은 자기네의 과거에 대한 집착을 새로운 종류의 사회 운동으로 전환시켰다. 발터스는 이렇게 말했다.

"옛날 방식으로 돌아간 것이 보입니다. 종교 활동이 중앙 집중에서 벗어난 것이 그 하나죠."

그러나 이 분권화는 도시 경계를 벗어난 지역에서도 일어났다. 범람원과 고지대 일대의 흩어진 미시시피 문화 유적지들을 보면 카호키아인들의 종교 활동이 서서히 카호키아 중심부로부터 풀려나고 있었다. 'BBB 자동차 유적지'에 있는 것 같은 농경지들은 다시 삼림으로 돌아갔다. 고고학자들은 마찬가지로 바닥에서 의례 소각을 발견했지만, 도시의 상징체계에서 매우 특징적이었던 레이미 항아리는 전혀 발견되지 않았다. 도시 주민들이 빠져나가면서, 사람들은 떠날 때 카호키아 문화의 일부는 가져가고 일부는 버리고 간 것이다.

스털링 시기 동안에 카호키아인들은 큰 광장을 건설하고 그들의 신앙체계를 땅에 고정시켰다. 그러나 도시의 마지막 소생의 시기에 그런 신앙들은 도시에서 뿌리 뽑혔다. 아마도 옛 방식의 미몽에서 깨어났거나 그저 더 작은 공동체에 새로이 집중했기 때문일 것이다. 결국 도시는 구역이 서로 너무 멀리 떨어져 더 이상 통합된 도시라고 부르기도 어려워졌을 것이다. 그 공적 생활은 무너지고 있었다. 그 결과를 발터스는 이렇게 설명한다.

"사람들을 장소와 연관된 어떤 정체성을 중심으로, 사람들을 한데 묶어주는 활동을 통해 통합시키지 않는다면 분열이 일어날 수 있습니다."

환경적 요소 또한 이 도시의 분열에 한몫했다. 일부 고고학자들은 미시시피강의 물이 엄청나게 이 도시로 범람해 매우 파괴적이고 치명적인 영향을 미쳤고, 생존자들은 거기에 머물고 싶어 하지 않았을 것으로 보고 있다.[1] 베어스와 발터스는 오래전부터 이런 생각에 회의를 품었고,[2] 여름을 이용해 이에 대한 반박 자료를 찾았다. 그들은 지형학자 마이클 콜브Michael Kolb를 초청해 그들의 발굴지 변두리 부근에서 흙 샘플을 채취하도록 했다. 그는 트럭에 탑재한 장치를 이용해 3미터 깊이의 시추공을 뚫었고, 홍수를 시사하는 강의 침전물이 파묻힌 두꺼운 층을 찾아보았다. 그는 그러한 것을 전혀 발견하지 못했다.

그러나 카호키아는 여러 차례 가뭄을 겪었다. 그것이 이 도시가 많은 인구를 유지하는 데 지장을 초래했을 것이다. 카호키아인들의 신앙이 주변 경관과 연계돼 있었으니 어떤 환경상의 변화가 일어나면 문화적으로도 영향을 받을 수밖에 없었다. 발터스는 이렇게 설명했다.

"주기가 있어요. 가뭄이 발생하고 그것이 사람들의 땅과의 관계를 변화시킵니다. 그러면 영적 활동이 변하고, 그러면 땅의 사용이 변하고 영적 활동이 다시 변합니다. 그리고 그것을 알아차리기 전에 분열이 일어나고 도시가 버려집니다."

이 과정은 차탈회윅에서 일어난 일을 빨리감기한 것처럼 들린다. 그곳에서는 버린다는 작은 행위가 더 큰 것으로 이어지고 결국 도시가 거의 비게 됐다. 마침내 카호키아 역시 사람들이 자기네 조상을 묻는 장소가 됐다.

카호키아는 도시 자체의 구조가 그 주민의 영적·정치적 세계관의 일부였기 때문에 그렇게 거대한 규모로 성장했다. 그러나 시간이 흐르면서 그 중앙으로 집중된 신앙체계가 허물어지기 시작했다. 마지막 소생이 도시를 휩쓸 때 사람들은 옛 방식으로 돌아갔다. 그들은 자기네의 정체감과 공동체를 찾기 위해 광장 대신 고향을 바라보았다. 한때 통합됐던 그들의 도시는 둔덕을 버리고 떠난 여러 갈래의 사람들로 나뉘었다.

서비번스

카호키아의 밀집된 도시 생활을 버린 것은 재레드 다이아먼드의 생각처럼 사회 붕괴의 증거가 아니었다. 대신에 그것은 이 일대 토착민들의 이주에서 극적인 새 국면이었다. 오세이지족 인류학자 안드레아 헌터Andrea Hunter는 미시시피 문화의 다음 국면을 연구했는데,[3] 카호키아 주민들이 중서부 각지로 흩어져 수 계통 여러 부족들로 합류한 것으로 보고 있다.

오세이지족의 구술사는 대이주에 대해 이야기하고 있는데, 그것은 오하이오에서 시작돼 미주리강이 미시시피강으로 합류하는 곳(한때 카호키아가 있었던 곳이다)에서 수백 년 동안 머물렀다고 한다. 결국 이 이주는 오세이지족이 되는 사람들이 서쪽으로 향하면서 다시 이어졌다. 헌터는 오세이지족과 다른 수 계통 부족들을 카호키아 지역과 이어주는 강력한 언어적 증거가 있다고 말한다. 헌터는 중서부에 흩어져 있는 부족들이 "옥수수, 조롱박, 호박, 콩, 경작, 농작물 가공, 요리 준비, 활"에 해당하는 단어를 공유한다고 썼다. 이는 이들 부족이 같은 뿌리에서 나왔음을 시사한다. 대체로 이 농작물들을 처음 재배하기 시작한 우드랜드 사람들의 시기였을 것이다. 이 우드랜드 사람들은 대부흥의 대열에 참여해 카호키아에 정착하고 도시 농경 사회를 건설했다가 결국 다시 이동했다.

카호키아와 수족 사이의 연관에 관한 다른 증거는 카호키아에서 발견된 미술품들에서 나온다. 많은 소조각과 그림들이 수족 영웅 '붉은뿔'(그의 땋은 머리가 붉게 염색되고 뿔처럼 머리 뒤에서 불쑥 튀어나와 있어 붙은 이름이다)을 닮은 인물을 그리고 있다. 수족들이 아직도 이야기하고 있는 많은 전설들은 전사 및 운동 경기자로서뿐만 아니라 여러 정령들과 밀접한 애증 관계를 맺고 있는 '붉은 뿔'의 능력을 상찬한다. 한 이야기에서 '붉은 뿔'은 그의 귓불을 사람의 머리로 만듦으로써 승리를 구가한다(이로 인해 그는 '자기 귀에 사람 머리를 단 사람'이라는 별명을 얻는다). 다른 이야기에서 그는 어떤 정령들과 슬기로운 거래를 함으로써 죽었다가 다시 살아난다. '붉은 뿔'은 카호키아인들이 말하는 이야기에서 상찬을 받는 여러 영웅들 가운데 하나였을 뿐이다. '붉은 뿔'은 카호키아에서 처음 나타났다거나, 또는 그가 이 도시로 이주해온 우드랜드 사람들이 이야기하는 더욱 오래된 이야기의 일부라고 할 수도 있을 것이다.

오늘날 오세이지족은 카호키아를 버린 사람들의 영향을 받은 문화 및 이상을 가진 여러 부족들 가운데 하나다. 그리고 카호키아는 여전히 유럽인들이 북아메리카라고 이름 붙인 대륙과 캐나다 일대의 여러 부족 출신의 사람들에게 자극을 주는 상징이다. 놀라운 둔덕을 건설한 미시시피 문화는 토착 문명들이 오래 지속되고 복합적이라는 것을 상기시켜준다.

코우샤타Coushatta족이자 차모로Chamorro인인 예술가 산티아고 엑스 Santiago X는 몇 년 동안 둔덕을 자기 작업 속에 집어넣었다.[4] 〈새로운 카호키아New Cahokia〉라는 한 작품에서 그는 꼭대기가 평평한 거대한 둔덕을 만들었다. 자연과 추상과 토속 공연의 이미지가 너울거리는 화면으로 덮었다. 그는 또한 유럽인들이 부족 정체성을 도용하는 데 대한 항의로서 미국 프로 아이스하키 팀 시카고 블랙호크스Chicago Blackhawks 유니폼을 태워 '소각 둔덕'을 만들었다. 산티아고 엑스는 자신의 작품을 '토착민 미래파Indigenous Futurism'로 규정해 토착민 문화가 인류 미래의 일부이며 오래전 과거에 붕괴한 어떤 것이 아님을 강조하고 있다.

오케이오윙게Ohkay Owingeh의 작가 리베카 로언호스Rebecca Roanhorse는 《번개의 자취Trail of Lightning》 같은 대중적인 공상소설을 쓴다. 이 소설에는 토착민의 역사와 문화를 집어넣었다. 최근의 소설 하나는 일부가 카호키아에서 일어나는 일인데, 그것을 쓰는 동안에 나는 작가를 찾아가 만났다. 로언호스는 뉴멕시코주에 있는 자신의 집에서 나와 이야기하면서 "유럽의 침략 이전에 아메리카에 거대하고 발달한 도시와 교역로가 있었"음을 독자들에게 알리고 싶기 때문에 카호키아가 자신에게 중요하다고 말했다. 로언호스는 이 도시가 매우 국제적이고, 철기 시대의 기술을 갖고 있으며, 거리는 붐비고, 우리에는 동물이 그득하고, 남쪽 차코캐넌에 사는 도시인들과 경쟁 관계에 있었다고 상상한다. 내가 이야기를 나눠본 대부분의 고고학자들과 달리 로언호스는 자신이 카호키아에 살던 사람들의 영성에 특별히 초점을 맞추지는 않는다고 말했다. 그는 이렇게 말했다.

"우리가 정부를 가졌고, 우리가 위계를 가졌고, 우리가 교역과 기술을 가졌다고 말하는 것이 내게는 중요합니다. 이것들은 우리가 가졌음을 (유럽인들이) 부정하는 것이고, 우리가 그것을 가지지 못했다는 가정이 대학살과 우리 것이었던 토지 탈취를 정당화하는 데 사용됐습니다."

20세기 말에 아니시나베Anishinaabe족 작가 제럴드 비제너Gerald Vizenor는 오늘날 미국의 토착민 문화를 묘사하기 위해 '서비번스survivance: survival+resistance, 생존'라는 말을 만들어냈다. 이 용어는 모호하게 하려는 의도를 가진 것이지만, 그는 자신의 책 《명백한 풍습Manifest Manners》에서 그 의미의 일부를 이렇게 요약한다.

서비번스는 능동적인 존재감이다. 토착민들의 이야기를 이어가는 것이고, 단순한 대응이나 살아남을 수 있는 명목이 아니다. 토착민의 서비번스 이야기는 지배와 비극과 희생의 포기 선언이다.

비제너는 산티아고 엑스와 마찬가지로 언제나 변화하는 생생한 문화로 가득 찬 토착민의 미래를 바라본다. 우리는 카호키아가 그곳에 살던 사람들에게 어떤 의미였는지 정확하게 알지 못하지만, 그들의 전통은 부활한 공동체들에서 번성하고 유럽의 식민주의라는 정치적 재난 이후 변신을 했다. 로언호스와 기타 토착민 예술가들이 지적했듯이 오늘날 부족 문화들은 대재앙을 견디고 살아남았고 새로운 무언가를 건설하고 있다. 카호키아는 토착 아메리카인들의 사회 운동 역사의 일부이며, 그 사회 운동은 최근 스탠딩록Standing Rock 수 부족에게 속하는 땅에 송유관을 통과하지 못하게 하려는 저항의 형태를 띠고 있다. 이 고대 도시의 정치 정신은 이런 식의 사회 운동으로 남아 있으며, 그것은 인간이 어떻게 지구의 모습을 변형시켜야 하는가에 초점이 맞춰져 있다.

바꿔 말해서 카호키아의 공적 생활은 땅에 지울 수 없는 표시를 남겼다. 다른 부족들이 이 도시의 빈 안마당에 거주했고 유럽인 식민지 개척자들은 그 위에 농경지와 교외 마을을 건설했지만, 미시시피 문명의 기념물들은 여전히 버티고 있다. 카호키아 이야기는 현대 미국에서 더욱 생기에 넘치는 듯하다. 사람들은 단지 물질적 부를 찾으려고 이 둔덕 도시로 이주하지 않았다. 그들은 그 광장들에서 새로운 종류의 영적·정치적 아이디어를 추구했다. 그러나 카호키아의 모든 사람들이 그 아이디어를 어떻게 구현할 것인가에 대해 동의한 것은 아니다. 그 사람들은 미시시피 문화가 살아남도록 하기 위해 그들의 도시가 변해야 한다는 것을 받아들여야 했다. 그들이 도시를 버리고 새로운 무언가를 찾아 나선 것이 바로 그때였다.

어느 날 저녁 땅거미가 질 무렵에 나는 '수도사 둔덕'에 올라가 이 도시의 지배자들이 한때 보았던 광경을 확인하고자 했다. 나는 긴 콘크리트 계단을 올라가 잠시 멈췄다가 중턱에 있는 평평한 테라스를 건넜다. 특수한 용도의 건물들이 한때 여기 서 있었다. 주술사와 지배층들이 사용했던 것들이다. 내가 둔덕 꼭대기에 도착했을 때 하늘은 높다란 소낙구름으로 가득했고, 석양은 검은 구름이 간간이 박힌 가운데에서 피처럼 붉었다. 구름은 번개가 치면서 산발적으로 빛났다. 발목 주변의 키 큰 풀들 사이에서는 반딧불이가 깜박거렸고, 공기는 시원했다.

아래에는 깨끗한 '대광장' 마당이 보였다. 옛날의 대중은 없었다. 강 건너로는 세인트루이스의 불빛이 보였다. 그 도시의 시민들이 최근 봉기했었다. 미주리주 퍼거슨Ferguson에서 있었던 경찰의 잔혹 행위에 대한 항의였고, 그것은 '흑인의 생명은 소중하다BLM' 운동이 탄생한 와중에 일어난 것이었다. 그 시위자들은 카호키아 땅을 걸었다. 그곳의 '큰 둔덕'은 백여 년 전에 파괴됐지만, 그들은 권력에 문제를 제기하는 미시시피 문화의 전통을 이어갔다.

탁한 공기에서는 눅눅한 흙과 경작지 같은 냄새가 났다. 발밑에는 고대의 거대 도시가 있었고, 눈에는 멀리 고층 건물들이 보였다. 도시들이 거의 이 장소의 자연스러운 산물이라는 느낌이 들었다. 세인트루이스 주위의 땅은 아주 오랫동안 도시였다. 나는 뉴에이지New Age파는 아니지만 거기에는 부정할 수 없는 마법적인 무언가가 있었다. 평평해진 정상에 서서 나는 거의 혼란스런 하늘에 닿을 듯한 땅의 한 부분에서 가늠해보았다. 카호키아인들이 지하계와 천상계가 여기서 만난다고 믿은 것을 이해할 수 있었다. 천둥 아래 흙 위, 그 모습이 인간의 역사에 의해 영원히 모습을 바꾸는 곳이다.

경고 — 진보를 위한 사회적 실험

나는 2000년 샌프란시스코로 이사했다. 인터넷 기업 주가가 폭락한 그 해다. 어설픈 사업 계획을 가지고 덤벼든 1세대 디지털 회사들이 피를 흘릴 때 나는 버려지는 과정에 있는 한 도시를 목격했다. 매일 수백 명의 사람들이 해고당했고, 그들은 무리를 지어 도시를 떠났다. 웹디자이너와 컴퓨터 프로그래머들을 상대로 장사하던 장신구 가게들도 문을 닫을 수밖에 없었다. 상점가는 얼굴을 계속 얻어맞은 사람이 이를 악문 모습을 닮아가기 시작했다. 군데군데 어두워진 가게는 빠진 이였다. 그해 휴가철 시내 중심부 유니언Union 광장 부근 상점가는 쓰레기 구덩이처럼 보였다. 정상적이라면 이 예쁜 광장은 커다란 나무와 장식 촛대로 꾸며졌을 것이다. 그러나 계속되는 지하 건설 사업으로 이곳은 온통 입을 떡 벌린 진창 구덩이로 변했다.

심지어 인터넷 기업에서 일하지 않는 사람들까지도 적막감에 사로잡혔다. 도시가 우리 눈앞에서 변모하고 있음을 알아차릴 수밖에 없었다. 전해까지 아주 잘나가던 이웃들이 차 트렁크에 뭉툭한 탁상용 컴퓨터와 DVD 세트만 달랑 싣고 다시 작은 마을로 옮겨갔다. 새것인 이케아Ikea 책상과 값비싼 사무실 가구가 소마SoMa 거리 여기저기에 놓여 가져갈 사람을 기다리다가 망가져갔다. 꾸준히 오르던 샌프란시스코의 임대료도 몇 년 만에 처음으로 주춤했다.

나는 무료 주간 신문 《샌프란시스코베이 가디언San Francisco Bay Guardian》에서 일하고 있었는데, 여기서도 어쩔 수 없이 사람들을 해고하기 시작했다. 우리는 광고로 먹고살았는데, 이 도시의 회사들이 오그라들고 있었다. 나는 이 도시에 남아 있는 것이 바보짓은 아닌지 고민했다. 그러나 나는 정체성이 이 도시의 언덕 및 습지와 얽혀 있었다. 그것을 잃는 것은 손발을 잃는 것이나 마찬가지였다. 게다가 아주 다행스럽게도 수수한 주거 지역의 임대료 규제 주택에 싸구려 방 하나를 얻을 수 있었다. 나는 여기서 버티며 도시가 살아나기를 기대하기로 결심했다.

도시는 살아났다. 오늘날 샌프란시스코는 사실 반대쪽의 위기를 겪고 있다. 인구가 급증하고 시 당국은 이를 지원할 기반시설을 재정비하기 위해 고심하고 있는 것이다. 제2세대 인터넷 기업들이 돈을 긁어 들이고 있다. 코비드COVID(코로나바이러스감염증)-19 유행으로 상황이 조금 달라졌지만, 부유한 통신기술 전문가들이 도시를 고급스럽게 만들면서 노동자 계층과 기타 구래의 거주자들을 밀어내고 있다. 개발업자들은 미션베이Mission Bay 같은 지역에서 도시 구획을 바꾸고 있다. 그곳은 한때 공장과 창고가 꽉 들어차 있었지만, 지금은 전문적인 아이스크림 가게와 디지털 제작업체를 환영하고 있다.

미래의 고고학자들이 이곳을 발굴하리라는 것은 쉽게 상상할 수 있다. 어떤 사회 운동이 사람들로 하여금 공업 생산 시설을 타베르나로 바꾸게 만들었는지를 구명하려 할 것이다. 물론 그 고고학자들은 잠수복을 입거나 수영 로봇을 가지고 발굴해야 할 것이다. 기후 변화로 샌프란시스코는 500년 안에 물속에 잠길 것이 분명하기 때문이다. 그리고 이곳 정착지가 바닷물에 잠기는 것이 그때가 처음은 아닐 것이다. 물에 잠긴 도시에서 토양 샘플을 채취하는 대담한 과학자들은 인간의 거주가 유럽인이 도착하기 수천 년 전에 이미 시작됐음을 발견하게 될 것이다. 고대의 환경 변화로 인해 서서히 커지던 강가에 건설된 토착민들의 마을 상당수를 물에 잠기게 했다. 그 강이 지금 만灣으로 확장돼 샌프란시스코와 오클랜드Oakland를 갈라놓은 것이다.

차탈회윅·폼페이·앙코르·카호키아 같은 곳들의 극적인 도시사를 되돌아보면 수백 년에 걸쳐 나타난 확장과 폐기의 패턴을 볼 수 있다. 그러나 심지어 한 사람의 생존 기간 동안에도 쇠락 국면에 있던 도시가 부활하는 방향으로 변할 수 있다. 그 반대도 마찬가지다. 도시 재생 사업은 몇 미터의 화산재 속에 묻혀 갑자기 멈출 수 있다. 공들인 새 수자원 기반시설 체계는 홍수 위험 요인으로 바뀔 수 있다. 대규모 유행병은 경제를 파괴할 수 있다.

최근 역사를 바탕으로 해서 한 도시의 미래를 예측하는 것이 어려운 이유 가운데 하나가 그것이다. 경기가 꺾였다 다시 올라가는 한 차례의 순환이 일어나는 동안 내가 샌프란시스코에서 경험했던 불안은 나중에 뒤돌아보면 아무것도 아닌 것처럼 보일 것이다. 특히 다음 세기에 태평양에서 전쟁이 일어나거나, 캘리포니아 사람들이 '큰 거 한 방the big one'이라고 부르는 지진이 결국 발생한다면 말이다. 같은 이유로 21세기 초 경제 및 자연재해를 입은 디트로이트나 뉴올리언스 같은 미국의 도시들이 결국 버려지리라고 단정할 수 없다. 200년 뒤에 두 도시는 오늘날과 전혀 다르게 번성하는 대도시가 될 수도 있다. 그들의 운명은 정치적 의지와 함께 재건에 필요한 인간의 노동력에 달려 있다.

개별 도시들의 미래는 불확실할지 모르지만, 사람들이 어떤 도시를 버릴 가능성이 있음은 예측할 수 있다. 도시사의 증거를 바탕으로 한 것이다. 신석기 시대 터키의 코냐 평원에서는 산재한 여러 마을의 사람들이 모여들어 차탈회윅을 형성하고 천여 년 동안 그곳에 살았다. 그러다가 그들의 도시는 갑자기 다시 분해되고, 민들레처럼 그 문화의 씨앗이 작은 마을이나 다른 큰 정착지들로 퍼져 땅의 모습을 바꾸고 뼈로 장식을 남겼다. 폼페이·앙코르·카호키아에서도 같은 패턴을 볼 수 있었다.

도시의 인구 감소가 그 원인과 결과는 다르지만 모두가 끊임없이 변화하는 환경 속에서 인간이 만든 거대한 기반시설을 관리하는 골치 아픈 문제로 인해 촉발된 것이었다. 인간 자체를 관리하는 일은 더욱 큰 문제였다. 도시는 인간 노동력을 실체로서 구현한 것이며, 담장과 저수지와 광장의 파괴에서 그 대중의 흩어짐을 읽어낼 수 있다.

오늘날 해안과 섬에 있는 도시들은 혼란스런 날씨로 인해 위험에 빠져 있으며, 그것은 기후 변화에 따라 더욱 악화하고 있다. 2019년 미시시피강 연안의 도시들에는 전에 없던 규모로 물이 흘러넘쳐 마을과 농경지들이 해를 입었다.[1] 한편으로 폭염도 전 세계에서 확산하고 있다.[2] 도시에서는 그것이 도시열섬UHI 현상에 의해 가중된다. 녹지 지역에 비해 기온이 몇 도 더 높다. 폭염은 또한 수자원 기반시설에도 압박이 가해질 것임을 의미한다. 앙코르의 경우가 그랬다. 들불도 도시를 더 많이 덮쳐 잿더미로 만들 것이다. 서기 79년 베수비오 화산이 폼페이를 파괴했듯이 신속하게 말이다. 로스앤젤레스는 2018년 울시 Woolsey 화재의 피해를 가까스로 모면했다. 미국 서부 일대의 도시들은 2020년 여름과 가을 대부분을 산불 연기에 휩싸인 채 보냈다. 그리고 태평양 건너 오스트레일리아에서는 화재 발생기가 더욱 혹독해지고 있다. 그리고 전염병 발생이 전 세계적으로 더욱 보편화하고 있고, 어떤 경우는 치명적인 대유행으로 치닫는다. 틀림없이 오늘날 도시에 사는 많은 사람들은 기후 및 건강 위기와 씨름하고 있을 것이다. 그리고 그런 위기들은 기반시설과 주택을 더욱 유지하기 어렵게 만들 것이다.

그렇긴 하지만 좋지 않은 환경 속에서도 도시가 살아남을 수 있다는 역사 속의 증거는 많다. 차탈회윅 사람들은 먹는 음식에 변화를 줌으로써 가뭄을 견디고 살아남았다. 앙코르에서는 가뭄과 홍수가 닥친 이후에도 수백 년 동안 많은 인구가 여전히 그곳에 살며 기반시설을 고쳐 썼다. 폼페이 난민들은 새로운 도시로 이주해 번영을 누렸으며, 그곳에서 이전 이웃들과 함께 살았다. 카호키아는 여러 차례 가뭄을 겪었고 그 도시 구획은 확장되기도 하고 쪼개지기도 했다. 그러나 그 때문에 주민들이 영원히 떠나지는 않았다.

그러나 오늘날의 도시들은 불과 홍수보다 더한 것과 씨름하고 있다. 전 세계적으로 우리는 정치 불안정과 권위주의적 민족주의의 시기에 살고 있다. 불행하게도 역사 속의 증거를 보면 이는 도시에게는 죽음의 종소리일 수 있다. 강력한 지도자가 거대한 기반시설 사업에 사람들을 동원할 수 있지만, 이런 식의 하향식 도시 개발 체계는 오래 안정된 상태를 유지하는 경우가 별로 없다. 노동력을 잘못 쓰면 불행해진다. 그리고 도시 버리기는 거기서부터 시작된다. 특히 정치가 토목 공사를 현명하게 하지 않고 도시 설계를 좌지우지할 경우에 그렇다. 도시의 지도자들에게 문제가 생기면 이산離散을 촉발할 수 있다. 차탈회윅·앙코르·카호키아에서 그런 일이 일어났던 듯하다.

그렇지만 폼페이는 반대의 사례다. 정부가 개입해 이 도시 난민들에게 인도적 지원을 제공하고 재난 구제에 나섰다. 폼페이는 버릴 수밖에 없었지만 그 시민들은 로마의 도시 생활에서 이탈하지 않았다.

여러 현대 도시에서 우리가 직면하고 있는 기후 변화와 정치 불안정의 조합은 우리가 전 세계적으로 도시를 버리는 시기로 향하고 있음을 시사한다. 도시가 더 살기 어렵게 되면 사람들이 죽게 된다. 홍수와 불과 전염병으로 죽는 사람의 수는 전에 볼 수 없었던 규모로 팽창할 것이다. 그리고 시신이 널린 부서진 도시의 모습이 흔해질 것이다. 그저 시간문제일 뿐이다. 태풍으로 파괴된 또 다른 도시가 전염병의 먹이가 된다. 정부가 구조 활동에 돈 쓰기를 거부해서 생겨나는 일이다.[3] 내정 불안과 계층 격차 확대는 이런 문제들을 악화시킬 것이다. 우리 정치 체제가 기후와 빈곤이라는 양대 난제를 해결하지 못한다면 식량과 물로 인한 폭동은 늘어나고 천연자원을 둘러싼 국제전도 많아질 것이다.

도시 생활의 비용이 그 편익을 훨씬 넘어서 새로운 거처를 찾는 사람들의 대량 이주를 촉발할 것이다. 그리고 더 많은 국제적 갈등을 야기할 것이다. 결국 오늘날의 대도시 일부는 먼 미래의 공상과학 영화의 한 장면 같아 보일 것이다. 우리가 더 이상 만들거나 살 수 없는 제품에 대한 알 수 없는 광고로 덮인, 반쯤 물에 잠긴 금속 골조 천지인 모습이다.

그러나 역사에서 무언가를 배웠다면 몇몇 도시가 사라졌다고 해서 세상이 지옥으로 떨어진다는 의미는 아님을 알 것이다. 우리는 도시의 종말 이후에도 살아남을 것이다. 그 많은 사람들이 차탈회윅·폼페이·앙코르·카호키아를 버린 이후에 그랬듯이 말이다. 문제는 이거다. 우리가 다음에 어떻게 할 것인가?

인류는 9000년 이상에 걸쳐 도시를 건설해왔다. 그러나 인구의 대부분이 도시 지역에 산 것은 지난 수십 년에 지나지 않는다. 그렇게 많은 사람들이 우리의 현대판 카호키아로 몰려들고 있으니 도시는 불가피한 선택인 것처럼 보인다. 그러나 그렇지는 않다.

우리가 미래의 도시들을 버린다면 일부 사람들은 작은 마을 생활로 되돌아갈 것이다. 앙코르와 차탈회윅 사람들이 그랬던 것처럼 말이다. 때로 이런 공동체는 농사를 중심으로 이루어질 것이다. 이에 따라 미래의 마을 사람들은 그곳에서 나는 것을 먹고, 농사일에 쓰는 연료도 공공시설과 별도의 전력원을 만들어 사용할 것이다. 또 다른 가능성도 있다. 카호키아와 차탈회윅을 떠난 많은 사람들은 반*유목 생활을 했다. 21~22세기의 도시를 떠난 사람들은 유랑민이 되어 자기 자동차와 기타 탈것에서 살며, 안전을 위해 차의 무리를 이룰 것이다. 지구는 작은 인간 정착지로 가득한 행성이 될 것이다.

도시는 표준이기보다는 예외일 것이다. 어디서 태어나느냐에 따라 다르겠지만 이것은 상대적으로 멋진 생활이 될 수 있다. 그러나 더 가능성이 높은 것은 매우 고달픈 생활이 되리라는 것이다. 신석기 시대의 농부와 유목민들이 겪었던 것과 같은 고난에 시달려야 할 것이다. 그리고 세계적 기후 위기와 자원 고갈로 더욱 악화할 것이다.

위기에 처한 도시들을 구원할 방법을 찾아낼 가능성도 있다. 아마도 폼페이에서처럼 사람들이 새로운 장소에서 재건하는 것을 돕는 구호 활동을 불러일으킬 것이다. 도무즈테페 같은 근본적으로 다른 종류의 대도시 설계를 시도할 것이다. 이전 도시의 전통을 이으면서 새로운 생각을 집어넣는 것이다. 아마도 이런 과정을 통해 기후 변화의 가장 나쁜 영향에도 견딜 수 있는 곳에 세워지는 보다 지속 가능한 도시로 이어질 것이다.

이는 유토피아처럼 불가능해 보일지 모른다. 그러나 도시의 실패 경험에서 배운다면 그렇지 않다. 차탈회윅·폼페이·앙코르·카호키아를 되돌아보면 한 도시의 활력을 유지해주는 것이 무엇인지 알아내기는 어렵지 않다. 좋은 저수지와 도로 같은 회복력 있는 기반시설, 이용 가능한 개방 광장, 모든 사람을 위한 가정 공간, 신분 이동 가능성, 도시의 노동자들을 위엄으로 대하는 지도자들 등이다. 이는 그리 무리한 주문이 아니다. 수천 년 전 우리 조상들이 수백 년씩 건전한 도시를 유지해냈음을 생각하면 말이다.

도시 버리기의 역사에서 우리가 배울 수 있는 가장 귀중한 교훈은 아마도 인간 공동체가 매우 탄력성이 있다는 사실일 것이다. 도시는 사라질지 모르지만 우리 문화와 전통은 살아남는다. 도시인들은 수없이 많은 재난 이후에 재건을 했다. 그리고 자기네가 출발했던 곳에서 먼 지역에 자기네 주거 구역을 다시 만들었다. 심지어 도시에서 이산한 지 오랜 시간이 지난 후에도 인류는 다시 도시 건설로 돌아갔다. 거의 모든 세대는 자신들이 종말의 시대를 살고 있다고 생각하지만, 문명이 크게 붕괴해 다시 일어설 수 없게 된 적은 없었다. 대신에 오직 변화의 긴 여정이 있었을 뿐이다. 각 세대는 자신들이 끝내지 못한 사업을 다음 세대에게 물려준다.

도시는 계속되는 사회적 실험이다. 그리고 고대의 주택과 기념물 유적은 일부가 지워진 우리 조상들의 실험 노트 같은 것이다. 거기에는 사람들이 다양한 집단을 공통의 목적 아래 한데 묶고, 서로를 먹여 살리고 즐거움을 주며, 정치적 갈등과 기후 재난을 극복하기 위해 노력한 이야기가 담겨 있다. 거기에는 또한 실패담도 들어 있다. 노예처럼 혹사하는 권위주의적 지도부, 불량한 토목 공사, 많은 사람의 자원 이용을 배제하는 법 등이 그것이다. 우리 조상들의 허물어진 궁궐과 저택은 공동체가 잘못될 수 있음을 경고한다. 그러나 그들이 남긴 거리와 광장은 우리가 줄곧 어떤 의미 있는 것을 함께 만들어왔음을 입증하고 있다.

도시에 살던 우리 조상들의 이야기를 살펴보면 도시가 사라진 적은 없었다. 도시는 우리의 상상 속에, 우리 공적인 땅 위에 계속 살아 있다. 아무리 무서운 어려움이 닥치더라도 인류는 언제나 다시 시도한다는 약속으로서 말이다. 천 년이 지나도 우리는 여전히 도시 실험에 매진하고 있을 것이다. 물론 우리는 다시 실패할 것이다. 그러나 우리는 또한 그것을 바로잡는 방법을 배울 것이다.

이 일은 연구와 완성에 몇 년이 걸렸다. 그리고 그 과정에서 나는 친구를 사귀었고, 낯선 사람들과 엄청나게 많은 대화를 나누었고, 전 세계의 여러 곳을 여행했다. 나는 이 모든 일에 감사한다. 나는 연구자들이 시간을 내어 자기네 생각을 내게 이야기해주고 나를 그들의 발굴장과 작업장에서 반갑게 맞아준 데 대해 가장 큰 감사를 드린다. 그들의 이름은 이 책의 곳곳에 있다. 그들의 해박한 지식과 따뜻한 응대에 얼마나 부응했는지 모르겠다. 당연한 얘기지만 잘못이 있다면 모두 내 책임이다.

두뇌 회전이 빠른 노턴 출판사 편집자 맷 웨일랜드Matt Weiland와 그를 보좌한 자리나 파트와Zarina Patwa에게도 감사드린다. 엄청난 능력자인 에이전트 로리 폭스Laurie Fox는 이 모든 일을 성사시켰다. 제이슨 톰슨Jason Thompson은 이 책에 실린 훌륭한 지도를 만들어주었다. 감사해요, 제이슨!

그리고 참을성 있는 내 글쓰기 친구들과 이 책의 일부를 읽고 귀중한 조언을 해준 분들이 있다. 찰리 제인 앤더스Charlie Jane Anders, 벤저민 로젠봄Benjamin Rosenbaum, 메리 앤 모한라지Mary Anne Mohanraj, 데이빗 몰스David Moles, 앤서니 하Anthony Ha, 재키 몽키비츠Jackie Monkiewicz 등이다. 《아르스 테크니카Ars Technica》의 편집자 켄 피셔Ken Fisher, 에릭 방게만Eric Bangeman, 존 티머John Timmer에게는 더욱 특별히 감사드린다. 나중에 이 책의 골격이 된 논문을 쓰도록 격려해주신 분들이다. 전반적인 자극을 주시고 좋은 본보기가 돼주신 칼 지머Carl Zimmer, 찰스 만Charles Mann, 로즈 에블리스Rose Eveleth, 에이미 하먼Amy Harmon, 세스 음누킨Seth Mnookin, 데브 블룸Deb Blum, 베로니케 그린우드Veronique Greenwood, 알론드라 넬슨Alondra Nelson, 마이아 살라비츠Maia Szalavitz, 마린 매케나Maryn McKenna, 매기 코어스Maggie Koerth, 제니퍼 우엘렛Jennifer Ouellette, 토머스 레벤슨Thomas Levenson에게 감사드린다.

무엇보다도 크리스 파머Chris Palmer, 제시 번스Jesse Burns, 찰리 제인 앤더스Charlie Jane Anders에게 감사한다. 나와 함께 길고 덥고 지저분한 여행을 함께 해준 데 대해, 도시 생활에 관한 끝없는 나의 장광설을 참아준 데 대해, 지난 20년의 가정사에 대해서다. 많이 사랑한다.

역자는 중학교 때 도시로 옮겨와 살기 시작했다. 띄엄띄엄 초가집이 있던 시골 마을과 도시의 차이는 일차적으로 주택의 밀집도였다. 다닥다닥 붙은 집들이 골목과 큰길에 의해 겨우 분리돼 있었다. 그런데 수십 년이 지난 지금 도시의 모습은 그때와도 또 달라졌다. 단층 주택과 저층 건물이 고작이던 모습에서, 이제는 주거용이든 사무실용이든 모두 수십 층 높이로 솟아 있다. 물론 처음 도시에 와서 단층 주택에 살았던 역자도 지금은 고층 아파트에 살고 있다.

그런데 이 책을 읽다 보니 어릴 적 자란 시골 마을도 초기 형태의 도시가 아닌가 하는 생각이 들었다. 수렵과 채집으로 생활하거나 동물 무리를 몰고 다니며 유목을 하던 시기까지는 일정한 주거가 없었지만, 농경 사회에 접어들면서부터는 크든 작든 마을을 이루어 정착해서 살았고 그것이 초보적인 도시였을 것이다. 시간이 지나면서 밀집도가 점점 높아지고, 기술 발달에 따라 건물의 층수가 올라가면서 밀집은 더욱 가속됐다. 역자의 짧은 경험 속에서도 도시는 진화하고 있었다. 지금은 시골 출신이 많지 않지만 당시는 많은 사람이 시골 출신이어서 도시인의 상당수는 역자와 같은 이주민이었다.

이 책은 도시가 어떻게 형성되고 어떻게 사라지는가를 네 개의 샘플을 통해서 보여주고 있다. 이탈리아 폼페이와 캄보디아 앙코르는 꽤 친숙한 이름이지만, 터키 차탈회윅과 미국 카호키아는 상대적으로 주목을 받기 시작한 지 그리 오래되지 않은 도시다. 도시가 존재했던 시기는 차탈회윅이 1만 년 가까이 전으로 가장 앞서고, 폼페이가 2천 년쯤 전이며, 카호키아와 앙코르가 1천 년 안팎 전으로 가장 후대다.

수렵·채집 또는 유목 단계에서 정주 농경으로 옮겨가면서 도시가 형성된 모습을 전형적으로 보여주는 것이 차탈회윅이다. 이 책에서 설명되는 차탈회윅은 정주 초기의 도시이지만 밀집도는 역자가 어릴 때 살던 농촌 마을보다도 높았던 듯하다. 집 사이의 골목조차도 없었던 모양이다. 특이하게도 옥상이 밖으로 통하는 창구여서 움집 같은 주거 형태의 흔적이 남은 것이 아닌가 하는 생각이 들었다. 옛 집터 위에 계속해서 새로운 집을 짓는 패턴도 흥미롭다.

카호키아와 앙코르는 정치 또는 종교의 중심지로서 형성된 도시다. 카호키아는 종교적 의례의 중심지로서 둔덕을 쌓고 종교 지도자들이 거주하는 곳이었으며, 의례가 치러지는 때에 주변 지역에 사는 사람들이 모여들었다. 앙코르는 정치의 중심지이자 그 정치에 의해 강요된 종교의 중심지였다. 농경지를 포함한 도시여서 역자가 성장했던 농촌 마을과 가장 비슷했던 듯한데, 인구가 백만 명에 가까웠다니 놀랍다. 인구 규모만 봐도 중국의 장안이나 이탈리아 로마 같은 고대 세계 최대급의 도시에 버금갈 정도여서 이미 놀라운데, 고층 건물이 발달하지 않은 시절에 농경지를 끼워넣어 그만한 인구를 수용한 도시의 모습을 상상하기가 쉽지 않다.

폼페이는 휴양 도시였다. 시기는 네 도시 가운데 중간에 해당하지만 도시의 분화가 이루어진 상태라는 점에서 가장 오늘날에 가까운 도시다. 잘 알려진 대로 이 도시는 인근 화산 분출로 인해 통째로 묻혔다가 발굴됐다. 덕분에 당시의 모습을 완벽하게 보존하고 있어 귀중한 역사 자료가 됐다. 이 책에서도 그 시시콜콜한 모습을 살펴볼 수 있다.

네 도시는 형성과 성장의 요인은 각기 다르지만, 공통적인 쇠퇴의 요인으로 이 책에서 꼽고 있는 것은 환경 변화와 정치 불안이다. 기후를 비롯한 여러 조건들이 도시의 존립에 맞지 않게 되고, 여기에 정치적으로 분열하거나 외세의 영향이 미치면 더욱 견디기 어려워진다. 강가에 자리 잡은 차탈회윅의 경우 이 책에서는 기온 하강이 도시 쇠퇴의 원인으로 설명되고 있지만, 반대로 기온이 오르면서 모기가 늘어 결국 도시가 버려졌다는 설명도 있다.

이 책에서 다루는 네 도시는 문헌 자료가 많지 않기 때문에(폼페이의 경우는 문헌 자료가 필요치 않을 정도로 엄청난 양과 질의 고고학 자료가 있기 때문에) 그에 대한 설명은 주로 고고학에 의존한다. 저자는 고고학자가 아니어서 최신의 고고학 성과와 고고학자들에 대한 광범위한 취재를 바탕으로 이 책을 썼다. 역설적으로 고고학자가 아니기 때문에 더 일반인들의 관점에서 흥미로운 요소들을 전달하기 위해 노력했다고도 볼 수 있다.

역자에게는 고고학 책이라면 토기 단면도와 유적지 개념도 등이 들어 있는 딱딱한 발굴 보고서 요약이라는 인상이 박혀 있다. 고고학 책을 많이 보지 못한 탓이리라. 그러나 이 책은 그런 내용을 녹여서 당시 사람들이 어떻게 살았고 심지어 무슨 생각을 했는지까지 이야기하고 있기 때문에 재미있게 읽을 수 있었다. 특히 교차로 갓돌 파편 자료를 모아 당시의 교통 상황을 추정하는 것 같은 고고학의 '신기한 기법'들은 역자의 고고학에 대한 인상을 바꿔놓기에 충분했다.

이 번역을 마무리할 즈음에, 어설픈 도시 생활에 지쳐 비틀거리는 역자를 붙잡아주셨던 한 분이 떠나셨다. 고마움이 사무치는 것은 언제나 뒤늦게인 모양이다. 그분의 믿음대로 좋은 곳에 가 계시기를 빈다.

이재황

프롤로그: 도시는 어떻게 사라졌나

#1. Brendan M. Buckley et al., "Climate as a Contributing Factor in the Demise of Angkor, Cambodia," *Proceedings of the National Academy of Sciences* 107, no. 15 (April 2010): 6748–52. **#2.** "68% of the World Population Projected to Live in Urban Areas by 2050, Says UN," Department of Economic and Social Affairs, United Nations, last modified May 16, 2018, https://www.un.org/development/desa/en/news/population/2018-revision-of-world-urbanization-prospects.html.

1장_정주 생활의 충격

#1. Ian Hodder, ed., *The Archaeology of Contextual Meanings* (Cambridge: Cambridge University Press, 1987). **#2.** C. Tornero et al., "Seasonal Reproductive Patterns of Early Domestic Sheep at Tell Halula (PPNB, Middle Euphrates Valley): Evidence from Sequential Oxygen Isotope Analyses of Tooth Enamel," *Journal of Archaeological Science: Reports* 6 (2016): 810–18. **#3.** A. Nigel Goring-Morris and Anna Belfer-Cohen, "Neolithization Processes in the Levant: The Outer Envelope," *Current Anthropology* 52, no. S4 (2011): S195–S208. **#4.** D. E. Blasi et al., "Human Sound Systems Are Shaped by Post-Neolithic Changes in Bite Configuration," *Science* 363, no. 6432 (March 15, 2019). **#5.** Carolyn Nakamura and Lynn Meskell, "Articulate Bodies: Forms and Figures at Catalhoyuk," *Journal of Archaeological Method and Theory* 16 (2009): 205–30. **#6.** Ian Hodder, *The Leopard's Tale: Reealing the Mysteries of Catalhoyuk* (New York: Thames and Hudson, 2006). **#7.** Peter Wilson, *The Domestication of the Human Species* (New Haven, CT: Yale University Press, 1991). **#8.** Wilson, *Domestication of the Human Species*, 98. **#9.** Julia Gresky, Juliane Haelm, and Lee Clare, "Modified Human Crania from Gobekli Tepe Provide Evidence for a New Form of Neolithic Skull Cult," *Science Adances* 3, no. 6 (June 28, 2017):

e1700564. **#10.** K. Schmidt, "Gobekli Tepe—the Stone Age Sanctuaries. New Results of Ongoing Excavations with a Special Focus on Sculptures and High Reliefs," *Documenta Praehistorica* 37 (2010): 239–56. **#11.** Marion Benz and Joachim Bauer, "Symbols of Power—Symbols of Crisis? A Psycho-Social Approach to Early Neolithic Symbol Systems," *Neo-Lithics Special Issue* (2013): 11–24. **#12.** Janet Carston and Stephen Hugh-Jones, *About the House: Lei-Strauss and Beyond* (Cambridge: Cambridge University Press, 1995). **#13.** Cigdem Atakuman, "Deciphering Later Neolithic Stamp Seal Imagery of Northern Mesopotamia," *Documenta Praehistorica* 40 (2013): 247–64. **#14.** Hodder, *Leopard's Tale*, 63.

2장_여신들에 관한 진실

#1. Kamilla Pawłowska, "The Smells of Neolithic Catalhoyuk, Turkey: Time and Space of Human Activity," *Journal of Anthropological Archaeology* 36 (2014): 1–11. **#2.** Ian Hodder and Arkadiusz Marciniak, eds., *Assembling Catalhoyuk* (Leeds: Maney, 2015). **#3.** Ruth Tringham, "Dido and the Basket: Fragments toward a Non-Linear History," in *Object Stories: Artifacts and Archaeologists*, ed. A. Clarke, U. Frederick, and S. Brown (Walnut Creek, CA: Left Coast Press, 2015). **#4.** Michael Marshall, "Family Ties Doubted in Stone-Age Farmers," *New Scientist* (July 1, 2011), https://www.newscientist.com/article/dn20646-familyties-doubted-in-stone-age-farmers/. **#5.** Nerissa Russell, "Mammals from the BACH Area," chap. 8 in *Last House on the Hill: BACH Area Reports from Catalhoyuk*, Turkey, ed. Ruth Tringham and Mirjana Stevanović, Monumenta Archaeologica, vol. 27 (Los Angeles: Cotsen Institute of Archaeology Press, 2012). **#6.** Michael Balter, *The Goddess and the Bull: Catalhoyuk, an Archaeological Journey to the Dawn of Ciilization* (New York: Free Press, 2010). **#7.** Balter, *Goddess and the Bull*, 39. **#8.** Carolyn Nakamura, "Figurines of the BACH Area," chap. 17 in *Last House on the Hill: BACH Area Reports from Catalhoyuk, Turkey*, ed. Ruth Tringham and Mirjana Stevanović, Monumenta Archaeologica, vol. 27 (Los Angeles: Cotsen Institute of Archaeology Press, 2012). **#9.** Lynn M. Meskell et al., "Figured Lifeworlds and Depositional Practices at Catalhoyuk," *Cambridge Archaeological Journal* 18 (2008): 139–61; Carolyn Nakamura and Lynn Meskell, "Articulate Bodies: Forms and Figures at Catalhoyuk," *Journal of Archaeological Method and Theory* 16 (2009): 205도 보라. **#10.** Meskell et al., "Figured Lifeworlds and Depositional Practices at Catalhoyuk," 144. **#11.** Ian Hodder, *The Leopard's Tale: Reealing the Mysteries of Catalhoyuk* (New York: Thames and Hudson, 2006). **#12.** Rosemary Joyce, *Ancient Bodies, Ancient Lies: Sex, Gender, and Archaeology* (London: Thames and Hudson, 2008), 10. **#13.** Wendy Matthews, "Household Life Histories and Boundaries: Microstratigraphy and Micromorphology of Architectural Surfaces in Building 3 (BACH)," chap. 7 in *Last House on the Hill: BACH Area Reports from Catalhoyuk, Turkey*, ed. Ruth Tringham and Mirjana Stevanović, Monumenta Archaeologica, vol. 27 (Los Angeles: Cotsen Institute of Archaeology Press, 2012). **#14.** Burcum Hanzade Arkun, "Neolithic Plasters of the Near East: Catal Hoyuk Building 5, a Case Study" (master's thesis, University of Pennsylvania, 2003). **#15.** Daphne E. Gallagher and Roderick J. McIntosh, "Agriculture and Urbanism," chap. 7 in *The Cambridge World History*, ed. Graeme Barker and Candice Goucher (Cambridge: Cambridge University Press, 2015), 186–209. **#16.** Hodder, *Leopard's Tale*, chap. 6. **#17.** Jeremy Nobel, "Finding Connection through 'Chosen Family,'" *Psychology Today*, last modified June 14, 2019, https://www.psychologytoday.com/us/blog/being-unlonely/201906/finding-connection-through-chosen-family.

3장_역사 속 역사

#1. Sophie Moore, "Burials and Identities at Historic Period Catalhoyuk," *Heritage Turkey* 4 (2014): 29. **#2.** Patricia McAnany and Norman Yoffee, *Questioning Collapse: Human Resilience, Ecological ulnerability, and the Aftermath of Empire* (Cambridge: Cambridge University Press, 2009). **#3.** Melody Warnick, "Why You're Miserable after a Move," *Psychology Today* (July 13, 2016), https://www.psychologytoday.com/us/blog/is-where-you-belong/201607/why-youre-miserable-after-move. **#4.** "Immigration," American Psychological Association, accessed November 12, 2019, https://www.apa.org/topics/immigration/index. **#5.** Pascal Flohr et al., "Evidence of Resilience to Past Climate Change in Southwest Asia: Early Farming Communities and the 9.2 and 8.2 Ka Events," *Quaternary Science Reiews* 136 (2016): 23–39. **#6.** Peter Schwartz and Doug Randall, "An Abrupt Climate Change Scenario and Its Implications for United States National Security" (October 2003), accessed November 11, 2019, https://web.archive.org/web/20090320054750/http://www.climate.org/PDF/clim_change_scenario.pdf. **#7.** Daniel Glick, "The Big Thaw," *National Geographic*

(September 2004). **#8.** Ofer Bar-Yosef, "Facing Climatic Hazards: Paleolithic Foragers and Neolithic Farmers," *Quaternary International* pt. B, 428 (2017): 64-72. **#9.** Flohr et al., "Evidence of Resilience to Past Climate Change in Southwest Asia." **#10.** Michael Price, "Animal Fat on Ancient Pottery Reveals a Nearly Catastrophic Period of Human Prehistory," *Science* (August 13, 2018), https://www.sciencemag. org/news/2018/08/animal-fat-ancient-pottery-shards-reveals-nearly-catastrophic-period-human-prehistory. **#11.** David Orton et al., "A Tale of Two Tells: Dating the Catalhoyuk West Mound," *Antiquity* 92, no. 363 (2018): 620-39. **#12.** Ian Kuijt, "People and Space in Early Agricultural Villages: Exploring Daily Lives, Community Size, and Architecture in the Late Pre-Pottery Neolithic," *Journal of Anthropological Archaeology* 19, no. 1 (2000): 75-102. **#13.** Monica Smith, *Cities: The First 6,000 Years* (New York: Viking, 2019), 9. **#14.** Joseph Tainter, *The Collapse of Complex Societies* (Cambridge: Cambridge University Press, 1988). **#15.** William Cronon, *Nature's Metropolis: Chicago and the Great West* (New York: W. W. Norton, 1991). **#16.** Stuart Campbell, "The Dead and the Living in Late Neolithic Mesopotamia," in *Sepolti tra i ii. Eidenza ed interpretazione di contesti funerari in abitato. Atti del Conegno Internazionale* [Buried among the Living], ed. Gilda Bartoloni and M. Gilda Benedettini (Universita degli Studi di Roma "La Sapienza," April 26-29, 2006), https://www.academia.edu/3390086/The_Dead_and_the_Living_in_Late_Neolithic_ Mesopotamia.

4장_델라본단차 거리의 폭동

#1. Marco Merola, "Pompeii before the Romans," *Archaeology Magazine* (January/ February 2016). **#2.** Mary Beard, *Pompeii: The Life of a Roman Town* (London: Profile Books, 2008). **#3.** "Samnite Culture in Pompeii Survived Roman Conquest," *Italy Magazine*, last modified July 6, 2005, https://www.italymagazine.com/italy/ campania/samnite-culture-pompeii-survived-roman-conquest. **#4.** Andrew Wallace-Hadrill, *Houses and Society in Pompeii and Herculaneum* (Princeton, NJ: Princeton University Press, 1994). **#5.** 번역은 Alison E. Cooley and M. G. L. Cooley, *Pompeii and Herculaneum: A Sourcebook* (New York: Routledge, 2013)을 보라. **#6.** Eve D'Ambria, *Roman Women* (Cambridge: Cambridge University Press, 2007). **#7.** D'Ambria, *Roman Women.* **#8.** Pliny the Elder, Book 7, Letter 24, accessed November 12, 2019, http://www.vroma.org/~hwalker/Pliny/Pliny07-24-E.html. **#9.** "Via Consolare Project," San Francisco State University, accessed November 11, 2019, http://www.sfsu.edu/~pompeii/. **#10.** Henrik Mouritsen, *The Freedman in the Roman World* (Cambridge: Cambridge University Press, 2011). **#11.** Mouritsen, *The Freedman in the Roman World*, 121, 140. **#12.** Heather Pringle, "How Ancient Rome's 1% Hijacked the Beach," *Hakai Magazine* (April 5, 2016), https://www.hakaimagazine.com/features/howancient-romes-1-hijacked-beach/.

5장_공개적으로 하는 것

#1. Ilaria Battiloro and Marcello Mogetta, "New Investigations at the Sanctuary of Venus in Pompeii: Interim Report on the 2017 Season of the Venus Pompeiana Project," accessed November 1, 2019, http://www.fastionline.org/docs/FOLDER-it-2018-425.pdf. **#2.** Steven Ellis, *The Roman Retail Reolution: The Socio-Economic World of the Taberna* (Oxford: Oxford University Press, 2018). **#3.** Miko Flohr, "Reconsidering the Atrium House: Domestic Fullonicae at Pompeii," in *Pompeii: Art, Industry and Infrastructure*, ed. Eric Poehler, Miko Flohr, and Kevin Cole (Barnsley, UK: Oxbow Books, 2011). **#4.** Lei Dong, Carlo Ratti, and Siqi Zheng, "Predicting Neighborhoods' Socioeconomic Attributes Using Restaurant Data," *Proceedings of the National Academy of Sciences* 116, no. 31 (July 2019): 15,447-52. **#5.** Eric Poehler, *The Traffic Systems of Pompeii* (Oxford: Oxford University Press, 2017). **#6.** Mouritsen, *The Freedman in the Roman World*, 122. **#7.** 고전학자 베스 세버리호번(Beth Severy-Hoven)은 이 형제의 저택 안에 있는 몇몇 그림들에도 이들이 자기네의 계급적 지위를 편하게 여기지 않았다는 징표들이 더 있다고 주장한다. Beth Severy-Hoven, "Master Narratives and the Wall Painting of the House of the Vettii, Pompeii," $*Gender & History* 24 (2012): 540-80. **#8.** Sarah Levin-Richardson, "Fututa Sum Hic: Female Subjectivity and Agency in Pompeian Sexual Graffiti," *Classical Journal* 108, no. 3 (2013): 319-45. **#9.** Sarah Levin-Richardson, *The Brothel of Pompeii: Sex, Class, and Gender at the Margins of Roman Society* (Cambridge: Cambridge University Press, 2019). **#10.** Levin-Richardson, "Fututa Sum Hic." **#11.** Ann Olga Koloski-Ostrow, *The Archaeology of Sanitation in Roman Italy: Toilets, Sewers, and Water Systems* (Chapel Hill: University of North Carolina Press, 2015).

6장_산이 불탄 뒤

#1. 최근에 나온 증거들은 화산 분출이 이전에 생각했던 것처럼 늦여름에 있었던 것이 아니라 가을에 있었음을 시사한다. "Pompeii: Vesuvius Eruption May Have Been Later than Thought," BBC World News, last modified October 16, 2018, https://www.bbc.com/news/world-europe-45874858. **#2.** William Melmouth, trans., *Letters of Pliny*, Project Gutenberg, last updated May 13, 2016, https://www.gutenberg.org/files/2811/2811-h/2811-h.htm#link2H_4_0065. **#3.** Brandon Thomas Luke, "Roman Pompeii, Geography of Death and Escape: The Deaths of Vesuvius" (master's thesis, Kent State, 2013). **#4.** Nancy K. Bristow, " 'It's as Bad as Anything Can Be': Patients, Identity, and the Influenza Pandemic," supplement 3, *Public Health Reports* 125 (2010): 134-44. **#5.** J. Andrew Dufton, "The Architectural and Social Dynamics of Gentrification in Roman North Africa," *American Journal of Archaeology* 123, no. 2 (2019): 263-90. **#6.** Andrew Zissos, ed., *A Companion to the Flaian Age of Imperial Rome* (Malden, MA: Wiley & Sons, 2016).

7장_대체 농업사

#1. "Ancient Aliens," History Channel (May 4, 2012), https://www.history.com/shows/ancient-aliens/season-4/episode-10. **#2.** Patrick Roberts, *Tropical Forests in Prehistory, History, and Modernity* (Oxford: Oxford University Press, 2019). **#3.** Patrick Roberts et al., "The Deep Human Prehistory of Global Tropical Forests and Its Relevance for Modern Conservation," *Nature Plants* 3, no. 8 (2007). **#4.** Spiro Kostof, *The City Shaped: Urban Patterns and Meanings through History* (London: Thames and Hudson, 1999).

8장_물의 제국

#1. Miriam T. Stark, "From Funan to Angkor: Collapse and Regeneration in Ancient Cambodia," chap. 10 in *After Collapse: The Regeneration of Complex Societies*, ed. Glenn M. Schwartz and John J. Nichols (Tucson: University of Arizona Press, 2006), 144-67. **#2.** Eileen Lustig, Damian Evans, and Ngaire Richards, "Words across Space and Time: An Analysis of Lexical Items in Khmer Inscriptions, Sixth-Fourteenth Centuries CE," *Journal of Southeast Asian Studies* 38, no. 1 (2007): 1-26. **#3.** Zhou Daguan, *A Record of Cambodia: A Land and Its People*, trans. Peter Harris (Chiang Mai,

Thailand: Silkworm Books, 2007). **#4.** David Eltis and Stanley L. Engerman, eds., *The Cambridge World History of Slaery*, vol. 3 (Cambridge: Cambridge University Press, 2011). **#5.** Lustig et al., "Words across Space and Time." **#6.** Miriam Stark, "Universal Rule and Precarious Empire: Power and Fragility in the Angkorian State," chap. 9 in *The Eolution of Fragility: Setting the Terms*, ed. Norman Yoffee (Cambridge: McDonald Institute for Archaeological Research, 2019). **#7.** Matthew Desmond, "In Order to Understand the Brutality of American Capitalism, You Have to Start on the Plantation," *New York Times Magazine*, August 14, 2019, https://www. nytimes.com/interactive/2019/08/14/magazine/slavery-capitalism.html. **#8.** Stark, "Universal Rule and Precarious Empire." **#9.** Stark, "Universal Rule and Precarious Empire." **#10.** Kenneth R. Hall, "Khmer Commercial Development and Foreign Contacts under Sūryavarman I," *Journal of the Economic and Social History of the Orient* 18, no. 3 (1975): 318–36. **#11.** Dan Penny et al., "Hydrological History of the West Baray, Angkor, Revealed through Palynological Analysis of Sediments from the West Mebon," in *Bulletin de l'Ecole francaise d'Extreme-Orient* 92 (2005): 497–521. **#12.** Christophe Pottier, "Under the Western Baray Waters," chap. 28 in *Uncoering Southeast Asia's Past*, ed. Elisabeth A. Bacus, Ian Glover, and Vincent Piggot (Singapore: National University of Singapore Press, 2006), 298–309. **#13.** Penny et al., "Hydrological History of the West Baray, Angkor." **#14.** Monica Smith, *Cities: The First 6,000 Years* (New York: Viking, 2019). **#15.** Saskia Sassen, "Global Cities as Today's Frontiers," Leuphana Digital School, https://www.youtube.com/watch?v=Iup31RkCXI. She also elaborates on these ideas in her book *The Global Cities: New York, London, Tokyo* (Princeton, NJ: Princeton University Press, 1991). **#16.** Geoffrey West, *Scale: The Uniersal Laws of Life, Growth, and Death in Organisms, Cities, and Companies* (New York: Penguin, 2018). **#17.** Lustig et al., "Words across Space and Time"; Eileen Lustig and Terry Lustig, "New Insights into 'les interminables listes nominatives des esclaves' from Numerical Analyses of the Personnel in Angkorian Inscriptions," *Aseanie* 31 (2013): 55–83도 보라. **#18.** Kunthea Chhom, *Inscriptions of Koh Ker 1* (Budapest: Hungarian Southeast Asian Research Institute, 2011), https://www.academia.edu/14872809/Inscriptions_of_Koh_Ker_n_I. **#19.** Terry Leslie Lustig and Eileen Joan Lustig, "Following the Non-Money Trail: Reconciling Some Angkorian Temple Accounts," *Journal of Indo-Pacific Archaeology* 39 (August 2015): 26–37.

#20. "Household Archaeology at Angkor Wat," *Khmer Times*, July 7, 2016, https:// www.khmertimeskh.com/25557/household-archaeology-at-angkor-wat/. **#21.** Lustig and Lustig, "Following the Non-Money Trail." **#22.** Eileen Lustig, "Money Doesn't Make the World Go Round: Angkor's Non-Monetization," in *Economic Deelopment, Integration, and Morality in Asia and the Americas*, ed. D. Wood, Research in Economic Anthropology, vol. 29 (2009), 165−99. **#23.** Lustig, "Money Doesn't Make the World Go Round." **#24.** Mitch Hendrickson et al., "Industries of Angkor Project: Preliminary Investigation of Iron Production at Boeng Kroam, Preah Khan of Kompong Svay," *Journal of Indo-Pacific Archaeology* 42 (2018): 32−42, https://journals.lib. washington.edu/index.php/JIPA/article/view/15257/12812. **#25.** Damian Evans and Roland Fletcher, "The Landscape of Angkor Wat Redefined," *Antiquity* 89, no. 348 (2015): 1402−19.

9장_제국주의의 잔재

#1. Henri Mouhot, *Traels in the Central Parts of Indo-China (Siam), Cambodia, and Laos during the Years 1858, 1859, and 1860*, 2 vols., Gutenberg Project, last modified August 11, 2014, http://www.gutenberg.org/files/46559/46559-h/46559-h.htm. **#2.** Alison Carter, "Stop Saying the French Discovered Angkor," *Alison in Cambodia* (blog), accessed November 12, 2019, https://alisonincambodia.wordpress.com/2014/10/05/ stop-saying-the-french-discovered-angkor/. **#3.** Terry Lustig et al., "Evidence for the Breakdown of an Angkorian Hydraulic System, and Its Historical Implications for Understanding the Khmer Empire," *Journal of Archaeological Science: Reports* 17 (2018): 195−211. **#4.** Keo Duong, "Jayavarman IV: King Usurper?" (master's thesis, Chulalongkorn University, 2012). **#5.** Tegan Hall, Dan Penny, and Rebecca Hamilton, "Re-Evaluating the Occupation History of Koh Ker, Cambodia, during the Angkor Period: A Palaeo-Ecological Approach," *PLoS ONE* 13, no. 10 (2018): e0203962, https://doi.org/10.1371/journal.pone.0203962. **#6.** Kunthea Chhom, *Inscriptions of Koh Ker 1* (Budapest: Hungarian Southeast Asian Research Institute, 2011), https://www.academia.edu/14872809/Inscriptions_of_Koh_Ker_n_I, 12. **#7.** Eileen Lustig and Terry Lustig, "New Insights into 'les interminables listes nominatives des esclaves' from Numerical Analyses of the Personnel in Angkorian Inscriptions," *Aseanie* 31 (2013): 55−83. **#8.** Lustig et al., "Evidence for the Breakdown of an

Angkorian Hydraulic System." **#9.** Wensheng Lan et al., "Microbial Community Analysis of Fresh and Old Microbial Biofilms on Bayon Temple Sandstone of Angkor Thom, Cambodia," *Microbial Ecology* 60, no. 1 (2010): 105–15, doi:10.1007/s00248-010-9707-5. **#10.** Peter D. Sharrock, "Garud.a, Vajrapān˙i and Religious Change in Jayavarman VII's Angkor," *Journal of Southeast Asian Studies* 40, no. 1 (2009): 111–51. **#11.** Roland Fletcher et al., "The Development of the Water Management System of Angkor: A Provisional Model," *Bulletin of the Indo-Pacific Prehistory Association* 28 (2008): 57–66. **#12.** Dan Penny et al., "The Demise of Angkor: Systemic Vulnerability of Urban Infrastructure to Climatic Variations," *Science Adances* 4, no. 10 (October 17, 2018): eaau4029. **#13.** Solomon M. Hsiang and Amir S. Jina, "Geography, Depreciation, and Growth," *American Economic Reiew* 105, no. 5 (2015): 252–56. **#14.** Alison K. Carter et al., "Temple Occupation and the Tempo of Collapse at Angkor Wat, Cambodia," *Proceedings of the National Academy of Sciences* 116, no. 25 (June 2019): 12226–31. **#15.** Dan Penny et al., "Geoarchaeological Evidence from Angkor, Cambodia, Reveals a Gradual Decline Rather than a Catastrophic 15th-Century Collapse," *Proceedings of the National Academy of Sciences* 116, no. 11 (March 2019): 4871–76. **#16.** Miriam Stark, "Universal Rule and Precarious Empire: Power and Fragility in the Angkorian State," chap. 9 in *The Eolution of Fragility: Setting the Terms*, ed. Norman Yoffee (Cambridge: McDonald Institute for Archaeological Research, 2019), 174.

10장_아메리카의 고대 피라미드

#1. Sarah E. Baires, *Land of Water, City of the Dead: Religion and Cahokia's Emergence%* (Tuscaloosa: University of Alabama Press, 2017). **#2.** 다음을 보라. Michael Hittman, *Wooka and the Ghost Dance* (Lincoln: University of Nebraska Press, 1997), and Alice Beck Kehoe, *The Ghost Dance: Ethnohistory and Reitalization* (New York: Holt, Rinehart and Winston, 1989). **#3.** John Noble Wilford, "Ancient Indian Site Challenges Ideas on Early American Life," *New York Times*, September 19, 1997, https://www.nytimes.com/1997/09/19/us/ancient-indian-site-challenges-ideas-on-early-american-life.html. **#4.** Timothy Pauketat, *Cahokia: Ancient America's Great City on the Mississippi* (New York: Viking, 2009). **#5.** Rinita A. Dalan et al., *Enisioning Cahokia: A Landscape Perspectie* (DeKalb: Northern Illinois University Press, 2003).

#6. V. Gordon Childe, "The Urban Revolution," *Town Planning Reiew* 21, no. 1 (1950): 3−17. **#7.** Dalan et al., *Enisioning Cahokia*, 129. **#8.** Timothy Pauketat, "America's First Pastime," $Archaeology% 6, no. 5 (September/October 2009), https://archive.archaeology.org/0909/abstracts/pastime.html. **#9.** 화가 조지 캐틀린(George Catlin, 1796~1872)은 한 편지에서 자신이 1830년대에 수족 계통의 만단(Mandan)족이 이 게임을 하는 것을 보았다고 썼다. From George Catlin, *Letters and Notes on the Manners, Customs, and Conditions of North American Indians*, no. 19, retrieved November 12, 2019, https://user.xmission.com/~drudy/mtman/html/catlin/letter19.html. **#10.** Margaret Gaca and Emma Wink, "Archaeoacoustics: Relative Soundscapes between Monks Mound and the Grand Plaza" (poster presented at the 60th Annual Midwest Archaeological Conference, Iowa City, Iowa, October 4−6, 2016). **#11.** Thomas E. Emerson et al., "Paradigms Lost: Reconfiguring Cahokia's Mound 72 Beaded Burial," *American Antiquity* 81, no. 3 (2016): 405−25. **#12.** Baires, *Land of Water, City of the Dead*, 92−93. **#13.** Andrew M. Munro, "Timothy R. Pauketat, *An Archaeology of the Cosmos: Rethinking Agency and Religion in Ancient America*," *Journal of Skyscape Archaeology* 4, no. 2 (2019): 252−56. **#14.** Gayle Fritz, *Feeding Cahokia: Early Agriculture in the North American Heartland* (Tuscaloosa: University of Alabama Press, 2019), 89. **#15.** Fritz, *Feeding Cahokia*, 150. **#16.** Natalie G. Mueller et al., "Growing the Lost Crops of Eastern North America's Original Agricultural System," *Nature Plants* 3 (2017). **#17.** Fritz, *Feeding Cahokia*, 146. **#18.** Fritz, *Feeding Cahokia*, 143.

11장_대부흥

#1. Sarah E. Baires, Melissa R. Baltus, and Elizabeth Watts Malouchos, "Exploring New Cahokian Neighborhoods: Structure Density Estimates from the Spring Lake Tract, Cahokia," *American Antiquity* 82, no. 4 (2017): 742−60. **#2.** Lizzie Wade, "It Wasn't Just Greece—Archaeologists and Early Democracy in the Americas," *Science* (March 15, 2017), https://www.sciencemag.org/news/2017/03/it-wasnt-just-greece-archaeologists-find-early-democratic-societies-americas. **#3.** David Correia, "F**k Jared Diamond," *Capitalism Nature Socialism* 24, no. 4 (2013): 1−6. **#4.** David Graeber and David Wingrow, "How to Change the Course of Human History," *Eurozine* (March 2, 2018), https://www.eurozine.com/change-course-human-history/.

12장_의도적인 폐기

#1. Samuel E. Munoz et al., "Cahokia's Emergence and Decline Coincided with Shifts of Flood Frequency on the Mississippi River," *Proceedings of the National Academy of Sciences* 112, no. 20 (May 2015): 6319–24. **#2.** Sarah E. Baires, Melissa R. Baltus, and Meghan E. Buchanan, "Correlation Does Not Equal Causation: Questioning the Great Cahokia Flood," *Proceedings of the National Academy of Sciences* 112, no. 29 (July 2015): E3753. **#3.** Andrea Hunter, "Ancestral Osage Geography," in Andrea A. Hunter, James Munkres, and Barker Fariss, *Osage Nation NAGPRA Claim for Human Remains Remoed from the Clarksille Mound Group (23PI6), Pike County, Missouri* (Pawhuska, OK: Osage Nation Historic Preservation Office, 2013), 1–60, https://www.osagenation-nsn.gov/who-we-are/historic-preservation/osage-cultural-history. **#4.** Margaret Carrigan, "One Mound at a Time: Native American Artist Santiago X on Rebuilding Indigenous Cities," *Art Newspaper*, September 29, 2019, https://www.theartnewspaper.com/amp/interview/native-american-artist-santiago-x-on-rebuilding-indigenous-cities-one-mound-at-a-time.

에필로그: 경고 — 진보를 위한 사회적 실험

#1. Sarah Almukhtar et al., "The Great Flood of 2019," *New York Times*, September 11, 2019, https://www.nytimes.com/interactive/2019/09/11/us/midwest-flooding.html. **#2.** Kendra Pierre-Lewis, "Heatwaves in the Age of Climate Change," *New York Times*, July 18, 2019, https://www.nytimes.com/2019/07/18/climate/heatwave-climate-change.html. **#3.** Annalee Newitz, *Scatter, Adapt, and Remember: How Humans Will Surie a Mass Extinction* (New York: Doubleday, 2013).